乡愁入梦

林伦伦 著

广东高等教育出版社
Guangdong Higher Education Press
·广州·

图书在版编目（CIP）数据

乡愁入梦/林伦伦著.—广州：广东高等教育出版社，2022.4（2022.10重印）
ISBN 978-7-5361-7233-3

Ⅰ.①乡… Ⅱ.①林… Ⅲ.①地方文化—文化研究—潮汕地区 Ⅳ.①G127.652

中国版本图书馆 CIP 数据核字（2022）第 053705 号

封面题字：林伦伦
封面国画：郭　珊

乡愁入梦　XIANGCHOU RUMENG

林伦伦　著

出版发行：广东高等教育出版社
　　　　地　址：广州市天河区林和西横路
　　　　邮　编：510500　营销电话：（020）87554153　87551436
　　　　网　址：www.gdgjs.com.cn
印　　刷：广东海洋印刷有限公司
开　　本：787 毫米 × 1092 毫米
印　　张：22.75
字　　数：350 千
版　　次：2022 年 4 月第 1 版
印　　次：2022 年 10 月第 2 次印刷
定　　价：68.00 元

如发现印刷、装订质量问题，请与出版社联系调换。

老骥奋蹄趁春风
——"林伦伦方言茶话"四周岁感怀（代序）

2017年重阳节，余开办"林伦伦方言茶话"，旨在普及潮汕方言知识，把艰深难懂的语音问题、生僻难考的词语问题以及方言俗字的书写难题等，用深入浅出的文笔，再伴以自己低沉的配音，给读者普及些方言常识。

很高兴的是，没曾想，一直追着读的人慢慢增加，总数已达18000多人。让人心情尤为愉快的是，其中不少是"后生囝"（年轻人），还有不少是在广州、深圳、上海、北京等地的打拼者。离乡背井越远，"独在异乡为异客"的时候，想家想得越是厉害，乡愁"缒缒重"（沉重）。虽不至于"问君能有几多愁，恰似一江春水向东流"，但随着年龄的增长，说是"双溪舴艋舟，载不动许多愁"也不为过。闲暇时能找到几位老乡朋友，上潮汕牛肉火锅店，一边焯（涮）牛肉，一边用潮汕话"从暹罗哴到猪槽"，不亦悦乎！

另一种乐趣是传承潮语，从我做起。我在小区里的儿童游戏场所，经常碰到一些爷爷奶奶、外公外婆，带着自己的孙子孙女/外孙外孙女玩，能用潮汕话跟孩子们对话的都很自豪："听，我孙子/孙女、外孙/外孙女也能说潮汕话哩！"偶尔碰到孩子们能用潮汕话念童谣的，那简直是骄傲了！"听，那是我教的！"有一次，他们交流"教学"心得时，其中有一位跟别的大妈大叔说："你们不懂的，可以上'林伦伦方言茶话'公众号看看，里面的土话多。"好吧，就算是传播土话的，不亦乐乎！

　　乡音是一缕思乡曲，招你回家；
　　乡音是一叶扁舟，渡你过思乡的河。

　　公众号里，偶尔也兼佮（兼及）一些乡土文化的散文，望梅止渴解解馋，也解解郁结的乡愁。想起家乡美食时常常画饼充饥，垂涎三尺，哑巴哑巴舌头也能过把瘾，还引起了读者们的一片呼应声，读者动辄成千上万。还是潮汕美食最诱人！用美食来普及潮汕方言、潮人文化，效果奇佳，不亦宜乎！

　　乡愁是一碗潮州糜，越吃越想吃，哪管血糖高不高；
　　乡愁是一只老鹅头，越啃越想啃，哪管牙口好不好！

　　瞬下目（一眨眼）四年就过去了。我也不知道读者满意度如何，因为未做过调查和数据统计，但我自己做得挺开心的，自以为"老有所为""老有所乐"，而且"乐此不疲"。不亦兴乎！
　　2021年重阳节前夕，在从潮汕回广州的高铁上，闲着无事，闭目养神，天马行空，遂有了下面这首行数不限、平仄不论，但却押韵的四不像的"长短句"：

　　来亦匆匆，去亦匆匆，
　　广州潮汕两头蹱（dong[5]，跑）；
　　只因一念执着，
　　此生掉落罗网中。

树根深扎乡愁重,
初心不忘乡音浓。
半百年华耕乡土,
回眸已是白头翁。

莫问前程晴与雨,
老骥奋蹄趁春风。
只图个,活得开心有意思,
青山绿水夕阳红。

2021 年重阳节前夕草于潮汕至广州高铁上
冬至改定于广州南村

目录 MULU

一、故乡入梦来

啊，故乡 / 002

外婆家的狮头鹅 / 005

二零二零，特殊的清明节 / 008

舅父阿猪 / 012

重返溪西村 / 016

澄海人文冠粤东 / 020

书院三朝毓造化，澄中百载播芳菲
——写在澄海中学百年校庆之际 / 023

数风流人物：还看石叻澄海先哲 / 026

可宅可诗南澳岛 / 028

在仲夏南澳追光掠影 / 031

三访文化古村落程洋冈 / 034

外砂呾，有文化 / 037

惠州市陈江镇澄海村访问记 / 040

老祠堂的复活与乡村文化的复兴 / 043

古驿道的活化与乡村经济的振兴 / 046

为澄海"首届林檎节"鼓与呼 / 049

天顶一粒星，地下开书斋 / 051

乡村闲间轶事 / 054

冬节的念想 / 057

请记住你自己本来的名字
　　——从《千与千寻》说到"六月初六担西瓜" / 060

二、家乡的味道

在老汕头的转角遇见美食 / 064

留住汕头埠饮食记忆，留住潮州菜美妙味道 / 067

季节的味道 / 071

糜之恋 / 074

芳饭芳，家家户户炣饭忙 / 078

潮菜虽然好吃，也应各取所需 / 081

最忆潮州是小食 / 084

乡下老家的月糕 / 087

朥：朥饼·朥糕·朥粕糜 / 090

糖葱薄饼和草粿的诱惑 / 093

青草水：夏日的清凉记忆 / 096

潮菜是潮人追求精致的优秀特质的物化表现
　　——答《南方日报》记者问 / 100

风神萧散的性情中人黄际遇教授 / 104

中大中文系里好吃的澄海人 / 108

三、母语之艺文

礼失求诸野：方言俗语与民俗研究的关系 / 114

潮汕歌谣
　　——潮人喜怒哀乐的生活之歌 / 117

歌谣，为什么是歌谣？！/ 121

潮州歌册：潮州姿娘识字学文的读本 / 124

方言也可写"诗" / 127

《月光月疏朵》：潮人的《月光曲》/ 130

潮剧是用哪个地方的方言来演唱的？/ 135

潮汕话好好学
　　——潮汕话绕口令趣谈 / 138

俗中有雅方言谜 / 141

对以传艺，联以载道 / 144

奄奄一息的潮语方言小说 / 148

地方题材文学作品里的方言词语运用 / 152

写小说，你敢使用方言俗语吗？/ 155

金胡蝇斗长脚蠓
　　——潮汕民间故事趣谈 / 158

若为化得身千亿，散向峰头望故乡
　　——潮汕乡土文化教材编写的故事 / 161

《读本》一套在手，传承方言与乡土文化有抓手
　　——写在2021年世界读书日 / 164

四海潮声，五洲共享 / 167

"十五音"字典：滋养潮人百年的文化乳汁 / 169

陈凌千及其《潮汕字典》/ 173

"斐姑娘"及其《汕头方言词典》/ 176

威廉·耶士摩牧师及其《汕头话口语语法基础教程》/ 179

临檐水点点滴
　　——潮谚与潮人好家风传统 / 183

四、日久他乡亦故乡

血浓于水的潮州会馆 / 204
三访耀华力 / 207
湄南河上的船娘 / 210
茶浓,情更浓! / 212
汉字原乡里的泰华舞蹈家 / 214
踏访黉利行旧址 / 216
马来西亚吉胆岛上有个外砂村 / 218
适耕庄:马来西亚的又一个澄海外砂村 / 221
马来西亚有个"小汕头" / 224
大马新山:三月初三锣鼓响 / 227
槟榔屿:北马潮人的家园 / 230
吉隆坡茨厂街有间乡音馆 / 232
醉花林里说歌谣 / 235
印尼坤甸:揭阳话是华人的普通话 / 238
悉尼有个潮人村 / 241
旧金山的潮人情 / 244

五、原乡异乡两地情

侨批视域里的华侨精神 / 248
侨批·番批·唐山批:为什么叫"批"? / 252
可诗可歌侨批情 / 255
字字泣泪声声情的"过番歌" / 258
侨批里的方言书写 / 263
留守姿娘:幸福的侨眷家庭里的苦命女人 / 268

在"番畔"说"番批"／271

番畔·番批·番话·番客·番团

　　——"番"字头的词语趣谈／274

"过番"文化及其与潮汕话词语的关系／278

六、我心依旧

我的78级故事／296

汕头大学1997：那场会议，那些人，那些事／300

星桥师与《潮州话拼音方案》／304

梁东汉教授与《新编说文解字》／307

南澳岛田野调查追记／311

苦·严·韧：语保三字诀／314

"触网"记／317

乐为乡亲著文章／320

忘不了／323

春天来了

　　——写在"林伦伦方言茶话"一周年／327

春天是播种的时节／330

吾道一以贯之

　　——答《南方都市报》记者问／333

文化自觉和文化自信是文化传承的前提

　　——答《南方日报》记者问／341

一生所爱　乡音无改（肖燕菁）／345

一

故乡入梦来

啊，故乡

儿时的我，是在韩江边玩大的。芦苇荡里，金沙滩上，大河小溪之中，小伙伴们把各自放牧的牛们或鹅们撂在岸边、堤上吃草，大家便凑在一起疯玩。

夏日里多在河里摸鱼捉虾，捞河蚬捡田螺；冬天里则在地里堆起土坷垃，用稻草头烧得通红通红的，再挖来红薯或花生烤着吃。那味道，胜过时下到五星级宾馆里吃烤鸭、烤乳猪、烧鹅什么的。

后来，离开家乡，出来读书了，才知道小时候玩过的地方原来很美：清碧的韩江水面上，漂浮着一群群的白鹅，水天一色，疑是蓝天白云倒影；更有那岸边和沙洲上的芦苇片片，随风摇曳，风姿绰约，如腰肢婀娜之少女般娇丽动人。如果还有"所谓伊人，在水一方"那境界，就更是绝妙的了。只可惜，童稚无知，只懂得疯玩。但时至今日，小时候的游戏以及韩江边那兼葭苍苍、碧水茫茫、白羽片片、红掌翩翩的情景却时时萦绕于脑海中……

于是，我总在寻寻觅觅，决心寻找一次重温儿时旧梦的机会。

终于，有了一次机会，一位儿时的"鹅司令"现在当起了船长，经营游船生意。清明时节，我们约上了几位好友，携幼将雏，做韩江半日游。

游船从外砂溪出发，两岸景色，慢慢地从身边退去。我欣喜地发现，三十年过去，竟是风景依旧。岸边成排的凤尾竹修长雅致，微风轻轻拂过，尾梢微微弯腰，似是在向江中的我们致意。从外砂溪一直到湘子桥，韩江中遍布由泥沙冲积而成的江洲，有的连在一起，竟有一二千米之长，几乎把一条江隔成两条小河了。我们找芦苇茂密、人迹罕至的沙洲登陆，扑登、扑登地惊起了一群群的野鸭、鹧鸪之类的水鸟。从未见过野生动物的女儿先是吓得惊叫了起来，接着又为水鸟们盘旋滑翔的英姿而拍手叫好。我手中的傻瓜相机咔嚓咔嚓地响个不停。

舟行江中，岸边不远处游来了一群半大不小的"鹅蕾"，我问女儿是鸭还是鹅，她竟傻傻分不清，从三岁就能朗诵"鹅鹅鹅，曲项向天歌。白毛浮绿水，红掌拨清波"和"春江水暖鸭先知"的孩子，真见到了诗中的"主人公"却又鹅鸭莫辨、扑朔迷离了。更有甚者，一位朋友的胖儿子，竟然指着河堤榕树下的一头牛惊呼道："哗，这头猪好大啊！"令全船老小笑得顿足捶胸，差点儿没把船给弄翻过来。三十年景色依旧，但人事却是全非了。今天城市里的少年儿童们，已没有了我们过去的玩法，也没有了我们儿时的乐趣。

舟行至一古渡口。只见一棵冠盖足有近百平方米的老槐树孤零零地伫立着。刚刚经过寒冬的凋零，春天的嫩芽尚未抽出绿叶，因而显得枝干稀疏，夕阳斜穿过来更显得骨格清奇。未几，一条机动木船从江那边慢慢地驶了过来，靠了渡口。还是那跳板，还是那石级，不同的是，今天搭渡的，红男绿女，有不少还是摩托车骑士，少了以前的蓝褂子、绿军装和筐筐箩箩。我问"船长"："现在韩江两岸乡亲的经济情况如何？"他用船篙指着岸上的幢幢新居说："农民富起来了，一盖房子，二娶老婆。你看这些新房子就知道啰。"我又问："两岸交通十分不便，从古至今就靠这渡船，农民富起来了，为什么不想办法建一座桥？""船长"嘿嘿地笑了笑说："房子是自家的，桥却是公家的，得由政府来建啊。"我说："现在修路建桥，可以搞集资，这里为什么不能试一试？"他说："集资得有人挑头，挑头的人得大家都信得过才行。再说，两岸村子的关系不好协调啊。"我不禁想起儿时听老人讲的两岸为了争摆渡权而打群架的故事。难道，富了的乡亲，却还在继续着乡村不和、宗族纠纷的噩梦，美景和恶俗仍在？

夕阳西坠，我们一行弃舟登车，打道回府。本来，我是为了领略小时候来不及领略的风景，为了证实家乡的淳朴自然的美而去重温旧梦的，没想到,被拨响的还有另一根弦。

故乡啊故乡,美丽富饶的故乡,但愿你美景与古风长在,贫穷和恶俗早除,成为真正的和美乡村。

1993 年暑假于澄海

外婆家的狮头鹅

> 潮汕平原无限好,
> 出名产品实在多;
> 片片柑园飘果香,
> 处处溪面浮白鹅。
> ……

不知什么原因,念大学时才开始背诵的唐诗宋词现在能够整首背出来的已经不多了,而小时候不知道从哪里学来的这首"土里土气"的潮汕方言歌我却至今熟记如初。每当看到一群群在河面嬉戏追逐的狮头鹅,只要听到或看到"狮头鹅"这个名字,或者看到一张有关"狮头鹅"的画或照片,我都会情不自禁地从心里唱出这首歌。

外婆家就在澄海的韩江边上,村子四周布满了大大小小的河溪,河溪两岸遍栽苦楝树。家家户户都喜欢在村前屋后有树荫的小溪边围上一块"鹅围",养上几只狮头鹅。我记得,外婆的狮头鹅,每"放"[bang³]养十只左右,刚好是一个"班"。大的一"班"尚未卖去或"用"了(外婆不忍说"刣"),"鹅蕾"和小鹅又长大了,因而往往是"三代同堂"。

从五六岁起,我便和表哥一起当"排长"。外婆是村里的养鹅能手(据说鹅种是从江那边的白沙良种场买来的),她养的鹅大多在10公斤左右,大的可近15公斤。公鹅头上有一个隆起的黑褐色"肉包",活像雄狮头。公鹅性好斗,小伙伴们常常带着自己的"兵"在树下、河边摆开"角斗场"。当然,我的"兵"个高力大,几乎每战必胜。每战胜一个对手,公鹅便拍打着强健有力的双翼,骄傲地昂起狮头般的头来,仰头长啸,绕场一周,向主人和它的同伴骄傲地宣告自己的胜利。每当这时,我便乐滋滋地分享着鹅的胜利喜悦,挥着赶鹅的小竹棍,评点我的"士兵"们的勇敢或懦弱,俨然一副"大将风度"。呵,这才威风哩!

母鹅"角斗"起来则难解难分,往往是互相咬住对方项下的扁长的肉垂子,你拉我扯的几分钟不放,大有不比个你死我活决不罢休之势,有趣极了。每当这时,我和小伙伴们便各自站在自己的阵地上为自己的"兵"加油,喊声不绝。

狮头鹅斗起来像狮子般勇猛,但睡起来却像仙鹤般幽静。中午树荫底下,鹅们常常将"狮头"转匿于背翼的羽毛里,单足立地,一睡一两个钟头。我喜欢在树下铺上一条方格浴布,斜躺着欣赏狮头鹅这"金鸡独立"的雅姿,不知不觉地,便和鹅一同进入梦乡了。

不知究竟当了几任"鹅排长",八虚岁时,妈妈便把我从外婆家带出来上小学了。但每当暑假,我都会回到外婆家来当"代理排长"。高中毕业后,我下乡到了雷州半岛,每次回汕探亲,我总忘不了去看看外婆,也看看狮头鹅。有一次,我没看到狮头鹅。外婆说,工作队的同志说养鹅是什么"尾巴",给割掉了。外婆很伤心,我也很扫兴。

再后来,我上了大学,懂得了不少有关鹅的掌故。我想,我太笨了,要是自己也是个诗人或文学家的话,能为潮汕的狮头鹅写出一首首赞美的诗来,那该多好!

当然,赞美诗我不写,肯定还是有人写的,只要事物本身美。

前年,离乡别井十周年之后,我终于又回到家乡。我骑着自行车到外婆家,从韩江堤上往下一望,好家伙!一大群一大群的狮头鹅游浮在江面上,就像一只只立着樯桅的小帆船。儿时的那首歌由衷地又从心里唱了出来。不过,这次做了一点改动:

改革开放无限好,
致富路子实在多;

片片柑园飘果香,
处处溪面浮白鹅。
……
老姆欢喜到面绉绉,
老伯须仔挈呵挈;
……

           1985 年回故乡之夜

二零二零，特殊的清明节

又是一年春草绿。往年的清明，循祖先传下来的旧例，无论在哪，都要回到潮汕和亲戚们一起，上山去给祖先扫墓，今年这还是头一遭没有上山。因为防止新冠病毒蔓延的缘故，政府有关部门发布了《关于新冠肺炎疫情防控期间禁止群众聚集性祭扫活动的通告》，无论作为一名干部还是一名公民，都应该理解政府采取的特殊措施，遵守政府的通告。我们也希望家乡和乡亲们吉祥安康，而自己也要避免惹来不必要的麻烦。

我相信，祖先们在天之灵有知，也一定能够理解子孙们今年不能上山祭扫的特殊情况。他们也是希望自己的子孙后代，能够"平安顺"的！

当然，我们人不上山祭扫，并不意味着我们就不怀念祖先了。清明节扫墓、祭奠祖先的习俗，是传承了千百年的传统习俗。祭奠先人，追念祖德，表达对祖先的尊重和感恩，记住我们是从哪里来的，应该往哪里去，去做什么，才能对得起自己的祖先，对得起自己的家乡，对得起自己的祖国。根的意识、家乡观念、家国情怀，就是这样一年复一年地得到培养和强化的，老而弥坚。数典忘祖的人，一直为人所不齿；而无根之萍，则一如丧家之犬。任何一个人，都应该怀念自己祖先、长辈对自己的养育之恩，培养自己的感恩之心。

我的祖先是普通的潮汕农民，传说我的"老公"（曾祖父）那一辈人就开始"先富"起来了，可能是比一般的农民更加勤劳和聪明一些的缘故吧。到了我阿公（祖父）这一代人，除有几亩薄田之外，开始有商业、创业意识，兄弟几个搞起了股份制的"火砻"（碾米厂）和"菜垄"（腌制各式咸菜、贡菜的作坊。垄，泰语借词）等。1949年成分被定为地主，土地和小工业作坊都被没收了。阿公"识势"（识大体），跟儿子们说，这是大势所趋，我们可以靠自己的双手养活自己。

于是，阿公带着三位叔叔，在生产队出工之余，干起了为人"舂灰塗角"（贝灰砖，一种建筑材料）的重体力活。三位叔叔聪明能干，很快学会了泥水活，砌墙铺砖盖瓦建房子，全套都学会了。20世纪70年代末，叔叔们创新的"节能灶"，闻名全省，甚至做到广州市的省委省政府家属院去了，还上了《广东科技》杂志。改革开放春风一吹，家里的地主成分平反改为"工商业地主"，三叔林友豪也就拉起了建筑队，名正言顺地干起了建筑工程，成为澄海县最早成立的农民建筑工程队之一。这是阿公带出来的队伍，他们是继承了他们父亲、我阿公苦干加巧干的DNA了。

我阿公绰号"圆目"，乡里无人不知，大概是眼睛又圆又亮，很帅吧！

我印象中的阿公圆目长耳，高大帅全齐了。省科技厅原副厅长、撰写《三湾志略》的北湾村乡贤李财进叔问过我：你知道你阿公他们以前在咱们三湾多有名吗？可惜，我真的不知道。因为阿公是地主成分的缘故，我从小就不在他身边。但我知道他很喜欢我，因为我长得很像他（当然也像我父亲），而且我还是他林家的长孙！好几次，在村里走街串巷挍（kioh[4]，捡）猪屎路中，有我不认识的阿伯阿叔、阿姆阿姊指着我说："只个孥仔硬虎是阿圆目伊阿孙，生来双目平样金金（这孩子肯定是阿圆目的孙子，一双眼睛长得跟他一样又圆又亮）。"我还暗地里不好意思呢！

今年回不了老家给阿公"挂纸"（扫墓），就以一首"五言"诗献给天国的阿公吧。

    清明不拜山，宅网祭祖先；
    命好天生定，时艰运转难；
    英雄识大势，粪土物与钱；
    技艺随身带，精神世代传；
    先人美德在，遗爱百千年；
    谨此献芹曝，心香化五言。

我外嫲（外婆）和舅父舅母的墓地与我阿公的墓地是在村里的同一个沙陇上，每年扫墓，也一定会去给外婆、舅父舅母献上鲜花。

在我七岁随做小学教师的母亲到外乡读小学之前，都住在我外嫲家，阿舅、阿妗（舅妈）、表姐、表兄对我都很疼爱，但不娇惯，农村孩子们要干的一切活儿，诸如趐（riao⁷，放牧）鹅、割猪羹（挖猪菜）、挠猪屎等都是要干的。我最喜欢的活儿是趐鹅，可以跟一帮子"牧鹅少年"在地里、田头、河畔快乐地玩儿。大一点的小哥哥掰几个玉米、挖几个番薯（红薯，也叫"番葛"），堆起"田塗坡"（土坷垃），用"稻稿头"（稻秆头）把土坷垃烧红，把"金黍米"（玉米，也叫"薏米仁""幼米仁""田螺米"等）和番薯煨熟，热乎乎、香喷喷的，那股泥土和稻秆的芳香，永远也忘记不了，至今一想起来，还齿颊留香呢！

夏天里也有凉快的玩法，到了大溪（韩江支流）边，鹅们拍打着翅膀，欢快地到溪里戏闹去了。小伙伴们把放鹅"榷"（cuê⁵，小竹竿儿）往沙土里一插，把小"裤橛［guêh⁸］"（短裤头）往上面一挂，扑通一声就跳到溪里去了。我也不知道自己是怎么学会游泳的，大概一开始是入门的"汈［bhi⁷］头洍［siu⁵］"（狗爬），后来是"泗斗猛"（比谁快）的"竹篙掠"（自由泳），然后是可以一边游一边仰面看蓝天白云的"踢死囝仔流"（仰泳），还有可以随意直立踩水的"浮脚行"（踩水）……有时候玩得高兴了，还会顺便挖些河蚬，捉点小鱼小虾回家。在舅舅家过的童年生活，是快乐而幸福的。

每年扫墓祭拜的另外一处，是我的丈［dion⁶/diên⁶］（赵）人（岳父）、丈母（音"姆"，岳母）。泰山、泰水的墓地在澄海塔山风景区的水库边。他俩是老革命，墓碑上就刻着一颗红星和"中国共产党党员"几个大字。我太太家四姐妹一兄弟，祭扫的程序相对简单，五家人一起摆放上水果盘、花篮，挂纸（在坟墓上压上黄、白两色纸条），献花，三鞠躬！我的祭品比较特殊：两杯咖啡，有时还有一本我的新书。岳父年轻时因为躲避国民党的追杀，逃到泰国去了，学会了喝"糕啤"（咖啡）。20世纪80年代，咖啡还是稀缺品，从香港或者东南亚回家乡来看望他的校友有时候会送给他一罐速溶咖啡。他自己舍不得喝，珍藏着，等到有贵客光临时才把这珍藏品拿出来分享。我就因有幸陪着我的恩师、澄海中学杰出校友李新魁老师拜访他而得到一杯"滴滴香浓"的咖啡。而书呢，他生前就喜欢看我的新书，躺在澄海华侨医院里医病的人生最后时刻，枕边还放着我的书。所以，每年如有新书出版，清明节扫墓时我都会烧化一本给他老人家，就陈毅老总"捷报飞来当纸钱"的意思吧。

今年这形势，咱们就换个方法，在网上开个园地，亲人们在群里各自为祖先们献上心香一炷，也算是因势而为的一种移风易俗吧。

当然，孝敬阿公的一瓶酒（据说他好酒），孝敬丈人丈母的两杯"糕啤"和一本书，少不了！

2020 年清明前夕

舅父阿猪

舅父正名（大名）张怀德，似乎没人喊过。反而倒名（俗名）"阿猪"，却是近万人的整条南湾村几乎无人不知。同辈人喊他"猪兄"，后辈喊他"猪伯""猪叔"，还有喊"猪舅"的。舅父是外公家中的单丁（唯一儿子），姐妹却有五个。这五个"阿娘"（"阿娘"可能是"姑娘"的省称，从大到小依次称：大娘、二娘……五娘）嫁出去有了后代以后，村里面叫他"舅"的人就多了，甚至这几位阿娘也有跟着孩子们当面叫他"舅"的，闹得连舅父亲生的女儿，即我表姐也面称他"舅"。这样一来，街坊邻居也都跟着叫"猪舅"。我寄养到舅父家以后，家里的亲戚我都随我表姐叫，所以也喊他"舅"。但我喊他"舅"，那倒是叫对了。但不管喊他什么，舅父都会微笑着颔首回应，本来就不大的眼睛眯成了一条线，样子慈祥极了。舅父生性内向，木讷寡言，就连回应打招呼，他似乎也很少出声。

我外嫲（姥姥）则为他自己亲生的这个宝贝儿子避讳，叫他"阿嚄"。"嚄［ua^6］"其实是呼［kou^1］猪声，亏得惜囝（疼儿子）的外嫲想得出来！

舅父阿猪之所以在村子里知名度很高，是因为他从新中国成立初期就在生产大队里当会计，凭着乡村小学高小毕业的水平，算盘打得噼里啪啦地顺溜。从新中国成立初期到2000年，村政府的形式和名称历经多次演变，但谁也没有辞退过他。一直到60多岁了，生产大队还照顾他让他在村医疗所帮村民核验报销医疗费。所以，村子里的几代人都几乎与他打过交道。

舅父知名度高的另一个原因，则是因为他是全村公认的孝子，有时候真的"孝"得不讲道理,或者说,几近愚蠢。

舅父每天早起,必须先跟外嫲请安问早;每天早晨上班前必须跟外嫲相辞;晚上下班回家,必须先到外嫲的住处报到。自我十月断奶起,母亲就把我送到外婆家寄养。从我四五岁朦朦胧胧懂事起,直到外嫲去世,舅父就这样坚持了一辈子。舅父的珠算在新中国成立初期那会儿全村数一数二,上级领导也知道了,土改工作队缺业务干部,想吸收他到公社土改队当会计,可以吃皇粮领工资。舅父有心想出去见见世面,但回家跟外嫲一禀报,外嫲听说得离开村里到公社工作,不能朝夕见面,立马就涕流满面。舅父心一软,就把这个可以吃一辈子的铁饭碗辞掉了,也就是说,断送了成为公社干部的前程。表姐每次讲起这事来,都会深深地叹气,头摇得像"摇鼓"(拨浪鼓)一样,但我从来没有听舅父说过一句后悔的话。这使我想起一句潮汕谚语来:"天下无不是的父母。"意思就是说,天底下的父母所做所言,就没有错的。在我没有读大学之前,只想,那就是"愚孝"了。但当我上了大学读了《论语》之后,才知道孝道可是儒家思想的核心之一,是可以跟"忠君"相提并论的"忠孝"思想精髓。舅父受过民国时期正规小学的教育,应该是受过儒家思想的教育和熏陶的。想必他懂得"君子务本,本立而道生。孝弟也者,其为仁之本与"(《论语·学而》)和"父母在,不远游"(《论语·里仁》)的道理,所以无怨无悔地躬行之。

舅父的婚姻,应该说是不幸的。舅父的墓碑上,写着两位妗母(舅母)的名字,草头(原配)妗母据说是北湾村人,大概十六七岁就凭媒妁之言嫁了过来。据说她年轻、生好(漂亮),又力落(勤快)能干,深得舅父和外嫲的疼爱。可惜不知道什么原因,新婚不到一年,来不及养育一儿半女她就意外去世了。外嫲生前偶尔会跟我讲起大妗母的故事,描述得像一朵花一样,说到她的去世,常常是涕泪湿衣裳。

到我懂事时,已经是20世纪60年代初了,家里的舅母已经是来自海后村的"阿妳[ni¹]"("阿妳"是"阿妈"的意思,我随表姐叫的)。这位阿妳在我眼里,老实、勤劳、任劳任怨,样子也还端正,尤其是对我特别好。但外嫲似乎对她不是很满意,说她不会做豆酱(豆瓣酱),不会卤咸菜、菜脯,不会卤鹅,更不会养鹅。甚至连最普通的

"粿"也做不好，经常出"笑粿"（蒸熟后表皮裂开的"粿"）。所以，上面所说的农家赖以生存的活计，基本上都是外嬷自己干的，阿妳永远是老老实实地打下手。从我懂事起，舅父与舅母就是分居的，舅父在生产大队的工作单位找间陋室，两条长凳一块铺枋打个铺（简易床），就算是他的起居室了。阿妳就住在家里一个不足六平方米的"伸手间"里，里面仅是一个单人铺和一只床头柜。本来在农村里，家里起码应该有个男孩，但舅父、舅母有了表姐之后，就再没有生育过。但我也从来没有见到他们老两口吵过架、红过脸，就这样不温不冷地过着没有故事发生的生活。也许是与前面的大妗母的对比反差太大，使舅父有了"除却巫山不是云"的念想，使他自然而然地冷淡了后面这位任劳任怨的善良的妗母。

舅父生活极其简朴，永远是一身"灰"。一顶灰色的干部帽子，也不知道是不是生产大队发的，看电影、电视里新中国成立初期里的干部就基本戴的是这种帽子。上身是灰色粗布的对襟如意布纽唐装衫，下身是一条灰色（偶尔换成黑色的）大筒裤，裤腿约有一尺宽。裤子是没有腰身的，像个布口袋一样穿进去，然后把宽大的裤腰扎紧就是了。蚊帐和被子也都是用了几十年的，黝黑黝黑的。直到我到汕头大学工作后的20世纪90年代，才帮他换了新的。但给他买的棉袄，就是舍不得穿，也或许是穿惯了宽袖阔腿的唐装，对紧身的衣服不适应。

舅父生活上的唯一嗜好就是喝两口小酒，午饭和晚饭餐前都要唻（喝）上两小杯，大概是一二两吧，都是散装的澄海土产米酒。他最喜欢的酒配是炒地豆仁（花生米）。家里有一只手工打造的精致的、直径20多厘米的"铜鼎团"（小铜锅），是舅父炒地豆仁的"御用"工具，据说这是开油车（榨油厂）的外公传下来的。把铜鼎团放在火炭炉（后来是煤炭炉）上烤热，放进一大把地豆仁，不停地翻炒；再用一只小碗，放进少量的盐，冲进适量的凉水，等花生快熟时，把盐水放进去。只听"扑哧"的一声，整只铜鼎团上冒出了一阵白烟，再翻匀它们。地豆仁上慢慢就裹上了一层白色的盐粉，等把水分烘干，香喷喷的炒地豆仁就上碟了。我之所以对这个过程这么熟悉，是因为舅父每次炒好地豆仁，等其退了热气之后，总会笑眯眯地抓上十来粒放在我的手心里给我。

所以，只要他升炉炒地豆仁，我就去看，其实就是在等着那十来粒奇香无比的花生米。

大概是20世纪90年代吧，我自己小家庭的收入改观了之后，我每年过年过节都会给舅父几百元的孝敬。但老人家"老去"（去世）的那一年，正好我在澳大利亚悉尼大学留学，没能赶回来给老人家奔丧，这成了我心里永远的遗憾！

舅父一生真的平淡无奇，跟农村里的绝大部分好人、孝子一样。但对于我，舅父的养育之恩，永远难以忘怀。写这篇小文章的时候，目汁（眼泪）数次模糊了我的双眼，只能停下来擦去泪水，调整好情绪再写。

又是一年春草绿，清明节就要到了，今年可能又不能回去给他扫墓献花了，就以这篇文章，祭奠他的在天之灵吧。

2021年清明节前于广州

重返溪西村

五年前的一个夏天,我和太太、溪西小学校友阿红一起回了一趟溪西,想看看1974年9月至1975年7月间我在那里代过课的溪西小学,看看那个还来不及留下深刻印象的乡村现在到底是什么模样。

我在那里代课的时候,溪西乡属于澄海县十五乡公社的一个村(也叫大队)。它坐落在韩江北溪的西南边,故名。

那时候的溪西村,是一个人口不足2000人的小村庄,全村土地面积也就一平方公里多一点吧。全村居民的姓氏倒有40多个,其中人数较多的是林、陈、张、刘等。这次回到溪西小学旧址,才记起原来它是一间"林氏宗祠"。

旧时农村里的小学,大多办在宗族祠堂里。我的印象中,这所乡村小学,学生也就两三百名,教师也只有十多位。不少教师是语文、算术都能教的,当时教唱歌(音乐)、画画(美术)和体育的教师也都是非专业的教师兼任的。现在开玩笑时喜欢说:"你的数学是体育老师教的。"这在过去的村校里,那是常有的事情。如果倒过来说"你的体育/唱歌/画画是算术/语文老师教的",那更是再正常不过了。溪西小学是一间公办的乡村小学,但民办教师比公办教师多。民办教师如果干得好,年份够长了,说不定也有"转正"成为公办教师的机会,就能捧上铁饭碗、吃上皇粮了。还有第三类教师——代课教师,就是班级多了,教师少了,有些课找不到教师上,就临时找些人来代课,这是学校里等级最低的教师了。我那时候刚好高中毕业,尚未就业,随当小学教师的母亲到了溪西小学。校长一看,天上掉下来个"十八岁的哥哥",学校里正找代课教师呢,就把我给聘用了,也算是学校捡了个便宜。

我教的是小学二年级的算术，挺容易教的。乡村学校的校风十分淳朴。那时候的教师，尤其是民办教师，本身也都是农民。不少教师上课前刚干完农活，把粗桶（粪桶）、锄头等农具往教室外一撂，从后裤袋或者浴布包里掏出课本和备课本就上课了。老师们还有管教学生的习惯，学生一不听话，轻则大声训斥，重则教鞭（小棍子）伺候。学生回家也不敢向家长告状，我还看到过家长提溜着孩子来到校长室求老师帮忙收拾孩子的桥段："老师，个早死囝过痞［pai²］，我咀伊唔听，你个我相辅管教。伊唔听话你做你拌［buan⁶］拍，拍死就歇！"

想想现在的孩子们，家长们都宝贝着呢，老师哪敢动他们一根指头。"今年番薯唔比旧年芋"（今非昔比），一时一局（此一时彼一时）也！

我在学校里还有一份美差。周六晚上校长和其他几位老师喜欢聚集在校长室打牌消遣。大概到九点来钟就会喊我去"关顶"（与隆城乡共享的集市，在北溪大坝的一个水闸附近）买粿条。用一只竹篮，里面放着一只30厘米直径的"轻铁锅"（铝锅）。那时候，素粿条大概也就是一毛来钱一碗，一人一碗，都盛在锅里。老师们一再交代要我跟店铺老板说多放些"葱珠膀"（油爆葱花）。老板看在是常客的分上，每次都颤抖着手，多加了几小勺在锅里。月初发工资的第一个周末，还会加买一碟一块来钱的卤鹅肉，就叠放在盛粿条的锅里。那鹅肉飘出来的香味，通过鼻孔，直抵喉咙，我的口水禁不住就往外淌了。真的是有过偷吃一块的冲动，但再一想，咱多少还算是个老师——虽然是代课的，哪能偷吃呢！就咽下口水，把想偷吃的欲望强忍下去了。

我对溪西小学值得一说的贡献，不在于教书育人，而在于为溪西和十五乡公社创造了一项体育运动比赛的纪录。说来也巧，就在1975年上半年，澄海要举行全县的中小学生乒乓球比赛。我在溪西小学的时候，空余时间经常打乒乓球。在公社教育组帮忙的溪西小学陈培声老师知道我乒乓球打得不错，就把我推荐给了公社。我们以溪西小学跟我打球的几位学生为主力，再从十五乡中学和隆城小学等学校挑选了几名队员，组成了男女两支球队。我当教练，培声老师当领队。于是，教书之余，我就跟队员们"打"成了一片。没曾想，十五乡公社的这支名不见经传的乒乓球队男队，居然一路过关斩将，闯入四强。在四进二的半决赛中，输给了在城队，得了个并列第三名。十五乡公社在全县体育比赛中，从来没有得过这么好的成绩，此后"十五乡"改名为"莲华"。所以，这项体育比赛纪录也就"空前绝后"了。

溪西村中心有一座建于乾隆十三年（1748）、很袖珍的寨楼，称为"闳远楼"。寨楼呈四方形，长、宽均各只有约40米，楼墙厚约半米，属贝灰土建成的单层寨楼。寨内共有40间房子，寨前有一小池塘，也仅150平方米左右。在这个很"迷你"的"寨内"，一位叫"阿年"的年轻人在省文化厅、村委会和社会有识之士、志愿者的帮助下，办起了义务教育的"国学养正馆"。从2011年至今已经坚持了10年，据说已经办出了一些名堂和影响，不但莲华镇各村有小孩子来学习，附近的东里、溪南、盐鸿、莲下各镇，甚至连潮州市的铁铺镇也有家长送孩子来这里学习。这真是我没有想到的。这也使我看到了乡村振兴的希望，因为村里面的交通、卫生、教育条件改善了，人民过上了小康的幸福生活。在乡村文化振兴方面，这个不起眼的小小"国学养正馆"就起到了播火、传薪的作用。正是阿年及其小伙伴们的坚持，才使这乡村有了文化的滋养园地，孩子们在这里养成了喜欢阅读经典的良好习惯，这里也形成了勤学慎思的学风。

突然，我想起了已经闲置许久、年久失修的旧小学遗址——林氏宗祠，如果能修缮一新，作为乡村里的蒙学、国学培训之地，文脉赓续，不亦宜乎！

溪西小学旧址林氏祠堂前面，是一片水稻田和菜园子，黄澄澄的谷子已经快熟透了，稻秆被沉甸甸的谷穗压弯了腰。从稻田穿过去走不远，就上了北溪大堤。

登上大堤一看，真有点喜出望外，原来大堤顶已经修成了三米宽、几公里长的绿道，穿过了整个溪西村。汽车严禁进入，只供乡民们散步和跑步，附近东里镇等地的居民也慕名而来。大堤内连接稻田、菜园子的水塘里，农民们养了"三鸟"（鸡鸭鹅）和淡水鱼，有的就在水塘边办起了农家乐饭店，还有茶寮。跑累了、玩累了就到茶寮、饭店里喝喝茶，吃只"走地鸡"，尝条"上水鱼"，现捞现宰，肉质鲜美，口感弹牙。大堤外面一侧水岸边大约50米宽的湿地已经建成了珠链形的公园，除原有的擎天摩云的木棉树和遮天蔽日的老榕树之外，新添的黄花风铃木、美丽异木棉等树的花儿开得正欢。一簇簇、一片片的金黄，一束束、一丛丛的粉红，把北溪大堤打扮得分外妖娆。草地上有儿童玩的滑梯、秋千等游乐设施和供大叔大妈们压腿、伸腰的健身器材。据说，周末这里很热闹，都是一家子一家子来玩的。

最后，我找到了印象最深刻的大堤上那几棵二三十米高的木棉树，树干挺拔，密集的分支向着溪水边，垂在水面的枝叶在微风中轻轻晃动，宁静而优雅。

我们坐在木棉树下的草地上，静静地欣赏着这美丽的北溪景色，忽然想起了"水清鱼读月，山静鸟谈天"这不知道出自何处的佳句，乐而忘归。

2016 年夏

澄海人文冠粤东

1985年后，我先后在汕头大学和韩山师范学院工作，从老家澄海到汕头大学，也就个把小时的车程。到韩师就更近了，不到一个小时可以到达。空间距离的缩短拉近了我与家乡的关系，亲友、文友之间的行踏（走动）便多了起来。有不少文友有书要出版，总会让我给写篇序言。美不美，家乡水；亲不亲，家乡人。乡里乡亲的，还是文友，读一读他们的新著，写篇序言，就是对文友的支持，也是对文友信任我的感恩。往高大上里说，也算是对家乡的教育文化事业的支持吧。

翻开我写过的序言目录，远的不说，近几年为澄海文友写过的序文计有文联的《记忆的痕迹——澄海小说三十年精选》、蔡炫辉的《澄海历代书法集》、蔡妙芳的散文集《巷陌间》、黄长旭的《配诗速写集》、王绵生的《潮汕风物谜语》等。小说集、散文集、书法集、诗画集、谜语集，属于文学艺术的，基本都有了。当然，澄海文友们送给我的著作就更多了，有几十种。

澄海文人，从明清到当代，蔚成奇观，成为澄海这座滨海小城最靓丽的风景线，也成为澄海一张闪闪发光的金质名片。远的不说，就说20世纪以来的澄海文人。第一本潮音"十五音"同音字典——《潮声十五音》，是澄海人张世珍编著的；第一本部首偏旁潮音字典——《潮汕字典》，是澄海人陈凌千编著的。这两部字典发行于潮汕原乡、香港地区与东南亚各国的潮人聚居区，总发行量超过百万册，作为文化乳汁哺育了好几代潮人，总人数过千万人。而博学鸿儒黄际遇教授，是民国时期著名的数学家、天文学家、教育家、文学家、音韵文字学家、书法家、象棋名宿。在中山大学任教的时候，他是数学天文系主任，还在中文系开设"历代骈文"课程,在历史系教魏晋南北朝史,又经常与省港象棋名将切磋交流,名重当时。潮汕著名教育家、原汕头教育学院院长杨方笙先生说:"黄际遇先生是个了不起的学问家,其学殖之富,才气之高,成就之广,不但在潮汕罕见,即使在全国也是为数不多的。"(《黄际遇和他的〈万年山中日记〉》)至于哲学家杜国庠、散文大家秦牧,都是响当当的国家级人物。

为什么澄海能人才辈出呢?前不久,澄海中学一百年校庆,我写了一篇文章向这所家乡名校献礼,在文章中我谈到了这个问题。我认为,澄海人文景象的形成,得益于澄海冠山书院良好学风的滋养。据《澄海县志》载:"冠山书院,在冠山乡神山麓,明朝知县蔡楠建。后堂祀朱文公(熹)。"明朝隆庆三年(1569)始建,历代多有修葺,清末改为学堂。冠山书院之后堂,还附设有冠山文祠,也称考亭祠,祀南宋理学家朱熹。因朱熹谥号"文",世称朱文公,故朱熹祠也称文祠。朱熹乃徽州府(今江西)婺源人,晚年在福建省建阳县"考亭"这个地方筑"沧州精舍"作为讲学之所,其学派为"考亭学派",故冠山文祠也称"考亭祠"。神山上还有魁星庙,祀文曲星君。这书院、文祠、魁星庙,是澄海人崇尚读书、崇拜读书有成者,也就是重视文化教育、崇拜文明习俗的物质和精神寄托所在。澄海人崇尚读书,"生囝唔读书,不如饲大猪""读家己书众人惜,博家己钱众人恼"。民风如此,怎能不出人才?俗话说:"一方水土养一方人。"我篡改之为:"一方书院育一方人才。"

现在,澄海区政协筹划主编了一本介绍澄海人文风物的文学读本——《澄怀观海》,共有"历史的标本""民间的清欢"和"诗意的栖居"3辑,收录散文40多篇、诗词100余首,琳琅满目,蔚为大观,大体上反映了澄海的人文风貌和风物民情。我认为,《澄怀观海》里的这批文章和诗词,反映了澄海文人的文化自觉及其对家乡的文化反哺。家乡情结也好,怀旧心绪也好,反正,通过他们饱蘸感情的生花妙笔,把这座曾经因红头船、十五音字典、狮头鹅、猪头粽、电子玩具、圣诞礼品和文人帮而驰名的粤东小城推介给读者,我觉得这很好,"谁不说俺家乡好"呢?值得点赞,值得"相辅厚水"!

于是，我边读边想，便有了上面这些文字。

很高兴，又一次为家乡的文事鼓与呼，虽然是"秀才人情纸半张""赠嘴无赠钱"。

是为序。

乙未年赛龙夺锦鼓声中
于韩山师范学院傍山居

书院三朝毓造化，澄中百载播芳菲
——写在澄海中学百年校庆之际

我是澄海人，澄海籍的一介文人。在外地，经常有澄海老乡问我："您是澄海中学的毕业生吧？"一开始我有点纳闷："为什么我就一定得是澄海中学的呢？"但问的人多了，我揣摩，是因为我被看作是一个学术研究有点成就的文人，而但凡学有所成的澄海人，绝大部分有个响当当的母校——澄海中学。因为这所百年名校名人辈出！再加上我的大学恩师、中山大学中文系著名语言学家李新魁教授是澄海中学的高才生，我的岳父陈德桂校长在恢复高考之后又主政澄海中学。于是，我是澄中生便好像是"顺理成章"的事情了。

但十分遗憾，我没有福气进过我心向往的澄海中学读书；然而又十分幸运，我读高中时（1973—1974）的澄海上华中学，居然有方书仰（物理老师，中山大学毕业生，后曾任澄海中学校长）、周勤铭（地理老师，中山大学毕业生）、张天杰（物理老师，中山大学毕业生）、蔡德椿（政治老师）、曾祥进（体育老师，澄海篮球队名教练）、陈构全（体育老师）等澄海中学的名师下放到乡村中学来。语文老师陈大正虽非澄海中学教师，但也是中山大学中文系的毕业生。邢凤梧老师则是远近闻名的书法家。可谓名师云集。那时候，我还不懂得这些老师的厉害。恢复高考的时候，我正下乡在雷州半岛林场，当地没有老师可以辅导我们，就全凭上述老师们教的那些知识去碰运气了，竟然还考上了中山大学中文系。周勤铭老师自编自创教给我们的那些地理知识口诀我还烂熟于心，起了很大的作用，地理课我考了高分。于是，我第一次懂得名师、名校在教书育人中所起到的重要作用。后来，无论是在汕头大学还是在广州的高校任教，经常碰到一些有成就的澄海籍人士，真的十有七八都是澄海中学的毕业生，更加深了我对澄海中学在培养一方人才、滋养一方人文中的重要地位的认识。

2010年，韩江两岸木棉花盛开的时节，我奉命从广州调任韩山师范学院院长。我本来以为，韩师升格为本科以来，与全省同类高校比起来，进步不快。作为家乡学人，应该回来与韩师同仁一道，把它建设得更好。我怀揣着的是，回家乡贡献微薄之力、报答生我养我之故乡的感恩之心。但在韩师工作5年来，我深深地认识到，韩师对于粤东地区人才培养的重大作用。

韩师自1903年由韩山书院改办为国立的"惠潮嘉师范学堂"以来，培养了近8万名毕业生。根据学校调查的数据，在粤东地区，尤其是潮汕地区，几乎没有一所中学没有韩师校友担任学校领导的，有的中学校长就是韩师的毕业生，如澄海中学的侯庆生、潮阳棉城中学的郑平雄、揭阳一中的方少明、潮州高级实验中学的陈伟群、金山实验中学的林跃文等诸位校长，就都是韩师的高才生。有的学校领导班子中，韩师校友占了一半，如揭阳一中的正副四位校长，其中一正两副三位就是韩师校友。而各中学里来自韩师的教师就更多了，有的居然占到了全校教师总数的三分之二。于是，我对培养过中山大学的首任校长邹鲁先生、华南师范大学并校后第二任校长陈唯实先生的韩师所具有的重要的历史地位，有了更加深刻的认识。可以说，韩师的校友群，筑成了粤东地区基础教育的坚实高地。没有韩师，就没有现在的粤东地区欣欣向荣的基础教育；而如果没有澄海中学等各地基础教育名校，粤东地区的人才就没有了汩汩而流的源头活水！

澄海中学和韩山师范学院——这一所中学和一所大学，使我对地方名校在地方文化教育、社会发展中的重要地位有了刻骨铭心的认识。当然，名校不是一蹴而就的，而是有着深厚的历史文化积淀，通过一代又一代的知识分子的无私奉献和传承建设而成的。韩师是因为有兴办于宋代的韩山书院的近千年的文化积淀而有着厚实的基础。而澄海人的读书蔚然成风、人才辈出，我认为则得益于澄海冠山书院良好学风的滋养。据《澄海县志》载："冠山书院，在冠山乡神山麓，明朝知县蔡楠建。

后堂祀朱文公（熹）。"明朝隆庆三年（1569）始建，历代多有修葺，清末改为学堂。冠山书院之后堂，还附设有冠山文祠，也称考亭祠，祀南宋理学家朱熹。因朱熹谥号"文"，世称朱文公，故朱熹祠也称文祠。神山上还有魁星庙，祀文曲星君。我读高一时（1973）的上华中学就在神山之侧，冠山书院就是我们的饭堂和体育活动场所。文祠和魁星庙虽然破败不堪，但我们还是常常去玩。也许，就是这一年在这凝聚了几百年文气的地方浸泡过，才使我身上也沾了些许读书的灵气和才气。而澄海中学，则像韩师继承了韩山书院一样，继承了冠山书院沉甸甸的兴学育才的优良传统。

俗话说："一方水土养一方人。"我篡改为："一方书院育一方人才。"澄海的学子们，就在冠山书院和澄海中学的这一方文化沃土中，在一代一代辛勤的园丁们的精心栽培下，得以沐浴阳光雨露，茁壮成长。

现如今，百年澄中，英才辈出，国之栋梁、省之豪杰，比比皆是。是可谓：

书院三朝毓造化，

澄中百载播芳菲！

2015年春

数风流人物：还看后叨澄海先哲

因为是澄海人的缘故，所以对故乡澄海就有着深深的眷恋和剪不断理还乱的无端情愫。又因为是一介书生，所以对家乡的文事也多有眷顾，与同行文友也多有来往。至于与新加坡澄海人的联系，则最先是与同道李博士志贤兄交往。志贤兄因为研究一些跟澄海原乡有关的课题，20世纪90年代就多次来澄海做田野调查和文献搜集，后来又多次来汕头大学、韩山师范学院参加学术会议或者讲学。我也去过新加坡国立大学、南洋理工学院、新加坡八邑会馆、醉花林俱乐部参加过几次学术会议、讲学或者考察访问，每次几乎都是志贤兄在张罗并照顾我。所以我们经常晤面，切磋有关潮汕原乡与新加坡的历史文化问题，甚有食诐（相谈甚欢）。今志贤兄为庆祝新加坡澄海会馆主编之《一脉相承，几代风骚——石叨澄邑先哲传略》大稿杀青，嘱余作序。余乐观其成，无论是作为澄海老乡还是同行挚友，余皆应效犬马之劳为之推介。

澄海原乡，地灵人杰，处韩江支流之外砂溪、莲阳（南洋）溪和东里（东陇）溪三江（溪）平原，北有凤凰山、东有莲花山屏障，西与汕头接壤，南面大海，乃鱼米之乡。可谓"韩水三支毓造化，莲峰五瓣吐芳菲"。是故澄海设县虽晚，但从明清到当代，人才辈出，蔚成奇观。澄海出文人（知识分子），蜚声海内外：张世珍（第一本潮语"十五音"同音字典——《潮声十五音》的编著者）、陈凌千（第一本部首偏旁潮音字典——《潮汕字典》的编著者）、黄际遇（著名数学教育家、文史学家等）、吴贯因（著名历史学家）、杜国庠（著名哲学家）、许伟余（著名文人）、秦牧（著名作家、散文大师）、李新魁（著名汉语音韵学家、方言学家）……澄海也出企业家，别的不说，至今六世其昌的黉利家族就是杰出代表。从陈焕荣肇业，这个庞大的家族至今五世同堂，有几百口人之多。在泰国、新加坡、马来西亚、美国、加拿大、英国等国家和中国港台地区都有这个家族的事业，据说企业、公司多达250家。1995年曾有对"经济实力最强的海外潮籍人士"进行排名，60位上榜人士中，陈黉利家族的第四代传人陈天听排名第十四位，拥有财富约20亿美元（据网络资料），现在的财富可能就更多了。澄海这个地方，也出好官，从搭建草衙门办公理政的首任县令周行，到深受人民热爱的赤脚、水布县长余锡渠，到《羊城晚报》民选广州市十大公仆之首的广州市原市长许士杰等。

　　囿于见闻和海外资料之有限，对海外的澄海人我了解甚少，可以说是孤陋寡闻，仅仅知道的也就泰国吞武里王朝创建者郑信大帝等几位。现在拜读了志贤兄的这本《一脉相承，几代风骚——石叻澄邑先哲传略》，才知道原来澄海人在新加坡也是人才辈出、竞领风骚。从这本传略所介绍的传主来看，是以企业家、资本家、商界和社团领袖居多，诸如佘有进、林义顺、林忠邦、李伟南等；当然，也与澄海原乡一样出文人，如作家王君实、吴以湘，书画家黄勖吾、黄寿松、陈普之、蔡逸溪等；同样，也出了一些政治家、外交家等人才，如佘美国、张修文、陈天立等。我曾经在国际学术会议上发表过"潮汕文化的一半在海外"的观点，因为从人口数量及其分布来说，"海内一个潮汕，海外一个潮汕"。作为潮州"八邑"之一的澄海也一样，有一半的乡亲在海外。所以，你要了解澄海的人文，除了原乡之外，还得知道在海外的另一个"澄海"。

　　现在，志贤兄做了新加坡的"澄海先哲传略"，棋先一着。很希望其他各国、各地也能陆续编著出类似的著作来，海外的这个"澄海"，就会越来越完整了。

　　志贤兄的大作，不但对澄海人的"过番史"、澄海籍华侨华人在新加坡的发展史、新加坡经济发展史等方面的研究极具历史资料价值，还具有海外潮人研究先进榜样之作用。我拜读之后，获益匪浅，故乐为之序。

乙未年酷暑于
韩山师范学院傍山居

可宅可诗南澳岛

南澳岛以前我来过 N 次了,但基本都是工作性质的,最先几次是来调查方言的,后来是陪远方来客来的。名胜古迹如总兵府、雄镇关、宋井都去过了,青澳湾的泳也游过了,但几乎没有闲情逸致可以慢慢地体会它的诗情画意。

卸任韩山师范学院院长职务之后的几个夏天,都和太太去了云南避暑。因为网络功能的强大,文献资料和信息基本上都可以从网络上获得。所以,带上手提电脑和必用的书,现在到哪儿也不耽误学习和工作。避开广州的炎炎烈日和煀人的暑气,找个阴凉的地方待着,心绪更安静更有利于读书写作。2020年因为新冠肺炎疫情的关系,不便到省外去了,便舍远就近回到家乡,上了南澳岛。这才有"闲工"像品工夫茶一样仔细地体会和享受南澳岛之美妙。

我们依然像去云南一样,选择住民宿。民宿在一些地方,现在并不便宜。像古色古香的潮州府城的民宿就很火爆:一间房一宿四五百块钱很普遍,千把块钱的也有,据说周末还一房难求。但南澳的民宿相对便宜,青澳湾附近的楼房,三房一厅(起码一间海景房)两卫生间的,一宿也就七八百块钱;两房一厅的,就五百来块。县城后宅镇附近的海景民宿,价格还要更低廉些。南澳民宿的装修不像潮州民宿的精工雅致,但大多简约、舒适而实用,房东是年轻人则大多装修得比较文艺和小资情调,有的干脆就标明是"文艺民宿"或者"文化民宿",颇受文艺青年欢迎。这次带上了我老爸老妈上岛,让他们二老住了一间海景房。老妈第二天起来很兴奋,说是 80 多岁了,第一次看海上日出,而且是坐在房间里的床上看的,从凌晨 5 点看到 7 点,从一线红霞、一片红霞,到半天红霞,从一牙朝阳,到半圆朝阳,到全圆朝阳,金灿灿、黄澄澄的。那天凌晨海面风平浪静的,本来是一片深蓝色的平面,冉冉升起的朝阳把东边的海平面染成了金色。老人家看着激动,讲起来也兴奋。此后的那几天,与亲友打电话闲聊,她津津乐道的就是坐在床上看朝阳的故事了。

民宿的好处之一就是可以自己做饭吃,既适合自己的口味又便宜。上岛前听说,岛上的海鲜比汕头市要贵很多。在岛上消费之后,我觉得不应该一概而论。在网红打卡景点附近饭店用餐,海鲜的价格大约会比汕头市菜市场贵一倍。但如果在后宅镇附近的饭店,价格立马就会降大约三分之一。如果是自己到菜市场买海鲜,那比汕头市菜市场的要便宜不少,六七厘米长的三目蚧(梭子蟹)也就50块钱1公斤。在南澳的菜市场买海鲜或者干货,本港海产品比外地的要贵一倍以上,1公斤的饶围脯(一种小鱼干)本港的要100多元,外地产品只要40多元。本港的鱿鱼干叫"宅鱿",也比外地的贵一倍多。买海鲜最好找本地人带着去,懂行就能买到货真价实的海鲜。朋友替我买饶围脯,老板就老老实实地告诉他,没有本港的,现在不对季节。

民宿的厨房里通常都配有冰箱、餐具,油盐酱醋一应俱全。在民宿里自己做一顿海鲜美餐,然后坐在临海窗户的饭厅里持螯把酒。窗外是海天一色的壮阔美景,完全可以媲美任何高档酒店的海景餐厅;海浪翻滚的声音时而大,时而小,为你演奏着壮阔而又柔美的佐餐背景音乐。

天气晴朗的时候,保不准会有玩耍的海豚从你窗前游过。我们这次运气就不错,真的看到了一群白海豚从窗前的海里一个鱼跃又一个鱼跃地追逐玩耍。太太拿起手机录起像来,我则赶快下楼赶到海边去,想拍几张照片。可惜其实白海豚们游得很快,我跑到海边时,只看到它们高高兴兴地互相追逐而去的背影了。

南澳岛其实很适合深度慢游,从南澳大桥北端一直向东延续到金银岛,大约30公里,已经修好了绿化观景大道和10多公里长的亲海栈道。过了南澳大桥右拐,几乎每几百米就有一处停车场和栈道出入口。如果你徒步的能力比较强的话,绕南澳岛半周(约30公里)的观景大道和栈道行程，走走停停，偶尔下到沙滩玩玩水、拍拍照，少说也要一天。

这次因为有时间慢游，才知道南澳沙滩的美妙。以前来南澳，到青澳湾是必有的行程之一，当然最主要的活动就是游泳了。这次才知道，南澳岛南面沿海的沙滩大大小小、长长短短有十多个，小的、短的几十米，长的、大的几千米。虽然不一定适合游泳，但沙滩踩水漫步拾贝壳却是不错的选择。让细细的金沙按摩你的脚板，让翻滚的浪花一次又一次抚摸你的双腿；仰头便是白绸缎般的云彩，举目便是一望无际的蓝绸缎般的大海。你脚踩沙滩、身在天海之间，想象的脑洞打开，灵感也汩汩而来。天苍苍，海茫茫，诗来自蓝天白云，来自巨浪细沙。最令我沉醉的是晚霞映照的十里银滩：夕阳从西山后面徐徐落下，但东边的天际却被映亮，朵朵白云镶上了金边儿；一层又一层的浪花从沙滩上卷上来又退回去，沙滩平滑似陈三刚磨过的铜镜，银光闪烁；蓝天白云的光影投射在这面镜子上，海市蜃楼般地似真似幻；美女们在上面走，镜子里便映下了娇羞五娘的倩影。此时此刻，此情此景，拍出来的相片，有大片的感觉，张张都是可以参赛的作品。运气好的话，碰上红了半边天的晚霞，那就是你有福气了，你可能会留下若干张值得你晒朋友圈炫耀和这辈子珍藏的靓照了。

南澳凌晨的海上日出与傍晚的海滩晚霞，景致最是令人陶醉。可惜不少游客日出三竿后上岛、日薄西山前离岛而去，来去匆匆，欣赏不到南澳真正的美妙。其实，除了海景之外，南澳还有山景。黄花山森林公园是经原国家林业部批准建立的国家级森林公园，也是广东省唯一的海岛国家森林公园，森林覆盖率高达92%，生态保护得很好，植物资源及旅游资源都比较丰富，被省林业局、省旅游局评定为"广东省森林生态旅游示范基地"，登山识树观鸟，玩上一天两天，也很惬意。如果是自助游，请不要忘记带上几只水罐，下山时灌上甘甜的山泉，回到民宿就可以喝上山泉工夫茶啦。

好了，我就不说那么多了，还是让读者们自己来南澳岛体验吧。请记住，最少得住上一宿两宿哦。如有假期，多住几宿慢游更佳！

在仲夏南澳追光掠影

夏日里南澳海滩上的晨昏之美，是一种常态的美：橘红色的朝阳、鸡蛋黄的落日、平如铜镜的沙滩、起落有序的海浪、沙滩上挖沙造房的亲子游戏、浅水里追逐嬉戏的青少年、海上耕浪的摩托快艇、认真对焦拍照的摄友，构成了一幅幅生动、温馨的海滩晨昏的美图，日日如是，美景长在。

当然，四季不同，朝阳和落日的方位也有所不同；每月的日子不同，潮汐涨落的时间也不同。于是，你来南澳岛旅游、度假，除了下海戏水之外，如果有摄影的爱好，最好能提前学习、了解南澳岛的四季和潮汐的常识。

我今年是仲夏上的岛，正午时间里，天气就像《水浒传》里的歌谣描写的"烈日炎炎似火烧"这般的热。当然，现在不是"公子王孙把扇摇"的时代，我们是"躲在家中叹空调"。最好的游玩时间当然是一早一晚观赏日升日落。

观赏日出，最佳的地方是青澳湾，因为这里是广东省最先看到日出的地方。清晨五点左右，远眺东边泡在海里的山峦，一轮红日冉冉地从山峰上爬了上来，橘红橘红的。不一会儿，"一片红霞迎曙日"，影儿倒映在海水里，一串晃动的光影，随波舞动，摇曳多姿；海面上波光粼粼，偶尔有一艘摩托快艇呼啸而过，划破波光水影，留下一长串犁翻的白色浪花，让人惊艳！

这个时候，你可以坐在面向大海的公寓阳台上，泡上一杯咖啡，静静地欣赏着这动静有致的美好画面，虽是夏日，心花也像荷花般地盛开。但如果你要用镜头捕捉美景，那就得卷起裤腿，到沙滩上去追逐光影了。

青澳湾日出的位置，会随季节的变幻而转移：夏至前后是在东边的山峰上，而冬至，则是在东边的海面上。夏天如果要看海上日出，就得乘坐快艇出海，到东角山那边看日出，从小山坡顶远眺，一轮旭日在海面上浮沉，这使我这个潮汕人想起了潮汕的大号汤圆"鸭母 nim^3"。这个 nim^3 字有人用"浮"字和"沉"字的右半边，上下结构、左边共用一个"三点水"（氵）的部首来组成，颇为生动。海上初升的太阳有时就是这种动态，但一眨眼之间，它就离开了海平面，带着一大片的红晕冉冉上升为朝阳了。所以，观赏海上旭日东升也是一件不容易的事情，凌晨四点多钟，东边的海平面上由鱼肚白变成柑橘红的时候，你就得到位等待它的"露脸"了。当它从橘红的海平面上"露脸"到离开海平面上升为朝阳，好像是一跃而升起的，转瞬即变，时间很短暂，再过个十几二十分钟，红色的朝霞退去，强烈的太阳光线照得你睁不开眼，当然拍照的最佳时间也就过去了。

南澳岛观赏日出的地方太多了。全岛的海岸线有 77 公里长，韩寒来拍《四海》的电影时，我们从片花里就欣赏到了海岸线之大美风光。它还有大大小小港湾 66 处，除了青澳湾是观赏日出的好地方之外，还有不少地方也能观赏到旭日东升的美景。三囱烟灯塔就是观赏日出的网红打卡点，这里的视野非常开阔，能看到一望无际的海面。金银岛三面环海，坐在岛上的亭子里，也可以舒舒服服地静观日出。而在海泉湾等地的公寓里，居然可以靠在床头上从面东的窗口欣赏海上日出，这则是最宜年长者静观日出之地了。

傍晚观赏日落，最佳的选择是大尖山和九尖山。大尖山、九尖山都在南澳国家森林公园里面，大尖山是南澳的最高峰，海拔 558 米不算高，但登上峰顶，观赏落日则是最佳高度，视野开阔，一轮夕阳就在如卧龙般的南澳大桥上面缓缓落下。从下午六点开始，西边的太阳像变色龙般开始秒变颜色：先是软化了四射的光芒，接着周边的云彩逐渐被染上浅红色、橘红色、枣红色，太阳的个子也越来越大了，越来越像溏心的鸡蛋黄了。在接近海面的那一刻，好像一只就要化掉的橘红色大冰淇淋，突然之间，它就融化进海水里了，把海面染成金黄金黄的一大片。那里究竟是魔幻世界，还是神仙居住的地方？

在大尖山、九尖山观赏夕阳西下的最大特色，是有卧龙般的南澳大桥做背景，有落日卧龙的宏大构图。

除了到大尖山、九尖山的山上观日出之外，在走马埔看日落，则是另一番景象。站在网红打卡点大榕树下，眼前的海面是近万亩的牡蛎养殖场，红黄蓝绿各色的浮标组成色彩方块，在夕阳的映照下流金溢彩，让人有一种迷幻的感觉。在走马埔拍落日，似乎比大尖山、九尖山近一些，有与夕阳面对面的感觉，拍出来的照片的色彩饱和度也高了很多。坐在草地上，把手一伸，就可以拍出一张"掌上明珠"的美照来。

当然，日升日落是美景，而沙滩的朝阳映照和夕阳返照也美妙无比。南澳岛的青澳湾和十里银滩的沙质幼微柔软，海滩平缓光滑，无论是在朝阳映照下的青澳湾沙滩，还是在夕阳返照下的十里银滩，你站在平滑如镜的沙滩上，身影倒映入沙滩，绝似镜像，海浪冲了上来又退下去，你的倩影变幻多姿。红男绿女们都喜欢穿上各种时尚的霓裳羽衣，挥舞着红带绿巾，让镜头留下这柔和光线中的倩影。爱美的人们往往流连忘返，直到夜幕从天际荡漾开来，才不得不依依不舍地离去。

诗仙李白有句诗云"落日故人情"，真的是掏心窝的感觉啊！

在这依依不舍地洗脚上岸的人群中，有我和我的老伴儿。

2021 年夏

三访文化古村落程洋冈

说来惭愧,我虽是澄海人,家乡莲下也与程洋冈相距不过"一铺路"(十里)之遥,小时候但闻"大娘巾"(大梁冈)出妇幼科名医,驰誉遐迩,但我就是没去过。

与程洋冈第一次见面时,我已经年过不惑。那时我在汕头大学工作,搞历史文化研究的老师们经常提起程洋冈的大名,而促使我去访问它的,是因为香港某大学建筑专业的师生们常常来程洋冈考察古代潮州民间建筑。有一次,我随队去考察,终于得以一睹程洋冈的"芳颜"。

所谓内行看门道,外行看热闹。那时候的程洋冈没什么热闹可看,我只好随着来做专业考察的师生们一路学习,才知道这里有宝贵的唐宋时代的港口、建筑遗址,有诸多的从宋代到民国的庙宇和诸如刘罗锅(刘墉)等名人的墨宝遗迹。

第二次来程洋冈,是与中学同学许建欢来的。村头儒释道三合一的丹砂古寺、村前那时还清澈的池塘和池塘边成排的树龄好几百年的大榕树、村中一个挨着一个的石门框及一条条现在看起来窄窄的但干净整洁的胡同,给我留下了极佳的乡村印象。

后来,阅读过《广东省古村落——程洋冈村》(岭南美术出版社)等更详细的书籍及地方文献资料后,对其了解更多更详细了。让我震惊的是,村里居然有40多间书斋、私塾!原来这里地灵人杰、名人辈出,是因为其文化教育的底蕴深厚。

2018年底,一位微信名叫"大树老师"的网友,给我寄来了一本《凤岭新韵》,让我写篇序言。从该书中我知道,现如今的程洋冈已经升级为国家级古村落、国家级传统村落、中国民俗摄影协会基地了。令我更加欣喜的是，它还是汕头市和澄海区两级的文明村。

于是，我又想去看看程洋冈有什么新的变化。春节前到澄海老家过年，就先到这里来了。

这次有"大树老师"林学进和村里的书画、篆刻家蔡泽瑾兄导游，可以算是深度游览考察了。我在与他们的交流中了解到，程洋冈村在上级政府的支持下，以建设社会主义新农村为契机，以保护古村落、发展古村落旅游为动力，开发历史文化旅游资源，挖掘、保护和传承优秀的传统文化，做了很多的工作，已经成了汕头市和澄海区的两级文明村。尤其可贵的是，有一批爱好优秀传统文化而又富有使命感的中、青年文人，坚守在这千年古村落中，扎扎实实地做着保护、修复、活化古村落的事情，杏园书屋（程洋冈最大的书斋）、大娘巾医史馆（程洋冈最有名的医馆）、八角楼（蔡元培先生曾经在此居住过）等项目一个一个完成，并向游客免费开放。

作为一名教了大半辈子书的教师、校长，我对程洋冈最感兴趣的是这里鳞次栉比的书斋。

潮汕地区的基础教育，宋代之后发展较快，官办的书院林立，如韩山书院、金山书院、宗山书院、冠山书院、景韩书院、东圃书院等。据不完全统计，清代后期潮州府境内共有书院50多所，分布于潮汕各地。而民办的书斋、私塾就更是遍地开花了。仅程洋冈村就有40多所，如耕云、一笔斋、燃藜、梅村斋、山顶斋、醒斋、养器山房、培德书屋、稻香书屋、养竹山房、梅庐书屋、半隐、新园、半壁、绿耕别墅、仰止山房、忠宪第书斋、柿林、东馀小筑、小凉环、杏园书屋、梅园书屋、松园书屋、艺苑书屋、寄尘、馀香、临池、梅轩、蔚园、留馀小筑、树德、振德、尚友、稻香、绿波、柏庐等。这个村还在1914年就办起了新式的小学堂——仙美育才小学堂（后改校名为培美小学堂、维德小学校、思齐小学校）。更加先进的是，1927年就办起了女子学校——醒民初级女校，虽然学生只有十多名，但在当时，已是开乡村文明风气之先了。

穿行在这已经存在了好几百年的窄窄的小巷里，残垣断壁、败花乱草时时向我们倾诉着其昔日的辉煌及其主人翁过去精彩纷呈的故事。在经过草草修葺的杏园书屋里，我们虽然能够呼吸到其"郁郁乎文哉"的残存气息，但更多的是陷入"青山遮不住，毕竟东流去"的沉思。

是的，我们能否有能力重写其昔日精彩的故事，演绎出和美侨乡建设的新编故事？

北京大学陈平原教授2018年12月24日在接受《广州日报》采访时说，对传统文化的保护、传承和活化，"理论上必须关注乡土教育，实践上要通过各种活动加以推动。为什么我们愿意去看别人的生活，为什么会对他们的生活产生好奇，是因为差异和不同。文化的多样性，必须靠文化人、当地人自己来保护"。

是的，作为"文化人、当地人"，林学进、蔡泽瑾们在坚守阵地，但单凭几位有家乡情怀的热心的文化人，要续写程洋冈昔日的辉煌那是不可能的。我相信，最近几年来在美丽乡村建设方面佳绩连连的澄海区委区政府，一定会对程洋冈古村落的保护和活化（开发、利用）做出更多、更扎实的工作，社会各界热心人士会给以更多的实质性支持，大家群策群力，共建美丽乡村，使这个昔日的"粤东襟喉，潮州门户"重焕光彩。

也许，等到程洋冈成为网红美丽乡村旅游景点的时候，我还会带着朋友，来第四次、第五次……

2019年元月
于广州南村

外砂咶，有文化

外砂咶［huai²］，即外砂话的特殊口音。"咶"原来有口音不纯正的意思，潮阳口音也被汕头人叫作"潮阳咶"。但我宁愿把它解释为："指一个地方的特殊口音。"其实，有特点的东西才是好东西，我们搞方言研究的，碰到口音特殊的方言点，真的是喜出望外，好像寻到了宝一样，立马就盯住它不放。我在二十世纪八九十年代撰写《澄海方言研究》时就"盯"上它了。外砂话最特殊的是它的声调系统及其变调规律。过去的外砂包括现在汕头市龙湖区的外砂、新溪和澄海区的坝头镇，在澄海话中自成一个口音体系，澄城人谓之"外砂咶"。我到广东技术师范学院工作之后，招录到一位籍贯是外砂的硕士研究生陈照儿，便怂恿她做外砂话的声调研究。后来，我又到外砂、新溪人聚居的马来西亚巴生海滨市的吉胆岛和吉隆坡的适耕庄去拜访和考察过，并对两地的外砂话做了简单的调查，对大马乡村民们外砂口音的原汁原味惊叹不已。

被称作"咶"的，还有潮阳话，口音也很有特色。我去年还建议省语委把潮阳话列进广东省语言资源保护工程调查研究项目，并由佛山科学技术学院的张静芬博士（香港科技大学语言学博士、南澳人）负责进行调研。刚好汕头电视台的"潮汕风"栏目马畅女士找我做有关读书的节目，我就推荐他们去采访张静芬博士和发音合作人、《潮阳俚语》的作者周文广先生，做了一期颇有特色、趣味盎然的潮阳话"潮汕风"节目。

今年冬至前我又回了趟汕头，这次的目的地又是外砂，但这次不是为了方言调查，也不是为了那里香喷喷的那碗"鹅肉饭"或者"鹅肉面"，而是为了那里出版的一本书——《记住外砂——探索中国乡镇发展史》的首发式。

《记住外砂——探索中国乡镇发展史》是外砂镇委镇政府去年启动的一项文化建设工程,谢镇杰书记亲任编纂委员会主任。主编金利明兄是潮汕文化研究的爱好者,因而与我有文墨因缘。利明兄告诉我镇里要启动这项文化工程的事,说要收入我跟外砂有关的一篇论文《外砂话声调及其与澄海话、汕头话的比较研究》(与陈照儿合作)和一篇散文《适耕庄:马来西亚的又一个"外砂村"》,并请我当顾问。

外砂过去总被视为一个"海墘农村",好像很难与文化挂上钩。但其实,外砂是个文化底蕴深厚的地方。

这里的蓬沙书院始建于1869年(有说1870年的),是当时兴学育民的场所,是汕头市目前保存最完整、面积最大的书院,其面积大概是澄海兴建于明代的著名书院——冠山书院的三倍。2012年11月,蓬沙书院入选第七批广东省文物保护单位。因为蓬沙书院的兴建和举办,使这里蔚成读书好学的书香风气。外砂的东溪村,一个小小的滨海乡村而已,其书斋竟然有20多座。村中流传有一首诗云:

> 倚南寄傲四时乐,
> 友竹友兰养花天;
> 鸣乐两琴抱友月,
> 耕渔钓月继辋川;
> 榕荫绿槐梧百尺,
> 亦云听莺小香山;
> 蓬东明新可读处,
> 虫二风月去无边。

这首普通的七言诗虽然平仄不尽相合,但内容却不普通,因为诗里面镶嵌了东溪村的23个书斋名,依次是:倚南、寄傲、四时乐、友竹、友兰、养花天、鸣琴、乐琴、抱月、友月、耕渔、钓月、辋川、榕荫、绿槐、梧园、亦云、听莺、小香山、蓬东、明新、风月。

从《记住外砂——探索中国乡镇发展史》中看到这些资料,使我想起以前抄录、引用过的乾隆版的《潮州府志》中的一段话:"三阳及澄饶普惠七邑,间阎饶裕,虽市镇也多鸟革翚飞。家有千金,必构书斋,雕梁画栋，缀以池台竹树。"《澄海学府拾史》中录有670名学生的家庭通信地址，其中有100个以上的住处是书斋。书斋名五花八门，如亦是斋、思省斋、笔香书屋、心耕书屋、一心书屋、敬业书屋、书带轩、陶陶轩、怡怡轩、亦好居、就正居、味馀别墅、红鹅别墅、荫馀别墅、仰止山房、漱玉山房、咏梅花庄、雨花吟馆、艺兰精室、兰室、莲花草堂、蕙碧精舍、一粟小庐、半园、励园、临溪深处、秀冬筱隐……民国时期，新式学堂逐渐代替了旧式书斋，更多的乡村孩子得到了上学读书的机会。据《记住外砂——探索中国乡镇发展史》资料载，一个小小的外砂，竟然办有四维、南雄、肇南、大衢、念修、种玉堂、乐育、思平、景峻、民权、竞智、衍德、立德、邻德、养正、崇本等30所学校，真的是闾巷处处闻书香啊！

新中国成立以来，外砂的文化教育事业更是蓬勃发展，至今已有完全中学1所、初中2所、小学16所、幼儿园21所。2013年在汕头市各镇中率先被评为省级"教育强镇"。

还值得记住的是，港澳同胞和海外华侨华人对家乡文化教育事业的鼎力支持，他们纷纷在家乡捐资兴学，有设立教育基金会的，有设立奖教奖学金的，有设立新校建设或者旧校修缮专项资金的。外砂镇的学校中，带"华侨""侨"字的中小学有好几所，如外砂华侨中学、南侨学校、蓬中华侨学校、华埠华侨小学等。在外砂，你看到的比较漂亮的大型建筑群，十有八九就是学校。饮水不忘掘井人，我们真的要感谢对家乡文教事业做出了重要贡献的港澳同胞和海外侨胞。

正是读书风气的养成，使外砂这个滨海渔村"江山代有才人出"，如明代曾做过县令、致仕（退休）后回家乡主编第一部《澄海县志》的王天性（1525—1609），东溪村晚清的王景仁一家两代七个半秀才，现代的泰国正大集团的谢易初、谢国民父子家族等。

阅读《记住外砂——探索中国产镇发展史》之后，我的感想是：文明的蔚然成风，要靠文化来养成。乡镇的振兴，有赖于文化的振兴。一个街道（乡镇）、一个县市，如果其文化教育先进了，那里的社会、经济也一定是繁荣昌盛的。

2019年冬

惠州市陈江镇澄海村访问记

几年前就阅读过周锦科、蔡楚标先生的大作《拓荒者的足迹——澄海村史（1956—2007）》，早就想去这个澄海人创造奇迹的神秘地方去拜访我的乡亲们，看看乡亲们的生活状况，也了解一下那里的澄海后代们的方言使用情况。这一次，应惠集读书社的邀请前去惠州讲学，我就专门多逗留了一天，在惠州市潮州商会蔡楚标先生的帮助下，联系上了前任的村委书记周锦科先生。于是，在惠集读书社林卫锋和韩师惠州校友会黄锐锋等朋友的陪同下，前往澄海村访问。

澄海村现在属于惠州市仲恺高新技术产业开发区陈江街道。我们从惠州市区的江北出发，不到一个小时车程，就到了村里。周锦科大兄已经带领着村民小组的几位领导，在办公室楼下等候我们。大家用熟悉的乡音互相问候，就像我回到了澄海老家受到乡亲的欢迎一样的亲切和温馨。尤其是周大兄一句"欢迎娘家人来看望我们"，让我的眼泪几乎夺眶而出。

大家在村委会办公室落座，不一会儿水就烧开了，工夫茶泡起来，亲密无间的苏南腔澄海话就在这满室飘香的环境中聊起来。周锦科大兄专门把第一批移民，当时23岁、今年85岁的杜绍强大叔请来。于是，多数的对话也就是我们之间的问答。老人家身体轻健，记忆清晰，应答如流。

现在的澄海村，人口1200多人，其实不全是澄海人。因为它下辖澄海、堤塘、永联三个村民小组。澄海村民小组才基本是澄海人，大约有700人。

谈起这澄海村的历史，杜绍强大叔如数家珍，中间也夹杂着不少感叹。

他告诉我，澄海村的第一批移民，只有 96 位青年和 13 个小孩。周锦科大兄也是第一批移民，是随他父母亲一起来的，当时只有两岁。一起来的，还有一位只有几个月大、还没有断奶的弟弟。

这些移民的原籍，主要来自当时的澄海县苏南公社的埭城村和南湾村及其周边的几个小村。杜大叔是埭城村的，周大兄是南湾村的。巧的是，我也是南湾村的，真的是有缘分，这会儿是亲上加亲了！

这百把号青年人为什么会移民来惠阳呢？杜绍强大叔自豪地告诉我们，澄海是水稻高产县，农业技术水平比较高。他们是来帮助惠阳开垦荒地、搞农业生产、提高农作物产量的。他们当时来可都是经过挑选的好青年，而且需要政审的，出身不好的人还来不了。不过，我问他为什么来惠阳，他却有点不好意思地说，澄海家乡虽然水稻高产，但人多地少，粮食还是不够吃。听说惠阳这地方耕地多，可以有较多的收成，可以吃个饱，所以就积极报名了。

他停了停说，后来才听说是为了帮助惠阳开发荒地和提高农业生产水平的。不过，他们也真的是做到了。1956 年春节后移民过来，用澄海县政府支持的 4000 元钱买了农具和 10 头耕牛，就树起"青年高级农业社"大旗开荒种地，第一年的水稻、红薯、花生产量就在惠阳名列前茅了，大名也改为"澄海农场"了。不到几年工夫，澄海村的农业技术高超，水稻、红薯高产就已经是名声在外了，地区和县里多次组织人来参观学习。村里的党总支书记被提拔为公社副书记，后来又被提拔去县里当农业局副局长。

我问，1960 年前后那几年的饥荒年，村里粮食都够吃吗？杜大叔和周大兄异口同声说没饿过肚子。周大兄还说，曾经换过粮票，让人带回澄海老家，帮助乡亲们度过饥荒年呐。在座的来自澄海埔尾乡的陈先生证明说，他就是那时候来这里他叔叔家探亲，看到这里的澄海乡亲都能吃饱饭，就留在叔叔这里不回澄海老家了。

澄海村因为农业经济比较发达，温饱早已不是问题。1993 年，村委会就把村集体财产搞成股份制，每年按人口和股份分红，至今不变。所以，澄海村是一个温饱问题早已解决的村落，村里的人口外流的不多，而且还不断发展壮大，从 1956 年初来时的 109 人，发展到现在的 700 多人，几乎是当时的7倍了。杜大叔家已经是四代同堂、其乐融融了。周大兄家三代人15人，也是人丁兴旺了。

更加令我欣慰的是，这里的语言生活状况良好。乡亲们都能用流利的客家话与当地周边的村民交流，第二代以下的村民都能说流利的普通话，用普通话学习和工作；大部分村民还能说不太标准的粤语，因为这里紧挨着深圳，离广州市也就一个小时的车程；而几乎所有的村民，包括最小的第四代，都能说流利的澄海（莲下）话。我们在村里用潮汕话问路，两位年轻人马上用澄海话与我们搭话，热情指路。乡亲们告诉我，嫁到村里来的客家姑娘，大多数也学会了澄海话。我想，这对于母语方言的传承很重要。当然，澄海话的发展现在也有一定的弱化，第三、四代村民的澄海话，大多是回家了才说。在学校和村外，基本上是讲普通话、客家话或粤语了。

澄海村还先后获得了广东省卫生村、惠州市生态村、惠州市社会主义新农村建设示范点等荣誉称号。乡亲们带我到占地5000平方米的小公园参观，公园里有绿树成荫的步行道和儿童乐园，有两个标准的篮球场和几台乒乓球桌，是乡亲们锻炼身体和休闲娱乐的地方。沿途经过村民们的住宅楼，一栋栋的，3~4层楼连排建设，很整齐。据说每个人分了30平方米的宅基地，居民楼就是在这些宅基地上建设起来的。看着这一排排的新楼，我连声赞叹。杜大叔和周大兄说，这来之不易。以前住的可都是一溜六间的连排屋，低矮窄小，又没有厨房和卫生间。我们越过公路，那边就是旧屋所在的地方，连排屋已经破败不堪，几乎都废弃了。

看着这些"破厝斗"，我忽然想起自己下乡的地方雷州半岛林场的那些集体宿舍。于是，对澄海村第一、二代村民创业之艰难，有了更加深刻的理解，并对他们产生了深深的敬意。我拉着杜大叔在他住过的老屋前合了个影，为的是记住这位可亲可敬的乡里大叔质朴而和蔼的笑容和这笑容背后曾经有过的艰苦的奋斗史。

时间不早了，我不得不与乡亲们握手告别，就像与自己家的叔伯、兄弟道别一样，心中有着丝丝的不舍。天，下着毛毛雨，有点阴冷，但我心里却是暖乎乎的，因为有一股亲情的暖流在全身涌动。

老祠堂的复活与乡村文化的复兴

国庆节期间,我又回乡了。这期间,我参加了汕头大学潮汕文化研究中心和汕头市华侨史学会在樟林起凤陈公祠举办的"樟林文献"的学术沙龙,承办单位是街道的文化站,协助的有义工队。在这个沙龙上,汕头大学潮汕文化研究中心的陈景熙博士做了题为《林先潮医生家庭侨批》的报告,华南师范大学历史文化学院陈椰博士做了题为《德和里陈氏家族文献》的报告,乡土文献爱好者们还一起分享了关于侨批、契约、歌册、碑铭等乡土文献的收集、保护和研究的经验。没有正儿八经的学术会议的排场,没有套话和废话,就在一座祠堂里,一群爱好乡土文献搜集和研究的同仁们"没大没小"地坐在一起讨论、分享大家共同爱好的话题。这种在姓氏宗族祠堂里举办的小型学术会议,我还是第一次参加,觉得挺新鲜的,相信其他同仁也有同感。这场祠堂里举办的文化沙龙,还被不少媒体报道了,产生了广泛而良好的影响。广东主流媒体《南方日报》(2019年10月11日第5版)以《扎根乡土,传承文化:新时代文明风尚在澄海乡间传播》为题,做了较大篇幅的报道。

古老祠堂的功能被活化利用,使我挺兴奋的。潮汕地区的乡镇中,祠堂和书斋星罗棋布,但绝大多数已经破败不堪。如果任其继续颓败下去,就剩下残垣断壁了,殊为可惜。因为,每一座祠堂和书斋,都蕴藏着深厚的历史文化底蕴和精彩的宗族、家族故事,其中有不少还是与名人相关的,具有史料等方面的价值。如这座起凤陈公祠,著名教育家黄炎培先生就曾在这里住过。如今,"衣食足而知荣辱",年轻一代的村里人的文化水平提高了,更有到外面读了硕士、博士的,他们懂得乡土文化的价值而回乡做田野调查与研究。在他们的带动下重新唤起了乡民的

"文化自觉",从而"从头收拾旧祠堂/书斋/书院",加以活化利用,开发新的教育功能,赋予古老的建筑以崭新的生命。俗谓"盛世修志",余谓盛世修旧祠堂/书斋/书院。躬逢此盛,"乐亦无穷也"!

更加令人高兴的是,家乡的文化人行动起来的事情,并非个案,而是星星之火,已成燎原之势!今年的暑假里,潮州市潮安区的江东镇和龙湖镇的社工站,与韩山师范学院潮州师范分院合作,依靠"乡土文化教材高级研修班"的学员老师们,举办了"潮汕文化兴趣班",受到了广大学生及其家长的欢迎,江东站的兴趣班有250名学生和家长参加;而在龙湖古寨,他们社工站和老师们根据古寨历史文化内涵深厚的特点,选择了祠堂、书斋、建筑、特产、孝亲、文化名人等6个方面的题材,结合《潮汕文化读本》的童谣、民间故事和诗词课文,在当地进行"近在眼前"的情景教学,让当地孩子们体验、认同"生我养我"的家乡的传统文化,从而加强了文化自觉与文化自信。9位进行义务教育的老师均是小学里的优秀教师,有几位还在学校里担任校长、主任等职务。在暑假的黄金时间里,本来他们可以带孩子去旅游、去探亲,但他们却甘愿在乡镇里做着这种给优秀乡土文化培土育苗的工作,没有对乡土文化的自觉自信,没有对乡土文化教育的热爱,是难以做到的。

汕头市澄海区澄华街道冠山社区有个冠山文史社,社员们积极、自觉地做着力所能及的家乡历史文化的发掘与保护、活化的工作,从冠山书院的重光到许包野烈士事迹的推介。在澄海区委区政府的大力推动下,焕然一新的明代书院——冠山书院已然是一座文化公园、网红打卡点。在这里可以举办培训班、讲座、书画展览等。陈椰博士不久前就在书院里讲过"朱子家训与潮汕家风的传承"。其新闻报道还上了"学习强国"平台,标题叫作《把潮汕文化"种"在书斋、祠堂里》。其实,不是"种",而是"复活",如今叫"活化"。

国庆前夕,我陪女儿林晴博士到汕头市龙湖区的外砂镇(街道)做方言调查,与镇宣传统战干事金利明、原广东省十大先进党总支——大衙村党总支的蔡文华书记亲切交谈,了解到外砂镇也做了不少文化遗产的勘察、保护和活化利用工作。外砂镇的蓬沙书院,是现在外砂中学(外砂职业中学)的前身,始建于1870年。在大衙村境内,有多处的古驿道遗址，也正在积极勘察、研究之中。让我兴奋不已的是，这"金主"和"蔡书记"二位，也是乡镇传统文化的热爱者和研究者，说起当地的历史文化来，如数家珍，对其保护、活化也有一定见解，听起来有板有眼的。

国庆节那天在樟林文献沙龙上，我在发言中引用了陈平原教授《如何谈论"故乡"》中的一段话："故乡确实不尽如人意，可这怨谁呢？你是否也有一份责任？对于远走高飞且在异乡取得很大业绩的你，在表达爱心与倾注乡情时，请尊重那些在当地的奋斗者。说实话，家乡的变化，最终还是得靠坚守在本乡本土的朋友们。远在异乡的你我，即便能助一臂之力，也不能代替他们的思考与努力。"

我想，只有坚守故乡的文人和反哺故乡的文人、商人的通力合作，"里应外合"，并在当地党委和政府部门的鼎力支持下，才能有所作为。

2019 年秋

古驿道的活化与乡村经济的振兴

广东古驿道的勘察和建设，成绩突出，成效显著，南粤八条古驿道呈现于今人面前，昔日的车水马龙、商旅络绎不绝的繁荣景象依稀重现，成了旅游的热门景点。但如果古驿道的建设只是以古驿道修旧如旧、作为名胜古迹来做文章，我认为还是不够的。根据我对区域文化史的学习和了解，古驿道通常是古代不同时期的官道，类似于今天的国道，至少也是省道。官道就是交通要道，沿途都是当时经济社会较为发达的地方，往往是"生意兴隆通四海，财源茂盛达三江"。昔日的繁华给古驿道沿线留下了一座座门庭广阔的大宅、一条条人畜兴旺的村庄、一个个生意繁忙的乡镇。而经济的兴旺发达使人们能够"仓廪实而知礼节，衣食足而知荣辱"，有了兴学读书、传道起文的基础条件。而这些条件，造就了古驿道周围的"人杰地灵"。用现今的说法就是"车轮一响，黄金万两"，或者说"要想富，先修路"，一言以蔽之："道路通财路通！"

然而，随着科学技术的进步、交通工具的更新和道路建设的发展，昔日人行马跑的古驿道逐渐被公路、铁路所替代。古驿道两旁的县城、乡镇、村庄已繁华不再，久之也就几乎荒废了，残墙断壁被枯藤野草所淹没。我们今天寻踪古驿道，很重要的一件事，就是要把昔日的这些繁华的村庄大宅、乡镇市集也发掘出来，努力恢复其往日的面貌，让它们成为古驿道昨日辉煌的见证。如果说，古驿道是一条线，那么，古驿道两旁的这些有故事的村落、市井就是一颗颗深埋于历史泥土之中的明珠。把这些明珠挖掘出来，并一颗颗串起来，就是一条闪闪发亮的明珠链。虽然，这些因为交通要道的变更而被历史遗弃的地方，现如今已经成了经济欠发达地区，甚至是贫困地区，需要我们去扶持它们；但如果能够借古驿道勘察和建设之机，对其进行发掘建设，或者作为农业生态景点，或者作为名胜古迹，与古驿道一起，建设成为旅游线路，那么，脱贫致富就不困难了，甚至有可能恢复其昔日的繁华。

以我熟悉的汕头市澄海区的樟林古港古驿道为例，这个曾经因有数百万的中国人从这里登船出发到海外谋生而闻名世界的樟林古港所在的樟林乡，有一座建于明神宗万历八年（1580）的妈祖庙（天后圣母庙），是潮汕地区规模最大的天后庙之一。还有一座颇为特殊的、建于嘉庆二十四年（1819）的风伯庙。为什么要在樟林港口修建妈祖庙和风伯庙，这与漂洋过海命悬一线有关。风浪无情，民谚云"行船跑马三分命"，"无可奈何过暹罗"者只能听天由命，葬身鱼腹者不少。因而，要"过番"者背井离乡之前一定要去妈祖庙和风伯庙祈求航程风平浪静、平安到达。妈祖庙和风伯庙当年香火之盛，足以证明那时候樟林港务之旺。

而今已残旧不堪的新兴街，则印证了樟林古港当年"生意兴隆通四海"之繁荣昌盛。新兴街是樟林古港继"六社八街"又增建三街之后建设且保存至今的仅有的一条街。它修建于嘉庆七年（1802），街长约200米，由54间两层楼的货栈组成，前为商铺，后为货仓，并有后门台阶可通水路，货物装卸十分便捷。而街头的永定楼，则是当时过往旅客投宿的高档客栈。

由于生意兴隆，樟林富商众多，一如红头船的桅杆林立。而富商们衣锦还乡，通常会斥巨资在家乡修建巨宅，例如著名的潮汕民居建筑——南盛里就是典型的例子。南盛里是清末巨贾蓝金生兴建的，占地面积80多亩，盖建大小房屋70座，共671间。其中有华丽的潮汕传统建筑——驷马拖车、四点金、下山虎，也有普通的小型民居——竹篙厝。从传统潮派建筑风格的民居到近代具有工业特色的发电厂、自来水厂，整片民居集潮汕民居建筑之大成，是早期"洋为中用"的一个范例。

有的富商还营建庭园，如清嘉庆四年（1799）林五、林泮修建的西塘庭园，是按苏州园林样式扩建的，集住宅、书斋、庭园三者为一体，为粤东名园。

著名的通商港口除了"出产"富商之外，也"出产"名人，樟林乡里，就有我国著名散文家秦牧先生的故居。

而在樟林乡之北，就是韩江的支流北溪，是昔日连接潮州府城的水陆交通要道（府道），樟林所在的东里镇和相邻的莲华镇，就沿着这条美丽的母亲河铺开，一个村庄接着一个村庄，炊烟缭绕，昔日靠着水运交通的发达，这里商旅络绎不绝。江边的乡村，十分富庶，如莲华镇的隆城乡，是广东十大古村落之一，人口密集、商业繁华。这条村子居然有22间各个姓氏宗祠，其中大宗祠为全乡张氏乡民所共有，供奉大宗公、潮汕前八贤之一张夔。村里还有第一本《潮声十五音》的编者张世珍的故居，《潮声十五音》是老一辈潮人家家珍藏、人所共知的最早出版的潮语同音字典。

沿着古驿道延伸出去，韩江北溪大坝之下，莲花山之西南侧，皆是水乡平原、鱼米之乡，受工业污染程度较小，环境清新，空气质量优良。可以开辟、建设成为集度假、娱乐、运动休闲于一体的旅游区。

如果我们以樟林古驿道的建设为契机，把樟林乡里曾经兴旺发达的景点重新修建好，再沿着昔日的韩江北溪大坝延伸开去，把大坝修建为绿道，把沿途村庄有历史文化内涵的景点发掘出来，把莲花山下、韩江之滨的村庄建设成为农业生态旅游特色乡镇，这里完全可以变成一个"吃喝玩乐"都有去处的地方，这里的绿水青山，就会变成金山银山。

2015 年秋

为澄海"首届林檎节"鼓与呼

澄海又要闹热了,中秋期间要举办"首届林檎节"!

澄海的樟林"林檎"个大清甜好吃,遐迩闻名。而且,是全国仅有的真正的澄海土特产(别地引种的都没有真正的樟林林檎清甜),独特的岭南佳果。

通常来说,举办一个"××××节",往往被看作是"文化搭台,经济唱戏"。但举办"首届林檎节",就不是"文化搭台"了,是"土特产搭台",以奇珍异果林檎之美名,敬请大江南北、五洲四海的嘉宾来品尝,顺道参观、考察历史文化底蕴深厚的樟林古港及周边的美丽侨乡、传统村落,推介澄海玩具等名优产品,最终达到"经济唱戏"的效果。

然而,"土特产搭台",其实也是离不开文化来敲锣打鼓的。例如,来樟林古港举办"林檎节",作为主办方的官员乃至普通工作人员,首先要能够讲好樟林古港故事。这故事实在太精彩了,可以像过去的潮剧"长出连"(颇像现在的电视连续剧)一样讲个几天几夜:明清的海禁与开禁("老识字掠无蟛蜞"的典故),昔日樟林"八街六社"的繁荣,南盛里的兴旺、西塘的雅致,着实需要不少历史文化知识和基本的数据才有可能把这些丰富多彩的故事讲好。而最简单的,远道而来的嘉宾可能会问:这种水果的名字为什么叫"林檎"?"林檎"是古汉语还是外来语?你能说得清道得明吗?

由此看来,没有文化做支撑,也是难以把"首届林檎节"举办得热闹而完美的。

有鉴于此,澄海的骚人墨客也希望能为"首届林檎节"做出应有的贡献。澄海是版画之乡,艺术人才辈出,先后涌现了王鼎新、许钦松、蔡仰、颜乔梓、杜应强、陈训勇等著名的书画家；澄海也是一方文人辈出的家园，出过秦牧、黄雨等著名散文家和诗人。总之，澄海境内有莲峰九叠钟灵气，三溪出海蔚人文，地灵人杰，江山代有才人出，全国各地的澄海籍书画家和诗人骚客也如雨后春笋，层出不穷。澄海区文化广电旅游体育局登高一呼，请大家赋诗作画，为"首届林檎节"鼓与呼，为和美侨乡建设、为乡村振兴助力，乡亲艺术家们应者云集，你吟诗来我作画。于是，涧泉溅玉，丹青溢彩。大家都十分乐意为家乡的经济、文化建设尽微薄之力，"文人人情纸半张"，一人半张（一页纸），"众人头毛拍成大碇索"，就辑成了这本美轮美奂的诗、书、画集——《秦牧故里林檎香》。中国美术家协会原副主席、广东画院院长，广东省文学艺术界联合会副主席、广东省美术家协会主席许钦松为本书题签，为其增色添光。

2019年国庆节在樟林德和里"樟林文献沙龙"上，我在发言中曾引用了陈平原教授《如何谈论"故乡"？》中的一段话："对于远走高飞且在异乡取得很大业绩的你，在表达爱心与倾注乡情时，请尊重那些在当地的奋斗者。说实话，家乡的变化，最终还是得靠坚守在本乡本土的朋友们。远在异乡的你我，即便能助一臂之力，也不能代替他们的思考与努力。"读一读这本诗书画集就知道，在家乡坚守的骚人墨客们是如何地热爱家乡。

我想，只有坚守家乡的文人和反哺家乡的文人学者、企业家们的通力合作，"里应外合"，在当地党委和政府部门的鼎力支持下，才能有所作为，"台"才能搭得"橯踏"（坚实），"戏"才能唱得精彩。

作为研究潮汕方言和乡土文化的一介书生，于诗、书、画是门外汉，经济更是我的盲区，就只能用这千字文来凑个热闹，也算是一个澄海书生对家乡盛事聊献芹曝吧。

2021年夏

天顶一粒星,地下开书斋

天顶一粒星,
地下开书斋;
书斋门,未曾开,
阿弩哭爱食油馉;
……

童谣是对儿童进行早期教育(现在所谓的"早教")最好的素材,通过简单而好听的旋律,经过无数次的重复刺激,使儿童在不知不觉中接受了某一种思想意识。

在潮汕地区,当童谣在婴儿的摇篮边和儿童的玩耍中不断传唱的那个时代,我们常常听到的就是上面的这首《天顶一粒星》。其省略号后面是长长的无厘头的押韵顺口溜,能唱多长,就看阿嬷/外嬷或者母亲的即兴创编能力了。

"天顶一粒星"这粒"星"是潮汕少年儿童读书成才的梦,而"地下开书斋"的"书斋"则是上学读书的具体的物象。

潮汕人,不管有钱没钱,不管富贵还是贫贱,对这"书斋"(后来的"学堂",现在的"学校")就是那么地重视!因为他们坚信,孩子只有读书才能有出息,不管将来长大了干什么。

早期的重视读书、教育的意思,可能来源于儒家的"学而优则仕","仕"则"家中自有千钟粟,家中自有颜如玉"。此所谓"读书改变命运",自己的,连带家庭的。上了年纪的潮汕人,相信在摇篮里或者在襁褓中就听过奶奶或者妈妈的催眠曲:

拥啊拥，拥金喷；
金喷做老爷，
阿文阿武来担靴；
担靴担浮浮，
饲猪大过牛；
大牛生马囝，
马囝生珍珠；
珍珠辚辚圆，
阿舍读书赴科期；
爱去书童担行李，
转来大轿子佮彩旗！

"读书有用论"是潮汕人的共识，或者说，是一种"集体无意识"。因而：

读家己书众人惜，博家己钱众人恼！

生囝唔读书，不如饲大猪！

读书如需要交学费，那么，"卖田卖地，缴囝学识字"，家长眼睛眨都不眨！因为这钱花得"堪值"！

小时候，我曾经听长辈讲过乡下人过去"卖桁当桷"（拆屋卖梁）或者牵猪卖牛给子女交学费、当学资的（如果是上中学，在学校的膳宿费用和学费，在以分厘买盐过日子的以前是一笔很大的费用）。

而当在外地、外国拼搏而有所成、感恩故乡报效乡梓的首选，就是捐资助学，甚至办学，如李嘉诚先生之捐巨资协助广东省创办和建设汕头大学、广东以色列理工学院，陈伟南先生之捐资协助潮州市创办和建设宝山中学、长期捐助韩山师范学院。君不见，潮汕大地上，黉舍遍及乡野，最漂亮者，多为外出拼搏有成者捐资兴建的学校。文人则多出力，学成回乡当教师传播文化，或者在外地做大学者大教授也忘不了常回家看看，帮助家乡做些别人做不了的文化事情。这是文人书生特有的一种对家乡的反哺，用陈平原教授的话说，是"回来还愿的"。

乾隆年间的《潮州府志》曾经记载当时民间修建书斋之盛："三阳

及澄饶普惠七邑，闾阎饶裕，虽市镇也多鸟革翚飞。家有千金，必构书斋，雕梁画栋，缀以池台竹树。"富裕之乡，像我走访过的澄海区莲下镇的程洋冈，一乡的书斋竟然有40余所之多，遍布全村。这些读书场所选址考究，装饰漂亮，取名也各具意蕴，别有情趣，多以斋、轩、庐、园、圃、居、小筑、别墅、山房、陋室、书屋、书院等文雅字词命名，如杏园、梅园、松园、柏庐；一笔斋、梅村斋、山顶斋、醒斋；杏园书屋、梅园书屋、耕云书屋、培德书屋、稻香书屋、梅卢书屋；仰止山房、养器山房、养竹山房；绿波书院、留馀小筑等。

我参观过澄海程洋冈的杏园书屋、隆都镇后沟乡的文园小筑、溪南镇南砂乡的卓峰书房和汕头沟南许地的"三希堂"，从规模到形制，都是为读书而设计的：书房敞亮，课室（讲堂）宽阔，庭院幽深，花园繁茂；可上课，可读书，可运动，可休憩，是孩子们读书的好去处。难怪这些乡村都"江山代有才人出"！

"问渠那得清如许，为有源头活水来"，这"源头活水"就是尊师重教的蔚然成风和世代其昌。不论是一个乡村，还是一座城市，乃至于一个国家，教育强则国民强，国民强则国家强！这是"放之四海而皆准"的普遍真理！

也许，有一些潮汕人朴素的读书价值观没有这么高大上，只是源于对"晴耕雨读"诗意栖居生活的向往和追求。这种城乡间的文人，不仅仅存在于晚清和民国的城乡之间，就是在现在，我所见到的"大隐隐于市"或者"采菊东篱下""放浪竹林中"的饱读诗书、满腹经纶、诗书画印、琴棋音乐各有所擅的高人有的是。他们形成了粤东和美侨乡的另一道美丽的文化风景线，成为城乡中保护、传承中华优秀传统文化的中坚力量。

总之，潮汕人深入骨髓的理念就是：

有钱没钱，读书求贤；

千好万好，读书最好。

乡愁入梦

乡村闲间轶事

汉语方言被国家权威部门的文件列为优秀传统文化的内容之一，文件提出在继续大力推广普通话的同时，保护和传承汉语方言的口号。

春天来了，语言资源保护工程在轰轰烈烈地实施，方言和乡土文化的教材也可以堂而皇之地进学校、进课堂了，城乡间突然掀起了一波又一波的青少年喜欢母语方言和乡土文化的热潮。

这种久违了的社会现象，使我想起了童蒙时期在乡下闲间里听"古"的有趣故事。

潮语的民间故事，潮汕话叫作"古"，略带黄色的叫"咸古"，故事编得很无厘头的叫"无粕古"。讲故事叫作"学古"（学，潮音 oh^8）。

"学古"过去曾经有过比较固定的地方，城市里有工人文化宫、群众艺术馆和公园的"讲古台"等地方，农村里则主要是在"闲间"。"闲间"是乡村里有房子富余的家庭免费提供给大家的，有大有小，大的十多"桷缝"，窄的七八"桷缝"。屋子的角落里放着一只大"尿桶"，积有机肥用的。有个不成文的"肥水不流别人田"的潜规则，那就是来"闲间"里的人必须把尿撒在厝主放的这只"尿桶"里，就当交"听古费"吧。有些地方的习惯，是谁家里有泡茶，都会拿到"闲间"里来泡，跟大家分享。虽然是几分钱一泡的"老爷茶"（次等茶叶），但大家都喝得津津有味，一片互谦互让的"食，食，食"或者"请，请，请"之声。

我小时候被"放养"在乡下的外婆家，中小学也是在乡村学校读的。我上大学前那点可怜的中国文学常识，几乎都是在"闲间"里获得的，《三国演义》《水浒传》《西游记》《封神榜》《七侠五义》《隋唐演义》《杨家将演义》等，听得如痴如醉。上高小以后，跟着大人学猜谜，什么"三国人名一""水浒泊号一"（水浒人物的绰号一）等，得到了进一步强化，以至于到现在，水浒一百单八将，三十六天罡星和七十二地煞星的名字、绰号，甚至他们使用的个性化武器也都基本能记住。

"闲间"还有另外一种教育功能，就是免费教学乐器。"锄头粪箕筐，箫弦琵琶筝"，潮汕人是天生的乐天派，放下农具、吃完晚饭后就开始聚到"闲间"，各自操起自己擅长的乐器，人少就独奏，人多了就来个潮州民乐小合奏。什么《寒鸦溪水》，什么《状元游街》，我们不懂就用潮汕话把旋律记录下来，瞎唱一气，还记得有："斑青斑流斑青斑，阿斑骑马来游街；门脚姿娘出来映，映着果然是阿斑。你也斑，我也斑，二［ri^6］家斑，免相看。……"爱好音乐、有音乐天赋的孩子们多数是在"闲间"里学会了吹拉弹唱的。可惜我缺乏音乐天赋，只学了一段时间的笛子，兴趣不大也就放弃了。现在都五音不全，唱歌经常跑调，被人笑话。

"闲间"是分性别的，讲古、喝茶的是男性"闲间"，叫"丈夫间"［$da^2\ bou^1$］（打埠）。女同胞们也有"闲间"，那叫"姿娘间"，姿娘人（女人们）聚在一起主要是织网［织，潮音 $ciah^4$（赤）］、绞花（钩花），家长里短与听唱潮州歌册。所以，有专家认为潮州歌册是女性方言文艺作品，其实也是没上学机会的女性识文断字的教材。通常是有一位能演唱潮州歌册的民间女艺人被请到"姿娘间"里，专门唱歌册给大家听，或者教大家唱。听众都会从家里带一些农产品来送给她，例如刚刚收获的米、豆、番薯、玉米，四时八节还有各色各样的"粿"。听做潮州歌册非遗传承人的口述历史的老师们告诉我，有的潮州歌册传承人能不看文本演唱多部，甚至十多部的潮州歌册。

垂髫之时跟着外婆、舅妈或者表姐混进过"姿娘间"。稍长大了就不好意思进去了，否则会被认为是"嫲人抟"（在女人堆里混的男人）。过去对孩子的不自觉的性别培养，那就是男子汉就该有男子汉的阳刚之气，女孩子就该有女人的雅致温柔。男孩子"娘化"在那个时候是会被人家看不起的。

"闲间"里的"古"全是用方言演讲的，语言生动活泼，民间俗语、谚语和歇后语都用上了。有些时候还会来一段顺口溜，押韵的。我20世纪90年代编著的《潮汕方言熟语辞典》，大部分词条都是我自己凭记忆记录下来的。如什么"荆州借久成己业"（《三国演义》）、"火烧草料场——事出有因（烟）"（《水浒传》）、"老猪叱散伙"（《西游记》）、"孙大圣喝彩——猴叫好"（《西游记》）等等。爱听"古"的习惯，还被我带到广州了。在中山大学中文系上学时每天午饭的时间，也正是广东人民广播电台的"楷叔讲古"时间。楷叔大名张悦楷，是广东话剧团的国家一级演员，粤语评书讲得棒极了，我整整听了7年的粤语故事，也学会了一口比较标准的粤语。

现在，各地电视台、电台里也有方言"学古"节目。民间的一些文化场所，也有"学古"表演。希望"学古"也能进学校、进课堂，通过它，不但让孩子们学会母语方言，并用母语方言流利生动地表达；也通过它，激发孩子们对乡土文化的兴趣，培养他们的文化自觉和文化自信，把乡土文化、中华优秀传统文化世世代代传承下去。

2018年春

冬节的念想

"月怕十五，年怕中秋"，说的是月到十五，就过半了，离月底不远了；而中秋一过，农历年也就快到头了。而"月怕廿八，年怕冬节"说的是冬至一到，春节还会远吗？

潮汕人重视过冬至，就像要给春节做个预热一样。在这一天，节俗中有不少民俗项目，例如"拜老公"（祭拜祖先）、"挂冬纸"［"挂"音 guê³（过），扫墓］等。其中，搓汤圆、煮汤圆、吃汤圆为最具仪式感又最好玩的活动，也最受小孩子们的欢迎。此所谓"冬节年脚边，家家挲甜圆"，孩子们无论大小，跟着奶奶（外婆）、妈妈等一起，围坐在"栖箶"（潮音 coi³ ou⁵，装糯米粉的竹编平底浅沿大笸箩）边搓汤圆。但孩子们常常拿捏不准，搓出来的汤圆有大有小，大人们也不责怪，戏称"父团公孙圆"。这时候，N 代同堂，家庭和睦，其乐融融。

冬至是二十四节气之一，在潮汕人这里，为什么会变成了"冬节"呢？这不是一个字的问题，而是偷换概念的"换字"问题。冬至是个节气的名词，讲的是一年的"冬天快结束了"；冬节，说的是"冬天的节日"，性质不同了！

那么，是什么节日呢？其实就是以前的"过年"，是大节日。殷周时以冬至前一天为岁终，所以潮汕一些地方还有"封冬"的习俗。在我国，不少地方民间都有"冬至大如年"之说，粤语区也有"冬大过年"的说法。与潮汕人、闽南人的吃汤圆不一样，东北、河北、河南等北方地区则有冬至吃饺子"过小年"的习俗。冬至是过小年，是节日，因而叫"冬节"。

潮汕人"过小年"最绝的民俗就是"食过冬节圆，就算大一年

（岁）"。小时候年龄算"虚岁",冬节一过,长辈们就为我们加一岁了。而家家户户,家中必定要留下"圆栖"[coi³],等因各种原因未能回家过冬节的亲人回家时再"搓圆",再为他们煮上一碗甜甜的"圆",寓意回家团圆了!很有仪式感,也很温馨,让你觉得有一股浓浓的亲情贯穿于全身血脉。八年前到韩山师范学院优秀校友、著名摄影家陈复礼先生在香港的家里,还享受了这种至亲骨肉的待遇——窝了一个鸡蛋的一碗甜甜的汤圆。"汤圆食入喉,甜到心肝头"。现如今陈复礼先生已驾鹤远游、寻访名胜拍照去了,但这碗甜甜的汤圆,成了我这辈子难以忘却的念想。

冬节时,很多家庭除了在家里祭拜祖宗之外,还要上山去扫墓祭拜先人。与清明节的扫墓——"挂春纸"相对而言,民间称冬至扫墓为"挂冬纸"。而这"挂冬纸"的习俗,也是在外拼搏的潮汕人在冬节回家乡的原因之一,由此形成出行高峰期。君不见,潮汕高铁开通之前深汕高速公路上的塞车长龙,蜿蜒数十公里。回乡"挂春纸""挂冬纸"之时,堪与春节回乡比"塞"。如今高铁通了,动车开了,成了潮汕人来往大湾区的公共交通工具,但照样人满为患,回乡"挂纸"时,一票难求。为什么呢?为的是回家扫墓"拜祖公",慎终追远,感恩祖德。这是潮汕人的优秀传统文化之一,外地人有未必懂!也有人有疑问:过个把月就春节啦,何苦呢?唯我潮汕人,代代相传,记住阿公的名字,记住回家的道路!

冬节回家"过小年"的习俗,古已有之。所以,人在旅途、回不了家的骚人墨客就难免要抒发思乡的愁绪。如白居易的诗《邯郸冬至夜思家》:

邯郸驿里逢冬至,
抱膝灯前影伴身。
想得家中夜深坐,
还应说着远行人。

如果在外头混得不怎么顺溜,生活过得比较苦,这"伤冬"的情绪就更加强烈了。如杜甫诗《冬至》诗：

> 年年至日长为客，
> 忽忽穷愁泥杀人。
> 江上形容吾独老，
> 天边风俗自相亲。
> 杖藜雪后临丹壑，
> 鸣玉朝来散紫宸。
> 心折此时无一寸，
> 路迷何处见三秦。

我宁愿，像古人一样，留住对家乡对亲友的丝丝缕缕的念想；也禁不住，隔三岔五地往家乡跑。

2017年冬节于澄海

请记住你自己本来的名字
——从《千与千寻》说到"六月初六担西瓜"

近10来天,从全媒体到家家户户,几乎无人不说宫崎骏。据网络资料介绍,《千与千寻》2019年6月21日在中国上映,上映11天,累计票房已经逼近4亿元人民币。就我家这两位"60后",看电影不说,还要买一本《宫崎骏和他的世界》(中信出版社,2016年出版)的书来学习,以便更多地了解这位动画电影大师的艺术和精神世界。姜虹校长在汕头大学2019届毕业典礼致辞的最后一节,也引用了《千与千寻》的一句话与毕业生共勉:"不管前方的路有多苦,只要走的方向正确,不管多么崎岖不平,都比站在原地更接近幸福。"

一部18年前的动画片旧作,为什么依然有这样的影响力并产生票房奇迹呢?我认为,首先,这是大师的经典之作的巨大号召力。《千与千寻》曾经荣获第75届奥斯卡最佳动画长片奖、第52届柏林电影节金熊奖。无论是故事情节、动画艺术、电影音乐(音乐大师久石让之名作),还是电影制作,都是超一流的国际水准。就连这次的中文配音,也是周冬雨、井柏然、田壮壮等知名演员和导演为其再创作的。其次,诚如媒体所说的,得益于"三代同看"的电影广泛的受众面。"看笑了孩子们,看哭了大人们。"《千与千寻》讲的是一个女孩经历魔幻式的磨难而最后收获成长的故事,这让很多成长道路崎岖,或者正在经历成长考验的孩子产生了强烈的认同感。银发一代则回首半百坎坷往事,已是老泪潸然了。从小、中、大学生,到大学校长,到爷爷奶奶,都喜欢看《千与千寻》。再最后,《千与千寻》善与美的主题是引起三代共鸣的主要原因。电影的中文海报,根据人物配对着不同文案,从十指紧扣翱翔于云间的千寻和白龙,到一边擦汗一边为千寻遮阳的无脸男,还有锅炉爷爷、钱婆婆等人物之间纯真、美好的感情和关系,正是《千与千寻》无往而不胜的"精神核弹"。

当然，作为方言与乡土文化研究者和爱好者的"60后"的我，还看到了《千与千寻》里的"批判"意识与"回归"理想。无论是因贪食变成了肥猪的爸爸妈妈、贪婪恶毒的汤婆婆，还是肚子里塞满了大量各种各类的垃圾的河神，都暗藏着宫崎骏对他创作这部作品时的日本社会的黑暗面的揭露与委婉的批判。《千与千寻》2001年7月20日在日本上映，引起了当时日本社会的轰动。宫崎骏出生于1941年的东京，从他懂事起就是第二次世界大战后的日本了。他看到了日本战后社会的衰败、贫穷和混乱，以及19世纪末经济泡沫的破灭，所以他反思战争，是一名坚定的反核主义者。虽然他从未在影片中高呼"反战"，但却用一个个率真诚实的电影艺术人物形象、一个个引人深思的情节，传递着和平、环保、博爱的信息，用每一朵花、每一棵树，甚至每一朵白云，来拷问否定历史者的良知。他强烈主张，日本应该就慰安妇问题向中国和韩国道歉。所以日本右翼分子把他视为日本的"卖国贼"。2001年《千与千寻》上映时，正是他年届花甲、思想成熟之时。所以他在作品里，把他的政治理念和美学思想，通过千寻和小白龙、汤婆婆等动画人物形象和引人入胜的故事情节，表现得既委婉又强烈，就像一条表面静静流淌的河流下面急剧打转的漩涡。

《千与千寻》中触动到我的一个情节是汤婆婆要千寻改叫"千"，而小白龙告诫千寻，千万要记住自己叫"千寻"。名字在这部作品中异常重要，寓意着真正的自我。一旦忘记了自己原来的名字，将会迷失自我，永远找不到回家的路。这部电影的日文全名叫作《千と千寻の神隠し》，后面还有"神隐"俩字，就是"神秘隐去"的意思，英文版翻译为 *Spirited Away*，也即此意。台湾版中文翻译为《神隐少女》，即是意译的版本。这部影片的名字，体现了宫崎骏对日本迷失了发展方向的社会现象的批判。当然，宫崎骏寄托给作品的还有"回归"（回归自然、回归传统文化）的梦想。所以，他赋予电影里"名字是不能忘记的"这个不显眼但非常重要的情节。千寻记住了自己的名字，所以能够带着爸爸妈妈回家。白龙也是在影片的结尾，经过千寻的回忆而记起了自己的本来名字叫赈早见琥珀主。白龙本来是琥珀川河神，因为琥珀川河流被掩埋而无家可归，来到汤屋在汤婆婆门下学魔法，成为汤婆婆的弟子，并被其改名而忘记了自己的本名。这个情节年轻人可能不会太在意,但却给予了我强烈的思维冲击。社会的发展,破坏了适合人类生存的自然环境,使得人类自己生活在人不像人、鬼不像鬼的世界里。"千"与"千寻"不只是两个名字的不同,而是两个世界的不同!

莫名的,《千与千寻》的夏日吃瓜中文海报,突然引发我想起了几十年前家喻户晓的"六月初六担西瓜"的潮汕民俗故事。

我年少时,在端午节后,大部分的晚上是和小伙伴们跟大叔大伯们在晒谷场或者哪个大祠堂的大厅地上席地而睡的。但到了六月初五、初六这俩晚,很多家长不让孩子们出来在外面睡。说是"六月初六担西瓜"(初五夜的子时算起),有阎罗王手下的牛头马面来抓人去担西瓜。有胆大的调皮捣蛋鬼,就找一些纸钱灰塞进睡熟的小伙伴的口袋里。第二天醒来一掏:"我爸[bê⁶]哙,昨夜担西瓜赚个!"于是,众人大笑!

民间传说的"担西瓜",来源于《西游记》里刘全进瓜的故事:唐太宗因泾河龙王告了他一状,被阎罗王请去阴间对质,丞相魏征乘机致函判官崔珏,求将李世民的阳寿延长20年。阎罗王真的答应了,李世民则许以瓜果酬谢。阎罗王喜曰:"我处颇有东瓜、西瓜,只少南瓜。"唐太宗回阳后,出榜招人进(送)南瓜到阴司里去。民间有个名叫刘全的人,因妻子李氏在门口拔金钗斋僧,被骂抛头露面,不遵妇道。导致李氏忍辱含羞,为示清白,自缢而死。刘全后悔莫及,情愿以死进瓜,顺便到阴间寻找妻子。阎罗王收瓜后十分高兴,感其爱情之真切,将刘全夫妻一并送回阳间。不知道为什么潮汕人会把这个故事演绎为:六月初六这一天的夜里,地府里的鬼们会跑到阳间挑西瓜(南瓜变西瓜了)回去消暑。但小鬼懒惰,往往抓人代挑。因此,潮汕人在这一天有诸多禁忌:不到亲朋家串门,晚上也忌出门,更不能在外露宿。

"担西瓜"的故事也反映了对真挚爱情的追求、社会关系的复杂等。随着社会、经济的发展,夏天在晒谷场露宿纳凉的民俗事象已不复存在了,伴随其间的民间故事和俗语也被淡忘了。但我们为什么不能把它作为民间故事,甚至是神话奇幻故事,像《千与千寻》一样加以再创作,让它带着当代的思想观念和生活理念继续传承下去呢?

可惜的是,在追求数字GDP式发展的社会里,我们记住了自己本来的名字了吗?我们能找到回归(优秀的传统文化和乡土文化)之路吗?

二

家乡的味道

乡愁入梦

在老汕头的转角遇见美食

  潮州菜是最好的中华料理，无论是世界顶级的美食家，还是巷陌间的普通吃货，基本上都达成了这个共识。在国内各大城市，独树高标的潮州菜馆占的都是CBD（中央商务区）的显著楼面，潮州菜也是世界各地高档酒楼菜馆的标配。在大湾区里的粤港深珠各大城市，潮州菜更是"大行其道"。虽价格昂贵，但门庭若市，原因就在于其品质的上乘和味道的吸引力之大。

  但对于潮汕人，或者资深吃货来说，他们都知道：要吃到食材新鲜、味道至正至美的潮菜，还得回到潮菜的老家来。君不见，节假日里，高铁里挤满了人，公路上塞满了车。这里面，有回家度假过节的潮汕人，也有来潮汕旅游的驴友。看起来他们直奔潮汕的原因好像不同，但却有着一个相同的目的——品尝潮汕美食，让舌尖上的味蕾过过瘾！潮汕人回家，探亲访友之余，少不了品尝美食，大快朵颐；外地驴友们来潮汕，游园观景尝美食，寻找的是视觉和味蕾刺激！其中也不乏"好食者"，来潮汕就是为了过一把味觉"爆炸"的瘾，美其名曰"美食团"或者直呼"吃货团"。

  于是，我们常在巷陌间看见三五成群的吃货游客，凭着手机里某个APP（手机软件）的介绍，穿街过巷寻找美食。这些"经过油，拍过漆"（经验丰富）的吃货们大多见多识广，知道城市CBD里五星级酒店的餐厅装饰豪华而味道纯正不足，至正的美食往往"大隐隐于市（井间）"。

  每逢这个时候，我们就会换位思维，要是吃货游客们手上有一本《美食导游图》，图文并茂＋位置图，那该多好哦！

我正想着这事呢，金平区文化广电旅游体育局已经捷足先登了，策划、组织编著了一本《金平美食》，把金平区里的潮汕美食一一介绍给游客们。

金平区其实就是"老汕头"，是汕头"百载商埠"的发祥地，拥有漫长的海岸线和天然良港，海鲜产品丰富多样，每天上午十一点左右、下午五点左右各有两次小渔船靠岸卖海鲜，鱼虾活蹦乱跳，"生猛"得很。汕头人吃海鲜非要"就流"（刚刚上水的）不可的"刁蛮"口味就是这样练成的。这十年来蜚声全中国的汕头牛肉火锅，老品牌的福合埕牛肉丸、新品牌的八合里牛肉火锅，其总部也都在金平区。现在流行说"一不小心，在转角遇到爱"。我说，在老汕头的大街小巷里徜徉转悠，一不小心，转角就遇见了美食：或是地道潮汕小吃，或是精致潮菜。还有那人头攒动、熙熙攘攘的，为潮汕美食提供了丰富、新鲜、琳琅满目食材的菜市场，更令外地游客叹为观止：天啊！这哪里是供应居民生活起居的菜市场，简直就是食材展销会。没错，对于本地人来说，它就是普通的菜市场。要知道，千家万户的潮汕主妇，其实都是潮汕家常菜的大厨师。她们对食材的讲究，学问可深了。带你实习三个月，每天跟着她们去采购海鲜肉菜，恐怕你都学不完。

潮汕美食有其地域性。潮汕各地山川形胜有所不同，民俗也有所差异，此所谓"十里不同风，百里不同俗"。就是小吃，也是各有特色，潮州的鸭母捻、腐乳饼，揭阳的乒乓粿、笋粿，惠来的靖海豆辑、隆江猪脚，普宁的炸豆干、豆瓣酱，潮安的凤凰单丛茶、栀粽，澄海的猪头粽、卤鹅，汕头的西天巷蚝烙、老妈宫粽球（粽子）、新兴街炒糕粿……说不完，尝不尽。而好的潮菜馆，对食材的要求也是有空间感和品牌意识的，卤鹅一定要澄海的，豆瓣酱要普宁的，芥蓝菜要潮州府城的，大芥菜（包括其腌制品"咸菜"）要澄海的，炸豆腐要普宁或者潮安凤凰山的，紫菜要南澳、澄海莱芜、饶平海山的。潮汕人吃海鲜讲究"本港"，就是本地的食材。在南澳岛，"本港鱿"的价格是外地鱿鱼的两倍以上，想买都买不到。

潮汕美食还有其季节性，我叫它为"季节的味道"。除了吃了数千年的"糜"（粥）和四季常香的卤鹅肉等之外，潮汕美食多数要根据食材的生产季节（所谓的"时令"），或者不同季节的气候，做出最"合时序"的美食。鱼类有《十二月鱼名歌》云：

> 正月带鱼来看灯，
> 二月春籽假金龙，
> 三月黄脊遍身肉，
> 四月巴鳞身无鳞，
> 五月好鱼马鲛鲳，
> 六月沙尖上战场，
> 七月赤鬃穿红袄，
> 八月红鱼做新娘，
> 九月赤蟹一肚膏，
> 十月冬蛴脚无毛，
> 十一月墨斗放烟雾，
> 十二月龙虾擎战刀。

　　你可以从歌谣中知道哪个月吃哪种海鲜最当令。此外，还有"寒乌热鲈"（冬吃乌鱼夏吃鲈鱼）、"六月鲫鱼存支刺"（不好吃）、"六月薄壳米，食了唔甘漱齿"（舍不得刷牙，极言好吃）等谚语。蔬菜、水果的时令就更加明显了，春夏之交吃竹笋，大夏天里是瓜果菱角，秋日里最香的是芋头，冬春之交最有名的是潮汕特有的大（芥）菜，"（农历）三四（月）人卖梅，五六（月）煠草粿""九月蕹菜蕊，食赢鲜鸡腿"等谚语也都与季节的味道有关。所以啊，你到汕头来寻味美食，就得结合你来的季节来点海鲜和蔬菜。

　　我会不会越说越复杂了，使你有了要找一位美食地陪导游的想法。有人带路当然好，没有也不要紧。你就在老汕头的街巷里瞎转悠好了，转角之处，说不定美食就在前面等着你呢！

2021 年夏

留住汕头埠饮食记忆,留住潮州菜美妙味道

由于研究潮汕方言与文化的缘故,1985年在李新魁老师指导下撰著《潮汕方言词考释》一书时,我对潮汕饮食文化之深厚历史就有了令当时还年轻的我很惊叹的体会。

一碗令潮人无论走向世界哪个角落都会想念的、一吃下去就会血脉贯通全身舒服嘞的"糜"[muê⁵](妹⁵),我们最少已经吃了2000多年了。《礼记·月令》:"(仲秋之月)是月也,养衰老,授几杖,行糜粥饮食。"《仪礼·既夕礼》:"歠糜,朝一溢米,夕一溢米。"《尔雅·释言》解释云:"粥,糜也。"《释名·释饮食》云:"糜,煮米使糜烂也。"由此可见,"糜"在上古时候就是流行的叫法,字从"米"(当然那个时候指的可能是北方的小米)。"糜"就是把米煮烂的稀粥。后代也一直沿用不辍。《淮南子·兵略训》:"攻城略地,莫不降下,天下为之糜沸蚁动。"《后汉书·杨彪传》:"无故捐宇,弃陵园,恐百姓惊动,必有糜沸之乱。""糜沸"就是像煮开了的一锅粥,用来形容现在所说的"群体事件"。南朝梁宗懔《荆楚岁时记》:"正月十五日,作豆糜。""豆糜"就是豆粥。

一枚给海外潮籍侨胞留下了无限念想的皮儿柔韧、馅儿甘甜的潮汕著名小吃——"鼠麹粿",也是最迟从南北朝时就开始吃的了。鼠麹,又名鼠耳草、茸母草,潮汕人常采之和米粉末儿做饼食,称为"鼠麹粿"。南朝梁宗懔《荆楚岁时记》记载:"(三月三日)是日,取鼠麹菜汁作羹,以蜜和粉,谓之龙舌𰽎,以厌(压)时气。""𰽎"就是客家人的"粄"、潮汕人的"粿"。李时珍的《本草纲目》对此也有记载。《本

草纲目·草·鼠粬》云:"(鼠粬)原野间甚多。……茎叶柔软,叶长寸许,白茸如鼠耳之毛。……故邵桂子《瓮天语》云:北方寒食,采茸母草和粉食。"清·厉荃《事物异名录》卷三十一云:"《本草纲目》鼠粬草……即鼠耳草也。"(顺便说明:"粬",也作"麴",今均简作"曲",潮音 kag^4,如酒之大粬、二粬,也读此音。但因为潮音与"壳"相同,坊间食肆常误写作"壳"。)

一件寒冬腊月阖家团圆围炉吃年夜饭时常用的食具——暖炉("暖",潮音 ruang^2),也是宋朝时京都时尚的餐具。据宋代孟元老《东京梦华录》卷九记载:"有司进暖炉炭民间皆置酒作暖炉会也。"吕元明《岁时杂记》:"京人十月朔,酒炙脔肉于炉中,团坐饮宴,谓之'暖炉'。"由此可见这"食暖炉"(打边炉)之俗,也是古已有之的。

一种农户家常主食、一款民间寻常小吃、一件城乡通用餐具,就已经足见潮汕食俗之历史悠久了。

然而,蜚声四海的潮菜的历史,其在现当代的传承与发展却未见得能够像上面所引用的古代文献记载得那么清楚。我们可以在书店、食肆,甚至学校的教材里,看到不少关于潮菜的著作或者教材,但其绝大部分是介绍潮菜食材、烹饪方法或者特点的,鲜有涉及潮菜历史的。但现在有了!拜读了钟成泉先生的《饮和食德——潮菜的传承与坚持》一书之后,我由衷感叹。

钟先生从 1971 年参加汕头市首期厨师培训班投身饮食业开始,从徒弟到师傅,从大厨到名厨,再从名厨到创业办酒家,近半个世纪过去,这中间转换了很多单位,也经过了很多名师名厨的指点,可谓经历丰富、转益多师。而在这近半个世纪的时间里,难得的是,尽管斗转星移、世道变幻、餐饮业兴衰更替,他却始终在餐饮业奋斗,可谓"从一而终"。因此,他是半个世纪以来汕头埠餐饮业的见证人。从培训班的老师、同学,到他工作过的各家餐室、酒家的师傅,到这些宾馆、酒家的管理体制的变化沿革,他无不烂熟于心。于是,他用几乎接近口语化而又幽默的语体风格,把汕头埠饮食界那些年的那些人和那些事娓娓道来,如数家珍。从汕头市饮食服务公司到厨师培训班,到大华饭店;从标准餐室到飘香餐室,从汕头大厦到鮀岛宾馆;从罗荣元师傅到陈子欣老师,从蔡和若师傅到李锦孝师傅,从柯裕镇师傅到林木坤师傅……往事历历,如在眼前;师恩浩浩,永记心头:这几乎就是汕头埠餐饮业发展的半部历史了。

因谏迎佛骨被贬潮州刺史、治潮八月的唐代大文豪韩愈来潮州时,写过一首《初南食贻元十八协律》诗:

> 鲎实如惠文,骨眼相负行。
> 蚝相黏为山,百十各自生。
> 蒲鱼尾如蛇,口眼不相营。
> 蛤即是虾蟆,同实浪异名。
> 章举马甲柱,斗以怪自呈。
> 其余数十种,莫不可叹惊。
> 我来御魑魅,自宜味南烹。
> 调以咸与酸,芼以椒与橙。
> 腥臊始发越,咀吞面汗骍。
> 惟蛇旧所识,实悍口眼狞。
> ……

诗里面讲,到了南方海滨,吃的尽是"海味山珍",这可把韩刺史这位北方中原人吓了一大跳。如果不是刺激反应程度之强烈,印象就一定不会这么深刻,非得写下来告诉别人。

换一个角度来看,我们却可以从韩愈的诗里知道:早在唐代(以前),南方滨海地区的先民就把让韩愈惊讶得目瞪口呆的各种各样的海产品当成家常便饭了。在南澳县的考古发现,早在8000年前就有先民居住,并以渔猎为生,出土的"蚝撬"等细小石器就是证明。粤东地区多处的贝丘遗址也是潮汕先民采食贝类海产而形成的"贝证如山"。而现如今的潮州菜,其鲜明特色之一就是善于烹饪各类海鲜,菜肴清淡鲜美。

不要从8000年前算起,就从韩愈的诗算起吧,这潮菜的味道至今也传承发展了1000多年了。这传统潮菜的"古早味"如何?跟现如今的潮菜又有什么不同，读读钟成泉先生的书你就基本有所了解了。从书中我们可以看到，钟先生对潮菜的味道属于"坚守"传统这一正统流派的。一个最突出而又最家常的例子，就是今天很多人因认为鱼露腌制过程不卫生而加以摒弃时，他却坚持认为鱼露是"潮菜灵魂"，适量使用鱼露炒菜才能"调起潮菜的味道"，才是传统的潮菜。

当然，钟成泉先生的对潮菜传统味道的坚守不是"固守"，不是一成不变，他是在坚守的过程中不断实践不断探索不断创新的。那一条条牙口大开、身肌雪白嫩滑的豆腐鱼（学名龙头鱼，俗名佃鱼、蛇鱼、九肚鱼等），钟先生能把它们烹制成好几味佳肴：蒜香豆腐鱼、铁板豆腐鱼、椒盐豆腐鱼、菠萝豆腐鱼、豆腐鱼丝瓜烙、豆腐鱼煮咸面线/粉丝/粿条、豆腐鱼煮酸咸菜、冬菜粉丝蒸豆腐鱼……用钟先生的话说，就是"你的用心，让豆腐鱼也翻身"。豆腐鱼本来是比较便宜的家常菜食材，钟先生却能够用心研究，把它烹调成为席上美味佳肴。"用心"是关键词，道出了潮菜的另一个突出特点——精细。其实做什么事都一样：喜欢了，才会对其"用心"；"用心"了，才会有所发现、有所创造。这是一个带有哲学性的普世规律。

2016 年秋

季节的味道

又一个暑假来到了。过去的暑假，公历的七月，农历的六月，从在中山大学念书那会开始，每次回到澄海老家的第一天总是老三样：薄壳、菱角、竹笋。

薄壳可以从早吃到晚：早餐白糜配咸薄壳，中餐薄壳糜（鲜薄壳煮粥）或者薄壳粿条，晚餐炒薄壳或者薄壳煮芋。现在澄海盐鸿镇那边有"全薄壳宴"，薄壳可以做出十二道鲜美的菜肴来呢。

菱角呢，夏日里正好成熟，可以做猪尾（腰棱骨）菱角煲，炒菱角饭，还可以煮菱角糖水。如果煮糖水时加一些荷叶，味道更佳，清凉可口。小时候最喜欢的是煮熟的带壳菱角，可以慢慢掰着吃，鲜美的诱惑可持续时间相对延长。水煮的带壳菱角多数是"菱角枯"（枯，音同"姑"），是熟透了掉到泥土里的"老菱角"，皮儿都浸泡黑了。采摘菱角之后，把菱角的茎叶切割后收起来沤绿肥，然后就可以下水摸"菱角枯"了，顺带着也摸点小鱼小虾。水煮菱角也可作零食卖，一分钱好几颗，性价比挺高的。划着"菱角桶"采摘菱角有点像江南的采莲，但我小时候学的知识，就是识别什么可以拿来填饱肚子，什么吃了更耐饿。"荷叶罗裙一色裁，芙蓉向脸两边开。乱入池中看不见，闻歌始觉有人来"，是长大了读了书后才知道的。大人们用小木桨或自己的手划着"菱角桶"（连小船都叫不成）一心一意去"摘菱角"。大孩子们参加的收菱角茎叶沤绿肥，是要计算工分的。所以很累，更不能分心去看"鱼戏莲叶间，鱼戏莲叶东，鱼戏莲叶西，鱼戏莲叶南，鱼戏莲叶北"。

竹笋嘛，从初夏开始，就一直可以吃到快入秋。可以切丝儿炒虾仁，可以切块儿炖老鸭。切块的典型技术活儿叫"挌"［gêh^8］，不是整齐切，每块都是不规则形状，据说这样食材受热更均匀。笋丝儿还可以做馅儿包笋饺，潮州的笋饺最好吃：鲜、嫩、滑，口感极佳。竹笋要数长在江边沙洲的最好，个大肉肥味甜。位于韩江岸边的潮安区江东镇的竹笋宴驰名遐迩，听说有吃货专门从珠三角自驾车来品尝的，潮汕各地食客闻名而来的自然更是络绎不绝了。

竹笋讲究在露水未干时挖掘，最好是午餐就吃，本地人几乎过夜不吃。因为过夜后，竹笋又多长（老）了一天，鲜美的味道就减少了几分。我在韩山师范学院工作时接待过日本某大学的教授，上了沙虾炒笋丝和潮州笋饺，吃得他直竖起大拇指，连说"会死会死"（日语"おいしい"，意为"好吃"）。后来他们学校的副校长来了，吃饭时他就问我，今天有没有竹子吃。我愣了一下，不知所云。经过他又说又比画的，才知道是想吃竹子的 baby。是前面来过的那位教授回国后，把竹笋的美味绘声绘色地讲给他听了。可惜这位副校长是深秋时节来的，不是竹笋当令时节，就没吃上了，只好带着没吃上竹子 baby 的遗憾回日本去了。

当然，深秋没吃上当令的新鲜竹笋，并不等于没有美食吃，我们可以让客人持螯把酒，"持螯更喜桂阴凉，泼醋擂姜兴欲狂"，这是古今多少骚人墨客描写过的欢乐场面。中秋前后，澄海樟林古港山上驰誉海内外的佳果——林檎也熟了，肉白赛冰雪，清甜胜荔枝，我们澄海人把它当水果之王。

接着，冬天来了，我们吃最家常的"大菜"（卷心的大芥菜）和"菜头"（萝卜）。

大菜，雅名是大芥菜。澄海大菜个大卷心，经霜后更美味。新鲜的卷心大芥菜和排骨、火腿、香菇煨出来的"煲淋大芥菜"，不但潮汕人爱吃，外地人也爱吃，现在已经上了粤菜（广府菜）的菜谱而被误认为是广府菜了。

菜头，也就是萝卜，北方人说：冬吃萝卜赛人参。新鲜的萝卜炖咸骨、墨鱼干、火腿，其汤鲜甜无比，难得的是其清甜而不浓腻。如喜欢味道浓的，用牛腩焖也好吃。但我吃过的最美味的，还是"鰔脯"（河豚干，鰔，潮音 guai[1]）炖的菜头汤，似乎至今还没有哪个汤能与之媲美的。菜头粿（萝卜糕），也是家常的美味小食，香煎之后蘸沙茶酱或辣椒酱吃,外焦里嫩、外香里甜,总是一块儿接一块儿地吃个没够。乡村间大鼎(铁锅)大灶柴火炒的"菜头饭",尤其是其锅巴,吃一片,香三天!

"大菜"和"菜头"腌制成的酸咸菜和菜脯,虽然出身普通农家,但却是潮菜食材二宝。除了本身可以做"咸碟"(小菜)配糜(送粥)之外,还是万能的食材,可以做出若干道美味的潮汕家常菜来。"龙舌凤尾汤"是上了央视节目的美食,几只剥壳留尾的沙虾、几片切成椭圆、形似舌头的菜脯,便是其主要食材了。糢鱼("糢",潮音 doin[7]。学名龙头鱼,俗称豆腐鱼,粤语称九肚鱼)酸咸菜汤,美其名曰"白龙戏水",微酸而鲜美,惹人胃口大开,难以名状的鲜美。

潮菜驰名世界,是因为潮人"诇[bag⁴]食""会[oi⁶]食""识[sêg⁴]食",能"化腐朽为神奇",精心选用普通的农家食材,烹饪成为美食。我认为,家家户户的主妇都是"家常潮菜"的大厨,她们为潮州家常菜的创新和发展做出了很大的贡献。当然,有贵客到来,平时"动口不动手"的男人也有不少能操刀上阵露一手的。

潮菜好吃,我觉得最主要的原因之一是讲究食材的当令,非当令菜不吃,非名地出产的不用。关于什么季节吃什么海鲜、水果、蔬菜,潮人把它编成歌谣、谚语、俗语传承下来,彻底生活化了。

其次,潮人舌尖味蕾之于味道的灵敏感觉,简直绝了。都是芥蓝菜,一吃就知道是不是(潮州)府城芥蓝。都是大菜,一吃就知道是不是澄海大芥菜。因为潮人分得清什么菜有什么"菜味",不同地方出产的菜味道不同。都是虾干,潮人分得清这是日晒的还是电炉烘干的,因为日晒的有"日哤"(借字,汕头音 hiang³,潮州音 hiêng³,肯定是前鼻音韵尾的字,但本字未明)。日哤,太阳晒出的味道,你能吃得出来吗?

哎,又想吃了,看来又到了打道回乡的节奏了!

2019 年夏

糜之恋

潮人嗜糜,日日食糜,甚者一日三餐,顿顿食之。即使是食桌(吃宴席),十二道大菜的雺霈(简体作"滂沛",丰盛)之后,还是免不了要来碗白糜配酸咸菜。好像这糜不食,再雺霈的"桌"也好像没吃过一样。潮语食谚有"食鱼食肉[bhah⁴]着菜佮[gah⁴]",我改其一字曰:"食鱼食肉着糜佮。"

更有重度嗜糜者,出国旅游,不惧重负,带着迷你电饭锅和专门用于煮糜的珍珠米,还有专门配糜的保鲜袋装萝卜干和贡菜。走到哪个国家,就把潮州白糜煮到哪个国家。在国外旅游,潮人最受不了的就是那吃多了三明治、比萨和面包片的胃。晚上回到酒店,如果能煮上一锅米粒外软里硬、黏稠而有核儿的潮州白糜,那真是一种"他乡遇故知"的感觉,胃立马舒坦起来。

我虽然没有像上文描写的重度嗜糜者那么热爱,出国还带着"糜具",但出门在外几天后,回家的第一顿食糜那是必须的。几十年过去,风雨不改。不管是汽车站、高铁站,还是机场,离家的车程大约都在半个小时至一个小时之间,上了出租车就给守家的太太打个电话报平安:"我回来啦!"其实是给她递个信号:"请淘米下锅,煮糜啦!"太太已深知我的这种"委婉语",白糜大概20分钟煮好,让它"洉"[ge²](举)十分钟正好吃:一是温度适口,不烫不凉;二是稠度适中,有饮[am²](暗²)且黏。我往往是行李箱一放下,没顾上去洗手,就坐在餐桌旁,美美地享受起"一日不见,如隔三秋"的家的味道——白糜。一碗白糜落肚,那甘香的"糜饮"(粥汤)不仅仅进入了肠胃,更像是营养液一般输进了血管,浑身立马热血奔腾,任督二脉不打自通,连日出差在外的疲劳消除殆尽。

潮人之家"有朋自远方来",最常用,也最受欢迎的待客之道是:请食糜。

糜的种类很多,除了白糜之外,有各种各样的"芳糜":猪肉糜、朥粕糜、鱼糜、蟹糜、虾糜……鱼糜则还有"樸鱼糜""鱿鱼糜""鲳鱼糜"等之分;还有素食类的秫米糜、小米糜、大麦糜、番薯糜等等。当然,还有琳琅满目的"物配"和"杂咸"。光"鱼饭"就有"巴鳞[lang¹](狼¹)""巴脽[tu²](涂²)""吊景""鲇鱼""饶团""虹[gang¹](工)鱼""红目鲢""赤涩""黄裳[cion⁵](墙)""乌颊[goih⁴](鸡⁴)""肉鲫[bhah⁴ zih⁴]""银鱼"等等。外地人点菜时根本就是懵喳喳无从下单:鱼名不懂,老板告诉你的都是潮汕方言的鱼名,即使是翻译为普通话也是"硬译"。笑死人不偿命:"樸鱼"变成"电鱼","巴鳞"变成"巴郎","黄裳"变成"黄墙","乌颊"变成"乌鸡"……就是叫得出鱼名来,也不知道这种鱼的味道和价钱,无法评估它的性价比。"请食糜"只是潮汕主人客气的说法,请你品尝海鲜才是真正的意图,有点像香港、广州的"请饮茶"。主人之意在糜,更在海鲜也!

潮人嗜糜的习俗,不是一天两天、一年两年,甚至一代人两代人养成的,而是一种延续了数千年的饮食习俗。《礼记·月令》:"(仲秋之月)是月也,养衰老,授几杖,行糜粥饮食。"《仪礼·既夕礼》:"歠糜,朝一溢米,夕一溢米。"由此可见,先秦时代我们的中原祖先就开始吃粥食糜了。而且,还有一种尊老敬老的良好习俗,那就是当进入仲秋之后,天气冷了,官府要给老人家"行糜粥饮食",也就是要煮些热粥送给老人家们吃,"以养衰老"。汉末魏初的工具书《释名》在其《释饮食》篇中是这样解释"糜"字的:"糜,煮米使糜烂也。"也就是说,"糜"的本义就是粥。因为粥有"糜烂"之状,便可引申为形容词指糜烂。汉代有"糜沸"一词,就是指像煮糜一样沸腾翻滚。《淮南子·兵略训》:"攻城略地,莫不降下,天下为之糜沸蚁动。"

其实，从考古成果看，河姆渡遗址发现的稻谷至今已有七八千年。专家认为，河姆渡文化的水稻种植技术已经比较成熟了。现在已经发现的万年以上的古稻遗址有：湖南道县玉蟾岩遗址、江西万年仙人洞遗址和吊桶环遗址。其中玉蟾岩遗址经年代测定为距今一万年左右，这时候的稻谷介于野生稻和栽培稻（含有籼、粳特征）之间，因此被认定为是普通野生稻向栽培稻初期演化的最原始古栽培稻类型。天啊！咱祖先食糜的历史最少也有七八千年吧，往远里算则有万年历史了，这碗"糜"，真的是源远流长！

后代诗文中，也常见用"糜"字。南朝宋刘义庆《世说新语·夙惠》："宾客诣陈太丘宿，太丘使元方、季方炊。客与太丘论议，二人进火，俱委而窃听。炊忘着箅，饭落釜中。太丘问：'炊何不馏？'元方、季方长跪曰：'大人与客语，乃俱窃听，炊忘着箅，饭今成糜。'"本来陈太丘是让这兄弟俩蒸饭的，但这兄弟俩只顾去偷听大人的论议而忘记放蒸饭的竹箅，米掉到水里，就煮成粥了。宋代黄庭坚《送王郎》诗："炒沙作糜终不饱，镂冰文章费工巧。"

而各种各样的粥，古代也叫"×糜"或者"××糜"。最著名的应该是晋惠帝司马衷"何不食肉糜"的故事。《晋书·惠帝纪》记载：天下荒乱，百姓饿死。帝曰："何不食肉糜？"晋惠帝这个"肉糜"，就是肉粥，与潮汕话叫法一模一样。

用豆类煮的粥叫"豆糜"。《太平御览》卷三十引《荆楚岁时记》云："正月十五日，作豆糜加油膏其上。"豆糜，就是豆粥，犹如现在的红豆粥、绿豆粥等。"油膏"的叫法也与潮汕话一模一样。

稀粥叫"潺［cioh⁴］（尺）糜"，很稀的粥，也叫"潺饮糜"，如"日昼食两碗潺糜定，只阵肚困死"（午餐只吃了两碗稀粥，现在肚子很饿）。"潺糜"一词，古籍中有不少用例，如《左传·昭公七年》："饘于是，以糊其口。"晋代杜预注："粥……孙炎云：'潺糜'也。"唐代李商隐《为汝南公华州贺赦表》："养庶老，颁潺糜暖帛之资。"宋代钱穆父《赠秦少游》诗："西邻为禄无多少，稀薄才堪作潺糜。"宋代陆游《秋雨》诗有句云："常有淖糜供旦暮。"又《龟堂独坐遣闷》诗有句云："食有淖糜犹足饱，衣存短褐未全贫。"淖糜，稀粥也。又"淖"入声药韵一音"尺约切"，与潮音 cioh^4（尺）相合。

还有一个比较有趣的"落解［log^4 goi$^{5-7}$］糜"，指又稀又烂的粥。如"你煮撮落解糜，鬼正爱食"（你煮了这些有稀又烂的粥，鬼才爱吃）。本来我以为，这就是一个乡间的形容词，没有想到，这也能与读书考试挂上钩。《元人杂剧选·陈州粜米》："一日三顿，则食那落解粥。"又："我这一顿落解粥，走不到五里地面，早饥了。"顾肇仓注："落解，稀疏、稀薄的意思；落解粥，稀粥。"说的正与潮汕话合。但陆澹安《戏剧词语汇释》又谓："故时文人考试落第后回家，只能煮些稀粥吃，叫落解粥。"这种解释似乎有点牵强，因为"落解粥"又叫"稀解粥"或"解粥"，《望江亭》四："吃了些无是无非的稀解粥，忍了些受饥饿的瘦皮囊。"今潮汕话也单说"解"，如"撮糜煮到解解"。"解"音稍转而读阳平。

行文至此，时已深夜，想食暝糜（夜粥）了！

2020 年冬夜

芳饭芳，家家户户炯饭忙

潮汕家常饭菜里面，有一种饭，叫作"芳饭"[pang¹ bung⁷]，普通话直译过来叫作"香饭"，意译叫作"炒饭"。其实，都不是很准确。普通话与方言的对译，其实很难，因为语言/方言里有乡土文化的内涵，可意会而不可言传，所以我经常被朋友"考仆"（考倒），例如：[baoh⁴ saoh⁸]（包⁴ 骚⁸）、[hih⁸ haoh⁸]（希⁸ 浩⁸）、[sao¹ lao²]（骚佬）、[pah⁴ puh⁸]（拍浮⁸）、[sih⁴ suh⁸]（司⁴ 输⁸）等字怎么写，是什么意思？

话归正传，"芳饭"其实只是相对于"白饭"而言，因为里面加进去了其他的蔬菜和作料，不一定是现在饭店里香喷喷的炒饭，如著名的"扬州炒饭"等。

我小时候吃过的"芳饭"，其实是"羹菜饭"，"羹菜"就是蔬菜，用蔬菜和大米做的饭。小时候家家缺粮少油，尤其是在"三年饥荒"的年代，天天吃羹菜饮糜，饿到肚皮搭尻脊（肚皮都贴到脊梁骨上了），有一顿干饭吃（不一定能吃个够）就是孩子们的美好愿望，天天盼着过传统节日，过了"五月节"（端午节）盼着"七月半"（盂兰盆节，施孤），过了"七月半"又盼着"八月十五"（中秋节）……那个年代，一个半大不小的孩子，一顿干饭要吃三四碗（竹花碗），得好几两大米，普通农家根本吃不起！所以，大人们就千方百计找"替代品"来满足孩子们的愿望。于是，想出来了"焖羹菜饭"的好办法（有的地方叫"炯饭"）。田地里各种各样的蔬菜还是有的，适合用来和大米一起焖饭的一般有萝卜、哥叻[go¹ lê⁶]蕾（包菜，台湾闽南语写作"高丽"）、芥蓝、番瓜（南瓜）、芋头、工嵩（土豆）、白菜、粉豆（豆荚）……于是，就有了菜头饭、哥叻饭、芥蓝饭、番瓜饭、芋饭、工菖饭、白菜饭、粉豆饭……

过去的羹菜饭做起来很简单，把蔬菜洗干净了剁碎，和淘好的少许大米一起下锅焖煮，当水焖干了，饭也熟了的时候，撒两包"沙茶末"进去搅拌均匀，有点油星儿、有点香味就已经很好啦。三碗四碗的你尽管吃，因为里面米饭少而蔬菜多。俗话说："无油无膦食把烧。"此之谓也！现在跟孩子们讲起来，孩子们会说，那多好哦，都是绿色、健康食品。先不说健不健康，脸色饿得发绿发青倒是真的，普通话"面有菜色"就是这个的形象描写。所谓的"沙茶末"，据说是用点油加沙茶（东南亚的一种香料）炒过的米糠末儿。

说起这"羹菜饭"，少年时还有过一段有趣的故事。小伙伴里有一位的老爸是公社食品站的，走后门可以买到"猪脚筒骨"，一支（根）五分钱，节骨眼上还带有不少肉哦。于是我们几个玩伴凑了一角钱，买了两支。然后到村子附近的菜园里游逛，"顺"回来两个大萝卜和两个大包菜。晚上每人带来三两米凑在一起，焖起了哥叻菜饭，炖起了猪脚筒骨菜头汤。有小伙伴一口气吃了三碗饭，还喝了两碗萝卜汤，也不知道他是怎么装进去肚子里的。一大鼎哥叻菜饭和一锅菜头汤不到半个小时就被消灭了，只留下两支被啃得干干净净、狗都不理的"脚筒"。小伙伴们的嘴皮子上都是油，擦了心有不甘，但又怕回家被家长发现，终于还是狠狠心用手把它擦掉了。

算了一下账：两支脚筒骨一角钱，两包沙茶末4分钱，每人三两米是各自从家里拿来的（估计是瞒着家长的），6个人平均一个人才2分半钱。这活儿值得多干！可是好景不长，那位家长在食品站的小伙伴随他爸调动走了，我们的美好时光也就一去不复返了！

每每一想到这，我就会请我太太做蔬菜饭吃，她也是过来人，会做。但已经是"改良提质"的做法了：先把蔬菜和大米加上虾米、火腿粒或者腊肉粒炒好，再放进电饭锅里焖，只是蔬菜不同，放的水量不同而已。饭焖熟的时候，锅盖一打开，真的是香得不得了，食欲不禁大增。一大碗饭狼吞虎咽不到一分钟就吃下去了，太太对我的饿鬼吃相的形象描写是："恰无头鬼乎样，个是倒落去个，唔是食落去个。"（像没有头的鬼一样，饭是倒下去的，不是吃下去的。）其实她自己和孩子们也喜欢吃，连小外孙女也喜欢吃，因为真的香。不香，怎么能叫"芳饭"呢！

听农村的朋友说，最难做的是生产队里几十号人吃的大锅羹菜饭，大鼎大灶的，水量要掌握准确，灶里的柴火一开始要大，越猛越好，还要不断地用大锅铲翻动大鼎里的米和蔬菜。七八分熟的时候，柴火要逐渐撤少，也不再翻搅锅里的蔬菜和米了，要把锅盖盖严实。最后剩下灶空里红红的炭火，把锅里的水分吸干，把锅巴烤焦。最佳的效果是：锅巴厚而焦黄，有两三颗米粒厚。据说锅巴是归"火头军"的，可以带回家给老婆孩子吃，所以锅巴越厚越好。那个年头，生产队的"火头"也是一个令人羡慕的职业呢，但不是每个人想干就能干得上的，因为那是技术活儿啊。

炒"芳饭"是油朥不缺以后才有的，各地的炒饭风味不同，如扬州炒饭就与粤式炒饭不同。有没有潮式炒饭呢，好像饭店里也没有见过这样的广告。倒是在我自己家里，太太试验过的几种炒饭很对我的胃口。一种是"榄菜炒饭"，即用橄榄菜炒饭，当然也少不了虾米、肉丁、香菇、玉米粒和胡萝卜粒等配料。用同样的这些配料也可以做榄菜炒面、榄菜炒粿条等。另一种是紫菜炒饭，南澳岛和莱芜半岛的紫菜质量一流，尤其是"头班菜"（第一茬），爽脆而鲜甜。先把紫菜在微波炉里叮两圈或者用平底锅烧热后放进去烤几秒，然后掰碎了，等饭和其他作料炒好了再放进去搅拌均匀就大功告成了。真的是鲜美，一种海岛风味的炒饭。而且，不管是榄菜还是紫菜，色彩都是深棕近于黑，与大米饭的白色是经典高贵的"黑白配"，看起来也很雅致。

好吧，该收笔了，外行说话，话多必失。因为这是只吃不做的吃货我写的，未经我家中馈大人（古汉语雅称主妇为"主中馈"或"中馈"）审阅。大家有兴趣实操的话，以菜谱为准，本文只供参考，炒/焗糊了本人概不负责。

2020 年冬

潮菜虽然好吃，也应各取所需

韩山师范学院地理与旅游管理系的黄武营老师交给我一本《潮菜营养分析菜谱》，让我写个序言，作为推介。我欣然同意，一是自己学校里的老师出了科研成果，我乐见其成；二是我自己"好食"潮菜，是潮菜的骨灰级粉丝，当然得为潮菜"鼓与呼"；三是一辈子吃潮菜，到现在潮菜已经驰名世界，也只是"知其然而不知其所以然"，枉为潮菜食客也。正好有黄老师的这本《潮菜营养分析菜谱》，我倒要看看潮菜"原汁原味""清淡鲜美"等口感特征与营养结构及饮食健康有什么直接的关系。

说到潮菜，毫不夸张地说，我活了多少年，就已经吃了多少年的潮菜了。但在小时候温饱尚未解决的年代，未闻"潮菜"大名，不知道自己吃的，就是名贵的"潮菜"，现在留在大脑硬盘中的只是一些碎片式的关于"食"的美好记忆。

逢年过节"用"（我的老家澄海乡下避讳直接说出宰杀的字眼）鹅祭拜祖先、老爷（神祇），那就是少年儿童们有机会打牙祭的盛大节日。因为当了大半年的牧鹅少年，终于有卤鹅肉吃了。外婆家养的鹅，只只都有十多斤重。那大鹅走起路来，一摇一摆的，颇有大将风度。那颀长的脖子一伸直起来，约有1.5米高，比7岁的我还高了差不多两个拳头。硕大的鹅头上长了个"包"，头与脖子相连的地方是一块下垂的大大的"颔呖侪"[am^6 $lê^6$ $sê^6$]。长大了我才知道这个颇为特殊的鹅头被美称为"狮头"，这种鹅被美称为"狮头鹅"。现如今北京、广州、深圳的高档酒楼一枚老鹅头可以卖到1388~1888元的高价，但我现在吃起来就是没儿时的那个香。鹅头通常是大人下酒专用的，鹅肝、鹅胿[$geng^6$

是孝敬家里长辈的，小家伙们当然只有吃肉、啃骨头的份儿，能分上一个脚趾的鹅掌、一小段翅膀，就高兴了老半天。往往是肉吃完了骨头还舍不得丢，骨头扔掉了手还继续舔，久久舍不得洗。

而每到盛夏季节，"薄壳"冬（季节）到了，"薄壳"（海瓜子，短齿贻贝的一种）个大肉红，鲜美无比。当时的价格是几分钱一斤，大人买的时候是一小簸箕一小簸箕买的。离我家不远的一个渔村流传着这样的趣事：生产队里开会，社员们一人带来了一簸箕蒸熟的"薄壳"，一边听队长训话，一边嗑"薄壳"。散会时大家都找不到自己的拖鞋或木屐，因为它们都被"掩埋"在"薄壳"壳堆里了。

"薄壳"可做的菜可多了，炒薄壳、蒸薄壳、薄壳糜（粥）、薄壳芋头糜、薄壳米、薄壳米炒葱花、薄壳米汤……怎么做怎么好吃，其实就是因为食材本身太鲜美了。

巴鳞鱼饭（鳞，潮音 lang[1]。鱼饭，冻鱼。巴鳞是鱼名，海鱼的一种，学名池鱼，通常是两三个手指大小、20～30厘米长短，尾部有硬鳞）则肉色白亮，味道鲜甜。这个"甜"不是 sweet，而是 fresh and tasty，鲜美可口的意思。最好是蘸点豆酱吃，原汁原味的鲜甜；喜欢香口者可用油煎一下吃，或者用锡箔纸包起来烤一下，香喷喷的适宜下酒送饭。

当令的菱角、竹笋也是上好的食材，猪尾巴菱角煲、搁点葱油花儿的菱角甜羹、炒鲜笋丝、老鸭竹笋汤，用新鲜笋丝做馅儿的笋饺，鲜美无比。现在在菜馆、酒楼里点菜，我都要寻找这些年少时的美味记忆。同事们都说我会点菜，像是我对潮菜多有研究似的。我笑而不答，因为"呾破无酒食"（说穿了没啥）。其实无他，就是按着从前的这些美食记忆的碎片逐个落实就是了。

能够想起来的潮汕农家菜、小吃还有很多，蚝烙（小牡蛎煎）、麦烙（麦麸煎饼）、大菜（芥菜）煲、猪肠熬咸菜、菜脯卵（萝卜干碎炒鸡蛋）……还有说不尽的各种形状、包着各种馅儿的五颜六色的"粿"，各种"芳糜"（猪肉糜、虾糜、蟹糜、鱼糜、膀粕糜等），各种"粿条"（炒粿条、牛肉丸粿条、沙茶粿条）等。

当我读了黄武营老师的这本《潮菜营养分析菜谱》，我才知道，额滴个神啊，我们从小到大，认为吃得基本是符合健康理念的"营养潮菜"，真的是"不说不知道，一说吓一跳"！

有关潮州菜介绍、研究和菜谱的书籍坊间多了去了。其中销量最大、口碑最好的莫过于张新民兄的《潮菜天下》，汇潮菜人文历史和菜谱、制作工艺于一炉，配上让人看了垂涎三尺的美食照片和著名画家郭莽园老师的精美插画，书本身也是一道绝好的精神佳肴。黄武营老师主编的这本《潮菜营养分析菜谱》，则是另辟新径，在潮菜的营养成分构成方面下功夫。除了对每一道潮菜的主料和辅料的用量、使用的烹调方法、制作的过程做了介绍之外，黄老师还带领学生们，通过实验对菜肴的主要营养成分，包括热量、脂肪、蛋白质、胆固醇、主要微量元素、部分维生素等的含量都做了详细的分析，并把每道菜肴的营养结构都列出表格来，直观清晰地展现给读者。消费者在点菜时，可以根据自身的身体状况和口味的不同来选择适合自己营养需求的菜肴。这就是说，可以让消费者"各取所需"，吃得明明白白、放放心心。这样的潮菜，不仅仅是美味佳肴，更是放心菜、健康菜。如果说，新民兄的《潮菜天下》是中医经验式的、人文色彩浓重的话，黄老师这本《潮菜营养分析菜谱》，则是西医验证式的、科学味道浓郁。

这种把潮菜的各种营养成分做了量化分析、直观地呈献给消费者的做法，无论是对消费者的身体健康，还是对潮菜的规范化发展，都是很有益的尝试。

2012 年秋

最忆潮州是小食

潮菜名驰海内外，无论是世界顶级的美食家，还是巷陌间的普通吃货，无人不晓。但酒楼餐馆里的潮菜，大多属于"高大上"的，价格不菲，普通百姓人家难以常去品味。潮州小食（即"小吃"）就不同了，它属于雅俗共赏的食品：在高端的茶楼饭店里，可以看到它的倩影；在大街小巷拐角处的摊档上，也可以闻到其芳香。一块钱，两块钱，你就可以在香喷喷的摊档边过把瘾了。我现在都年近花甲了，偶尔还会"老夫聊发少年狂"，在胡同里突然听到一声"糖葱薄饼"的叫卖声，立马有循声而去、买两卷吃吃的冲动。太太说我吃的是儿时的记忆。这没错，记忆里已经植入的又甜又香的滋味，一听到"糖葱薄饼"四个字就会挥发出来，这就是巴甫洛夫的条件反射效应在我身上的体现。

其实，有此反应的何止是我，这几乎是天下潮人的共同反应。不少漂洋过海出国谋生、"少小离家老大回，乡音未改鬓毛衰"的老"番客"，回到家乡来，经常想吃的就是儿时留下了美好记忆的小吃：蚝烙、炒糕粿、落糖粢、翻砂芋、牛杂粿条、猪肠胀秋米、腐乳饼、鸭母捻、鼠粬粿、红桃粿、鲎粿……

可以说，潮州小食是一种上得了高档酒楼厅堂、下得了寻常百姓街坊的小食。最爱潮州好山水，最忆潮州是小食！

然而，潮州的小食究竟有多少呢？走南闯北年头多了，才知道小时候吃到的只是自己家乡的小食，只不过是潮汕地区千姿百态的几百种小吃中的零头而已。旧民谣云："潮州九县，县县有语。"说的是过去的潮州府属下九个县，每个县的百姓说的话都有不同的语音特点。而潮汕各地，山川形胜有所不同，民俗即有差异，此所谓"十里不同风，百里不同俗"。就是小食,也是各有特色,潮州的"鸭母捻""腐乳饼""姑苏豆干""春卷""白饭桃""意溪朥饼",揭阳的"乒乓粿""笋粿",惠来的"靖海豆辑""米膶[rung⁷]",普宁的"浮豆干",潮安的凤凰"鸡肠粉""栀粽",澄海的"地豆方""麻薄""猪头粽""双拼粽球",潮阳的"贵屿朥饼",汕头的"福合埕牛肉丸""西天蚝烙""老妈宫粽球"新兴街"炒糕粿"……说不完,尝不尽。

于是,有东南西北的吃货游客,慕名而"相聚广济桥,走进潮人故里",为的是要一尝潮州小食的美味。只可惜啊,这些潮州小食遍布潮汕各地,到潮州来,也只能享用其中的十种八种。其他的,连长什么样儿都见不着。接待客人多了,我们常常为不能满足客人的这种要求而自感愧疚。

有什么办法,能把这些小食集中展示,让客人看个足、吃个够呢?

正好,潮州市的有识之士们正在忙着筹划成立"潮菜研究院"。我与几位朋友一拍即合:策划编辑出版一本潮汕地区小食大全,集潮味小食于一书;蔡伟群老总开有一家潮州小食的专门饭店,集潮味小食于一家。让到潮州来探亲访友、旅游考察的上级领导、专家学者、乡亲朋友、(背)包客驴友可以在店里遍尝潮汕美食小吃,然后带着满齿余香、愉快心情和一本印制精美的《潮州小食》,高高兴兴地继续其快乐的旅途。

事不宜迟,说干就干!很快地,由潮菜研究院和韩山师范学院地理与旅游管理系烹饪专业合作开展的"潮汕地区小吃调查研究"项目在2013年暑假启动了。在老师们的指导下,同学们回到自己的家乡,对自己曾经吃过的小食的食材、制作工艺流程,甚至关于小食的民间传说,都做了调查采访,收集到了丰富而翔实的第一手材料。接着,老师们又指导同学们对这些材料做了规范的分析和描写。一年不到,一本图文并茂、量化资料与文学描写相结合的别出心裁的《潮州小食》就呈现在我们的面前了。

读了这本书稿,我觉得它有如下几个方面的特点:

第一,材料丰富,是一本潮汕地区小食(包括部分客家小吃)大全。这本书描写介绍的小食近200种,是目前看到的介绍潮州小食品种最多的书籍。

第二，资料翔实，都是师生们亲自调查采访到的第一手材料。每种小食都有调查采访对象的地点，有的还有姓名，便于读者亲自寻香访甜。

第三，实用性高。每种小食的制作工艺流程，包括材料、制作方法、特点都做了介绍。照着本书按质按量去采购材料，然后再按制作方法去做，你也可以制作出这些精美的小食来。

第四，可读性强。每一种小食都配有一张漂亮的彩照，光看着碟子上的小食，你就会产生条件反射而淌口水了。再加上部分条目链接的生动有趣的民间传说故事，就更有读头了。

对比一些印制精美的西式点心书籍，我觉得这本《潮州小食》一点也不比它们逊色。当然，如果能收集到跟这些小食相关的名人诗词、书画作品再配搭进去，那这本书的文学性和艺术性就更高，更加雅俗共赏了。

2014 年春

乡下老家的月糕

秋风起，菊花黄，又是一年中秋到。

谈笑间，一甲子过去，月亮还是秦时那轮明月，但月是人非事亦非，感慨万端。看着亲友、学生快递来的这一盒盒包装精美的月饼：号称榴芒味（是否有谐音"流氓"之嫌）的冰皮月饼、星巴克的咖啡月饼、某某酒家著名的七星伴月，以及各式潮汕酥皮朥饼，有红豆沙的、绿豆沙的、老香橼的、老菜脯的、单丛茶的……徒生心有余而力不足、廉颇老矣之叹！

要是回到半个世纪以前，有这么多的饼食糕点，那该多好啊！

于是，穿越时间隧道，回到了50多年前。

我的老家在澄海的海墘南湾村，明朝著名海盗首领（有人也称"海上活动人群首领"）林道乾建海盗寨的地方。有人干脆就说林道乾是南湾人，林姓倒是南湾村的大姓，村里的林氏宗祠除了全体林氏统一的大宗祠之外，还有各分支的好几座林氏祠堂。但尚未发现有靠谱的文献资料可以证明林道乾就是南湾人，但他去暹罗南部的北大年港当了港主是肯定了的，北大年港都改称"道乾港"了。

林道乾是不是南湾人我就暂时不管他了，因为我从小就住在舅舅家里，是外婆带着我长大的。舅舅家在南湾村的寨内（可不是道乾寨哦），外婆是做粿、做月糕的好手，年年中秋的月糕都是她带着舅妈、表姐做的。

外婆家的月糕，形式比较多样，虽然原材料比较简单，就是秫米和粳米粞［coi³］加白砂糖，但印制月糕的模子很多，除了大众化的白玉盘一样的圆形月饼之外，还有各式各样小动物形象的，如小猪、小狗、小羊、小鱼、小鸡、小兔、小龟等，都是线条简练的，印制出来的月糕十分可爱、憨态可掬，捧在手里，淌着口水也忍着，舍不得吃。

真佩服那些雕刻木模子的乡村木工能手，在他们手里，一块块普普通通的木条，经他们三下两下的雕琢，就成了一只只生动可爱的小动物，或者具有传统文化意蕴的各式图案。用老百姓的话说，他们就是能"雕花割鸟"的能工巧匠。

圆形的月糕有大、中、小各种尺寸型号，小的约莫只有一只象棋大小，大的直径有30厘米左右，但最多的还是直径10～15厘米、像只菜碟子那么大的。

除了秫米秕白糖月糕之外，还有"乌糕"，也叫"乌油麻糕"，就是秫米秕掺和了黑芝麻面和糖做成的，黑芝麻面的分量比例大，所以看起来颜色基本上就是"乌"的，故名为"乌糕"。相对于普通的"白月糕"，"乌糕"的特点是软糯而香甜，但不可多得，因为农户每年的乌油麻（黑芝麻）收成量很少，专门去买黑芝麻来做，成本又太高，普通农家买不起。

比"乌油麻糕"更加"奇异"（稀缺）、中秋节里孩子们最希望得到的还有我们小时候叫作"书册糕"的云片糕。云片糕因为要细心地一片一片撕开，就像翻开一页一页的书，所以便有了"书册糕"的俗中有雅的名称。"书册糕"就不是外婆能做出来的了，尽管外婆心灵手巧，但没有专门的制作设备和技术是不行的，那就只能买了。当然，能有钱去买书册糕的家庭也不多，所以说"奇异"（异，潮音读轻声 i^7）。

小时候，知道澄海县里的"书册糕"数隆都的最好吃，片儿薄而软糯香甜。后来我到韩山师范学院工作，都年过半百了，才知道潮安龙湖古寨的云片糕也很好吃，像雪片般洁白又柔软清甜。据地方文献资料记载，龙湖古寨的"书册糕"是黄美和号首创，距今已有近百年的历史。龙湖"书册糕"又名"炖糕"，据铺主介绍，制作时，将糕粉拌匀，用滚筒滚压均匀，放在模子里压实，隔水蒸20分钟，隔天开条切成片状，再包装成型。这20分钟的"蒸"，潮汕人称为"隔水炖"，"炖糕"之名由此而得。

前两年，我都年过花甲了，又因为与原籍丰顺县的朋友小聚，吃到了丰顺��隍的榄仁云片糕，其滋味独特，软糯香甜而带有橙味。据朋友介绍，是原料中加了橙糖、榄仁，甚至有些许的梅菜干。据《丰顺县志》载，万源斋云片糕清道光十八年（1838）在��隍始创制作。2015年，��隍云片糕制作技艺被列入广东省级非物质文化遗产名录。

"举头望明月，低头思故乡。"月圆月缺，60多个中秋过去，以前令人垂涎三尺的美味糕点，现在不少人都怕高油高糖，想必销路就没有过去那么好了吧，甚至可能成了年轻的爸爸妈妈不让自家宝宝染指的"垃圾食品"。但对于我来说，乡下老家留下的味道，至今还是那样的香甜。外婆从中秋为我保存到寒假的那份用厚草纸包裹着的月糕，虽然上面都长满了丝虫，但我仍然觉得那是人间最甜美、最令人回味的味道。因为，那里面，不只是月糕的甜味，还饱含着外婆、舅舅一家对我的爱和浓浓的家乡风味！

2021年中秋前

朥：朥饼·朥糕·朥粕糜

中秋节就要到了，朥饼在潮汕原乡市井坊间，抬头不见低头见，环市皆是也！它还乘坐了阿拉伯神话中的飞毯，到处飞——快递寄往全国各地。

今年的朥饼，除了酥皮厚馅、又香又甜的著名老品牌潮阳贵屿朥饼、潮州意溪朥饼、澄海苏南朥饼之外，还根据大家对高油高糖的排斥心理，对馅儿做了改革创新，如老香橼馅儿、老菜脯馅儿、鸭屎香馅儿等。含糖量是降低了，但饼皮的"朥"少不了，起酥皮必用，不然的话就不是"朥饼"了。

"朥饼"的"朥"字，外地人不太懂，"秀才读字读半边"，普通话读"劳"就对了。但潮音不读 lao^5（劳），而读 la^5（拉^5）。

这是个很古老的字（词），先秦就在用了，但写作"膋"，《诗经·小雅·信南山》："执其鸾刀，以启其毛，取其血膋。"汉代郑玄笺："膋，脂膏也。"后代沿袭使用，《汉书·礼乐志·郊祀歌》中"炳膋萧"，唐代颜师古注："李奇曰：'膋，肠间脂也。'"《新唐书·礼乐志一》："诸太祝取肝、膋燔于炉。"元代王实甫《西厢记》第四卷第四折："杜将军你知道他是英杰，觑不觑着你为了醯酱，指一指教你化做膋血。"

"膋"就是动物的油脂、脂肪，双音节词也作"油膋"，潮汕俗语云："无油无膋食把烧。"古代也有此双音节词，如《太平御览》卷三十："《荆楚岁时记》曰：正月十五日，作豆糜加油膋其上。"

"膋"字在古代也写作"膫"，是异体字，《说文·肉部》："膫，牛肠脂也。从肉尞声……膋，膫或从劳省声。"南朝梁简文帝《对烛赋》：

"豹脂宜火，牛膫耐寒。""牛膫"，就是潮语的"牛朥"，牛的肠间油脂也。

"膫"字《说文解字》解释为"从月（肉），劳省声"，就是以"劳"为声旁而省去下边的"力"，故云"劳省声"。潮音文读应作 lao^5（劳），今读 la^5（拉^5），乃白读音。另外，此字民间多写作"朥"，从"月（肉）劳声"，左右结构，不省，与《说文解字》"劳省声"的"膫"异曲同工。既然群众都用开了，认同了，从之（朥）亦可，不必泥古不化也！

"朥"字绝对是潮汕话的高频字（词），稍微整理一下，有如下若干常用词语：

"朥"即动物的脂肪，如"牛朥""鸡朥""鹅朥"等，多用以指猪油，也称"猪朥"。澄海著名的"猪朥馃"，就是一种深受老百姓欢迎的小吃。现在火遍全国的汕头牛肉火锅食材中，肥而不腻、洁白脆爽的"胸口朥"，则是正宗原义的"牛朥"。

煎"蚝烙"（o^{5-7} $luah^4$，牡蛎煎，福建闽南话叫"蚵团煎"）时，其秘诀是"厚朥热火芳臊汤"［$pang^1$ co^1 $teng^1$］，也即，猪油要多放，火要猛，最后还得蘸点鱼露。

猪的整块脂肪叫"肪朥"［肪，潮音 $bang^1$（帮）］，北方叫"大板油"，炸猪油最好。20 世纪前、中期曾经有过猪肉、植物油都是限量供应的时期，一个人几毛钱的肉票多用来买"肪朥"榨油，以供炒菜之需。

猪腹腔中成网状的薄脂肪叫"朥帕纱"，过去餐馆里做的芋泥，多以"朥帕纱"包裹之，既甜又香。

朥团，是零碎的脂肪肉块儿，买不到"肪朥"时，"朥团"是退而求其次的选择。朥团炸油量不多，但其"朥粕"超好吃，因为带点肉。

朥粕，就是炸过油的脂肪渣，多用以炒菜，炒芥蓝、包菜等。鸥汀等地的厨师们，还创造了食货们青睐的"朥粕糜"（猪油渣粥）。俗语还有"舐朥""舐朥舐粕""舐朥舐碹［$dang^6$］"，形容老是跟在人家后面表示对其某种东西的喜爱，希望也能分得一杯羹。

我对朥粕的最强烈的记忆，是在澄海上华中学读高二那年，我们的学校在"后山顶",离家有近十里地远,午餐在学校里寄餐,吃"炊饭"(蒸饭)。自己带一罐炒朥的菜脯粒(萝卜干丁)下饭,偶尔能发现里面的几丁点朥粕,就能把那顿饭吃得齿颊留香,那香喷喷的滋味,不比现在一个就千儿八百块钱的老鹅头差!

装猪油的陶瓷罐儿,叫作"朥硸"[硸,潮音 $dang^6$(荡)],或者"朥钵"。过去,曾经有过食不果腹的年代,顾家的华侨华人从东南亚各国的"番畔"寄来了大米和"朥"。"朥"是用铁皮箱子装的,叫作"朥哔"。"哔"[big^8](毕)也用作量词,如说:"哔朥暹罗阿叔寄来个。"(这箱子猪油是泰国叔叔寄来的。)后来才知道,"哔"是马来语,就是(铁皮)箱子的意思。

冬天里,罐里的猪油凝固成雪白光滑的膏状,我们由此而理解了"肤如凝脂"等成语,但对用这个成语去形容美女的雪白肌肤,却从此心存疙瘩了。

用"朥"做的好吃的饼食点心,除了有"朥饼"之外,还有"朥糕"。

"朥饼"多了去了,"朥糕"你听说过吗?

澄海一带,都认为"南洋朥糕"最好吃。所谓"南洋",可能是"莲阳"的音变,在韩江支流莲阳河以东,即现在莲下、莲上一带。也有人认为,是指南方滨海的一大片田野,那就要写作"南垟"了。澄海"朥糕"的老品牌是"光华朥糕",创始人叫杜光华,澄海县埭城乡人。民国初年设店于家乡,铺号"光华"。"光华朥糕"有乌豆沙、芝麻泥馅儿两种。乌豆沙质细如泥,厚朥精制后必窨藏1至3年后方能采制;芝麻泥制后,也须密封于盛器,放进井心冷却退火后才用。朥糕皮薄如纸,用糯米粞掺水揉好后碾成薄片做成。光华朥糕曾经驰名各地,远销东南亚。

朥糕基本上是泡在"朥"里的,以其冰凉、润滑、香甜之特点而脍炙人口,尤其是在那"勒紧腰带过日子"的年代里,更觉美味无比。我30多年前吃过的"朥糕",则是"苏南糖果厂"出品的,虽然那时候温饱问题已经解决了,但还是觉得味道清甜适口、爽快非常。

不知道现在再吃起来,还会有这种口感吗?

糖葱薄饼和草粿的诱惑

从汕头闹市中心的商业综合城苏宁广场街边匆匆走过，不远处忽然传来一声很久很久未听过，但却一下子就把我记忆的开关打开的叫卖声：糖葱薄饼哦，糖葱薄饼……

于是，急匆匆应声寻去，但见一位农村衣着的大嫂，推着一辆载着两只筐头（短矮的竹筐）的老式自行车在叫卖。我毫不犹豫地要了两卷：自己吃一卷，一卷带回家给我年已米寿的老父亲，他也喜欢这一口，虽然吃起来已经不容易了。

趁着大嫂忙活着包糖葱薄饼的时候，我仔细观察了一下她的"装备"：自行车后座一边的筐头上面是一只浅沿的笲团（竹编笸箩），薄饼和糖葱放在竹筐里，糖葱用一只铁皮饼干盒装着，包糖葱薄饼的流程是在笲上操作的。糖葱是糖制品，由于有很多像葱管的空儿，所以叫糖葱。糖葱本身松而脆；出售时每节切成大约两三寸长，上面撒上一些芝麻，还放上几根芫荽（香菜）：甜又香。就这松而脆的口感、甜又香的味道，小时候只要吃过一次两次，就一辈子记住了。

看了《舌尖上的中国》，才知道糖葱好吃，制作起来却不简单。把白砂糖加入一定比例的水混合后，将糖水煮沸熬制成为糖浆。接着将煮好的糖浆倒入冷水中，使糖浆冷却形成糖膏。然后用一根长约1尺的圆棍将糖膏以拉面条一样的方式反复拉扯10分钟，使糖膏内充满空气进而形成细管状，等待它冷却而成糖葱。据说行家的糖葱可以制作到2米长，每根中间有10多个空儿。

不一会儿，两卷糖葱薄饼就包好了，我用手机对着大嫂插在笲边沿儿的二维码扫码付钱后就立马吃了起来，那猴急猴急的样子把太太都看笑了。我说，小时候不一定有钱买，但围着摊儿看着小贩包糖葱薄饼也是一乐，起码可以看得口水直流呀！现在有钱了还不赶快吃？她说："你吃的不是糖葱薄饼，吃的是儿时的记忆。"然后又加了一句："看你这馋相，站在街边就吃东西，也不怕学生看到了！"

学生看到就看到呗，难道老师/校长就不吃零食了吗？我也顾不了那么多了，一边有滋有味地嚼着糖葱薄饼一边想，太太说的也是也不是。这糖葱薄饼确实能引起我对垂髫时代生活的记忆，但这糖葱薄饼好吃却也是现如今实实在在的味觉啊。每年的清明节回乡扫墓时，我的几位亲友几乎都知道我好这一口，都会凌晨起大早去排队买糖葱薄饼，最后往往是我"吃不了，兜着走"。其实，好这一口的也不止我一个人，大家分享，无比甜香。

其实，潮汕地区好吃的、令人念想的小吃多了去了。几年前，韩山师范学院烹饪专业的同学们在老师的指导下，利用寒假的时间，回家乡过春节时做了各地过年前后所做的小吃的调查，不但有图有真相，有些同学还制作了视频，后来还在一家"潮州美食研究院"的支持下，结集出版了。这书里的潮汕小吃足足有百余种之多。听老师说，本来有200来种的，有些比较接近，或者调查不完整的就没有收录进书里了。光名字带"粿"的就有菜头粿、苷荀粿、麦粿、酵粿、鼠麹粿、朴籽粿、笋粿、韭菜粿、青叶粿、米豆粿、栀粿、红桃粿、龟粿、碗糕粿、乒乓粿、水晶粿、无米粿、甜粿、咸水粿、油粿、由炸粿……

夏天里，小时候喜欢吃的还有一种不是"粿"（饼食）的"粿"——草粿。草粿是用凉粉草加上小苏打、薯粉水直接熬成的小吃，黑溜溜、亮晶晶的，像龟苓膏但凝固度没有那么高。草粿之所以深受老百姓欢迎，是因为其具有清热解毒、解暑退火的功效。而且，草粿价格低廉，几分钱就可以买一小碗。潮汕俗语云：三四人卖梅，五六煠草粿。农历五六月的酷暑时节，卖草粿的小贩挑着装着草粿的两只小桶，穿街走巷叫卖。"草粿哦，草粿哦……"的叫卖声，引来家家户户的大人、小孩。有拿小锅来买的，一家人分享；有拿小盆来买的，可能两三个人分享；一个人买来吃的就拿小贩的碗直接吃了。小贩打草粿的动作叫作"割"，"割草粿"最常见的工具是一把扁平的铜勺,甚至只是一块薄铜板或者铁板。先从桶里"割"一大片出来装在碗里,再横竖几刀把它"割"成小块儿,再撒上一层糖粉,如果有蜂蜜,那就更美味啦!小时候买草粿时总是眼巴巴地盯着小贩舀糖粉的小勺,巴不得他多撒一点糖粉。有胆子大点儿的小伙伴,把上面一层的糖粉先吃光,再跟小贩多要一次糖粉。

　　生活化了的草粿实在深入人心,所以产生了不少与其有关的俗语、谚语,除了上文所提到的"三四人卖梅,五六煠草粿"之外,还有"别人草粿别人糖",说的是以为东西是别人的,就可以随便浪费。还有"南肚浮乌云,草粿卖有存",说的是南面的天际如果飘来乌云,老天就要下雨了,气温也随着立马降下来,解暑降火的草粿就卖不完了(有存,有富余)。类似的谚语有"草粿煠熟,天时变局",说的是天气的倏忽多变。

　　原来,这草粿已经是酷暑天气的代名词了。吃了黑黝黝、滑溜溜、甜丝丝的草粿,就把酷暑也吃进肚子里了。这清凉的家乡味道,其实已经输进了潮人的血液里,变成了一缕缕的乡愁。难怪每次夏天回家乡时,总是幻想着,街头巷尾,突然能听到一声"草粿哦,草粿哦……"

2018 年夏

青草水：夏日的清凉记忆

立夏一到，百草丛生。就像顾城《初夏》里写的：

乌云渐渐稀疏
我跳出月亮的圆窗
跳过一片片
美丽而安静的积水回到村里
在新鲜的泥土墙上
青草开始生长
……

而一篇《遍地青草，潮汕妈妈都是李时珍》的微信推文勾起了我小时候在农村生活时夏秋之间几乎天天喝青草水的"清凉"记忆。

夏天一降临，潮人家家户户的青草水也就登堂入室了。在地里抓几把蛇舌草和车前草，在河溪里洗干净，回家熬一锅，全家个个都喝，大鸡公碗、竹花碗一喝一两碗，解渴消暑降火。如有尿道发炎小便不畅并微痛，车前草好像是特效药，两碗青草水下肚，"下水道"立马畅通。

如果有点感冒发烧，大人会去找金线莲、铺地锦，到有种金银花的左邻右舍再摘上一些，熬上喝了，捂个把小时的被子，出出汗，烧也退了，人也好了，但就是肚子饿。这时候家里再缺钱，大人们也会上店铺买一碗粿条或者面条，香喷喷的"葱珠朥"（油爆葱花），比现在什么山珍海味都好吃。有时候真想多感冒发烧一次，就为了能再吃上五分钱一碗的粿条面。

最喜欢盛夏里的那碗荷叶水，有几片莲花瓣煮的就更清香了，悠悠的，一喝就把夏日里的燥热都驱除了。农村里以前较少看到有大的莲花池，但农家的四点金或者下山虎的外庭（天井）里，则都有一两缸的荷花。一到夏天，长茎撑起绿伞，也撑起了庭院里的一片清凉。荷花开了，更洒落一院的芬芳。天井里通常都有一眼井，井心水也是小伙伴们的清凉饮料。玩累了，热了，刚打上来的井水，清凉清凉的，一口气咕噜咕噜能喝下好多，体温立马得降低一两摄氏度。现在如果让孩子们这么喝生水肯定得生病，但我们那时候就愣是没生过病，奇了怪了。

其实，在家里熬青草水的不一定是妈妈，奶奶、外婆熬的也不少。反正是，家里的男人到地里干活，顺便把青草拔回来，经常是跟蔬菜、红薯、稻谷一起挑回来的。女人们自然就会把它们找出来洗干净，用大锅熬好放凉了，谁口渴谁喝，就像现在城里的小孩从冰箱里拿饮料喝一样。小时候在农村生活的时候，我好像没留下"问先生"看病的记忆，这也许就是青草水的功劳。

城里人也喝青草水，但城镇里的青草基本上都是从青草摊买来的，在菜市场里与蔬菜摊摆在一起。城镇里还有不少的"凉水铺"，专门煮中药凉茶和青草水卖，很方便。预防性的喝碗青草水，感冒发烧的喝碗中药"凉水"，还会给你配上几颗药片，便捷有效。以前的凉水铺有些也连带着卖青草，你告诉店主是要治什么病的，他便挑出三两样青草给你，一角、几分钱的。现在的凉水铺一杯凉茶要两三块钱了，好像也不卖青草了，利润太薄。

这是我对青草和青草水最初的感性认识。但鬼使神差，等我下过乡、上完大学，把潮汕方言当作研究对象的时候，又跟青草亲近了，不是因为再去煮水喝它，而是搜集潮汕方言词语时需要研究它的名字。这些青草的名字，大都很土很形象，什么猪母勿［mai³］、猪肝菜、鹅团唔食草、鸡屎藤、蛇舌草、舌针草、白花蟛蜞草、蚶壳草、鼎礤草、铺地锦、金银花……民间有《百草歌》，把青草拟人化，串起来编成潮州歌册来唱，可生动了：

深山生有百草丹，

百草大兄"叶下红";
家乡住在山田里,
伊父叫作"红饭丹",
伊母叫作"铺地锦",
"益母草"娘是妻房。

这日"益母"在晾衫,
衰鬼踏着一叶"鸡母涎〔nua⁶〕",
跋伤只倒脚,
请个先生"接骨草",
开方"骨补""老山胶";
搭在伤口二三日,
会行会走会唱歌〔cio³ gua¹〕。

"益母草"欢喜在心,
使个家仆"鸡屎藤""钉地根",
请兄嫂"九层塔"和"手牵藤"来谈心。
"九层塔"结拜兄弟有三人:
大兄叫作"金不换",
二兄秀才"金石棕",
三弟监生"金柳藤"。
……

  以前"拍锣鏳"〔tên⁷〕卖药根、药草的走江湖客,大都能绘声绘色地表演《百草歌》。小时候我可爱看了,锣鏳一响,总要挤到围观的人群最前面去看。
  这些青草的土名虽然形象生动,但要找到它们的学名可不容易。幸亏后来找到了韩山师范学院著名植物学家吴修仁教授的《潮汕植物志要》《广东药用植物简编》等著作,有图有真相,才基本解决了问题。再后来,汕头大学医学院谢国材教授等编著的《潮汕百草良方》(全三册）出版，就提供了更全面的青草药资料了。

还特别要提到的是，好朋友、生物学博士庄东红教授送给我的《南澳草药》。这本书与当时红遍大江南北的"红宝书"装帧、开本相同，编写单位是"中国人民解放军 7013 部队卫生队、广东省南澳县卫生战线革命委员会"，印行时间是 1970 年 9 月。虽然属于内部印行，但编写体例中规中矩，先按植物分类法分类，分门别科介绍青草药。介绍很详细，青草药常用名、别名、学名（包括拉丁文名），植物形态，生长环境，性味归经，医疗功能，用法用量都介绍了。而且是一草一图蝴蝶页编排，很方便查阅。后面还有《农村常见病中草药治疗》，从普通感冒到毒蛇咬伤，都有草药方，很实用。此书的"前言"有几句话还是写得不错的：

"伟大领袖毛主席教导我们：'中国医药学是一个伟大的宝库，应当努力发掘，加以提高。'民间草药是这个伟大宝库中重要组成部分，是广大劳动人民长期与疾病做斗争的经验积累，它的特点是：疗效高，资源广，价值（价格）便宜，群众乐意采用，对劳动人民身体健康起了很大的作用。"

好了，就此打住，不然，就有走江湖卖草药、挺中医之嫌疑了，我可是主张中西医结合的。

2018 年夏

潮菜是潮人追求精致的优秀特质的物化表现
——答《南方日报》记者问①

1. 您认为潮菜背后蕴含了怎样的潮汕文化?

林答:潮菜蕴含的潮汕文化内容非常丰富,千条万条,最重要的一条:它是潮人最优秀、最突出、最特别的人文特质——追求精致的具体表现形式。

潮菜的特色之一就是"精"——精工制作:食材的精挑细拣、烹饪方法的精考细究、烹饪过程的精工细作、相配蘸料的精心细配、摆盘饰品的精雕细刻,无一不以"精"字打造之。这是对《论语》中提到的"食不厌精,脍不厌细。……割不正,不食。不得其酱,不食"的追求"美食"理念的传承与弘扬。

其他还如:潮菜搭配讲究"食鱼食肉[bhah⁴]着菜佮[gab⁴]"荤素协调,上菜过程也讲究荤素间隔,每个菜都匹配有独特的蘸料,不能彼此混淆,这些都体现了中国优秀传统文化的"六德"之一的"和"字,所谓的"饮和食德"讲的就是这个"和味"的道理。

潮汕文化中,"和"与"合"的理念也是其精髓之一,潮州音乐演奏讲究"和弦""合弦",是"声之和合"。《国语·郑语》:"是以和五味以调口……和六律以聪耳。"讲的就是味道之"和"与音乐之"和"。"和"而产生"美"——美味、美声也!

---

① 《南方日报》2021年11月9日AⅡ版"汕头观察"专栏根据此答问资料发表《潮菜是传播潮汕文化的良好媒介》一文。

家庭讲"家和万事兴""和顺一家生百福",是家庭之和美。潮谚云:"在家听父兄,出门听鲋[bu¹]声(螺号)","合得主人意,便是好功夫"等。这些都与中国古代的哲学思想相吻合,《孟子·公孙丑下》:"天时不如地利,地利不如人和。"《周易外传·说卦》:"天地以和顺为命,万物以和顺为性。"讲的都是人与人、人与自然的关系是"和为贵"。

2. 如何理解潮菜文化和侨文化之间的关系?

林答:潮菜文化与侨文化的关系,最密切者有两条:

一是潮菜的传播和发展。就高档潮菜而言,香港潮菜似比原乡做得更好,也更具知名度。当然,这也许跟蔡澜先生的推介也有关系。世界各地,尤其是东南亚各国,有潮人聚居的地方,几乎都有潮菜馆。但他们在食材和烹饪方法方面都根据本国本地实际情况做了相应的改变。这几天正在"大闹热"的新加坡"2021潮州节"(11月5—16日),其中的重要环节之一,就是推介潮州美食:从堂食到外卖。

二是食材的进口,汕头的潮菜在二十世纪二三十年代、20世纪末期曾经有过两次高度发展,那是汕头埠经济发展势头良好的年代,从香港和东南亚、大洋洲各地进口的高档食材,如燕窝、鱼翅、鲍鱼、海参、鱼胶等进入汕头的高级酒店和食材市场,使潮菜的转型提质有了材料的保证。而这些高档食材的进口贸易,基本上都有华侨参与经营。

另外,一些如沙茶、咖喱等作料(连同名称),也是由华侨带进来的。

3. 以潮菜为媒,向市外、省外,甚至海外传播潮汕文化有怎样的意义?

林答:这个问题提得非常好。我们在教外国留学生学汉语时,最有效的教学方法就是通过美食,然后把美食的名称、食材、烹制过程中使用到的餐具名称及动词都教给学生,效果奇佳。甚至,通过潮菜这个媒介,向潮菜食客推介潮汕文化(例如潮人文化的主要特点、潮汕风土人情、潮汕特产等)。但我们必须有资料准备。例如,你必须精心编著好一本介绍潮菜及其后面所承载的潮人文化的内涵丰富的、精美的、有声有色的菜谱，最好能附有潮菜制作过程的短视频和讲解。

如能做到这样，通过潮菜传播出去的，就不仅仅是美食，而且是美食后面所承载的潮汕文化，乃至优秀的中华传统文化。

4. 潮菜在对外传播的过程中，有哪些部分是必须保留和传承的？

林答：潮菜的绝大部分内容是值得保留和传承的，例如讲究原汁原味的鲜美、整体味道的清淡而有味、荤素协调而不油腻等。但有一些传统的烹饪方法，不符合当代健康理念的，就得有所改进，例如芋泥，过去是高油高糖的食品，现在不得不减少油和糖的含量了。

5. 潮菜该如何做好融合创新？

林答：所谓的融合创新，我认为就是根据当代的健康标准和饮食习惯，吸取其他菜系好的食材和烹饪方法，按照当代人的口味和品赏风尚做改善创新。

潮菜本来就一直走在融合创新的路上，比如清蒸鱼的做法，其实就是粤菜的蒸法，与传统家常潮菜的蒸鱼方法上有了较大的差别。小吃的潮式肠粉，也是吸收粤式肠粉而发展起来的。不少现在在潮汕流行的菜名和小吃的名字，都还带有粤语的色彩，例如：春菜煲（不叫"春菜钵"）、油渣粿（油炸鬼）、咸煎饼、马蹄糕（不叫"钱葱粿"）、蛋挞等。

当然，创新的前提是"守正"，现在有些后生人开的店，虽然名称也以"潮菜"标榜，但却做着近似西餐的菜式，时尚而雅致，也得到一些年轻人的青睐，但我总觉得那不是道地的"潮菜"，"创新"有余而"守正"不足。

6. 您如何看待潮菜难以走向高端市场？

林答：我的看法是，其一，潮菜本来就是分家常菜和高档菜两条腿走路的。家常潮菜受到广大人民群众的喜爱，发展起来也比较容易。所谓的"高端市场"，价格也比较"高端"，不是人民群众所能承受得起的消费。那么，如果要追求所谓的"高端市场"，就必须有一个高端消费群体。经济发达的地区和城市，如深圳、香港、广州、上海、北京等，才是发展潮菜高端市场的地方。

其二，潮菜要向"高端市场"发展，潮菜本身就必须"过硬"。高档的潮菜馆可能办在粤港澳京沪等地，但消费群体还是以潮人群体为主，食材和烹饪方法一不正宗，便会露馅，一传十，十传百，你就办不下去了。

其三，潮菜馆的装修风格、菜谱一定要格调高雅、凸显潮味；潮菜馆的服务一定要像潮菜特点一样，也是精细的，服务员最好能结合菜谱给客人介绍潮菜和潮汕文化，让顾客吃得舒服，听得过瘾，不但得到物质的享受，也得到精神上的收获。吃出潮味，吃出潮汕文化。这一点，目前能做到的潮菜馆凤毛麟角。

其四，就是政府要把潮菜及其产业链作为经济支柱来扶持，尤其是在"走出去"方面，通过行业组织给以质量、信用考评并发给经营许可证，在贷款及税收等方面也给予相应的优惠政策支持。

其五，潮汕本地全媒体开辟美食专栏节目，并在收视率高的国家级乃至国际级全媒体公共平台和中央电视台播放，向全国乃至全世界推介潮汕美食。有条件的，可以推出外语或者双语节目，向全国乃至全世界推介潮汕美食。

2021 年深秋

风神萧散的性情中人黄际遇教授

黄际遇先生是汇通中外、文理兼擅长之博学鸿才，当时人皆知之。在山东大学时，曾兼任理学院和文学院两院院长；在广州中山大学时，曾任数学天文系主任，又在中文系讲"历代骈文"，还是当时的著名书法家、象棋名宿（有专著《畴盦坐隐》50卷）、击剑高手（在日本留学时曾经参加比赛获奖）等。

他还是个酒中仙、美食家。作为一位博学鸿儒，他活得有志节、有情趣，真真正正的性情中人！

中山大学中文系著名教授黄天骥谓："如果说，在广州解放后，中山大学的传奇人物是陈寅恪教授；那么，在解放前，中山大学的传奇人物就是黄际遇教授。"① 我则谓："如果说，在20至21世纪之交，饶宗颐教授是潮人大儒的一座高峰；那么，在其前面的20世纪上半段，黄际遇教授就是潮人大儒的另一座高峰。"

黄际遇先生的学问，汪洋恣肆而又精深莫测，我谈不了。倒是性情中人黄先生的潇洒侧影，在《黄际遇先生纪念文集》和《黄际遇文集》中可以"读"出来。

黄际遇先生极其喜欢骈文，他创作的骈体文典雅而恣肆，独步天下，为时人所重。他又喜欢教学骈体文，把自己阅读、创作骈体文的体会和经验分享给青年人。他在中山大学数学天文系当主任，又跑到中文系去教"历代骈文"，原因很简单，就是太喜欢骈文，觉得很"好玩"而已。

---

① 载《南方周末》2019年4月18日。

他与朋友说："（数大系）系主任可以不当，骈文却不可以不教。"当时的中文系主任龙榆生教授慨叹："数学系夺去文学系名教授一人！"

黄先生课讲得好，学生都喜欢听。他的门生马庆柱回忆说："先生容貌魁伟，博综中外，……讲学时娓娓不倦，四座风生。……兴之所至，引吭高歌，声激越如洪钟，虽燕赵之士无以过之。"另一位听过他讲骈体文的学生何其逊回忆说：黄先生摇头晃脑地吟诵汪中的《吊黄祖文》，"而且还伴随着那抑扬顿挫、悠扬悦耳的潮州口音，以手击几，以脚打板，连两眼也眯缝起来，脑袋也在不断地画着圆圈"。何其逊先生的回忆形象生动，很有画面感。而对于我这个小老乡徒孙来说，还有亲切的听感和乐感。我完全相信黄先生基本上是用潮州话文读书音（孔子正）吟诵古典诗词和骈文的。他在日本留学时，与"黄季刚等友善，过从甚密，为学问探讨。春秋暇日，更与季刚从杭章太炎游，遍窥各家门径"（马庆柱《先师黄任初先生冥寿记》）。他师从章太炎学习音韵学，并曾与黄季刚探讨文字、音韵之学与经学的社会作用谁大。他居然把《广韵》与潮州话的读音逐一做了比较审读，著有《潮州八声误读表说》，发表于暨南大学《文史丛刊》1934年第1期。就是在今天看来，仍然是非常专业、规范的论文。黄先生在文前之凡例有云："发音以际遇家塾传授之音为断。"由此可知黄先生诵读古文诗词，是以私塾先生的读书音（孔子正）文读的。即使在大学上课，恐怕也如是。

黄先生不仅喜欢骈体文，也喜欢对联，为正事正儿八经做的对联不少，但偶尔也幽默一下，做些令人解颐，甚至喷饭的"谐对"。其曾与友人"搞笑"，做《厕屋联语》云：

入来双脚重；
出去一身轻。

还有"工于写实"的：

沟隘尿流急；
坑深屎落迟。

如此谐戏之作，日记中不难发现。所以，梁实秋说他"略有酒意之后，他的豪气大发，谈笑风生。他知道的笑话最多，荤素全有，在座的人无不绝倒，甚至于喷饭"。

我们完全可以想象出黄先生摇头晃脑、用一口带着潮州口音的官话吟诵骈文而陶醉其中的样子，也想象得出他酒后微醺讲着半荤半素故事，把大家逗得哈哈大笑时的得意劲儿！

黄先生天性好酒，在青岛山东大学任理学院院长时就有"酒中八仙"之一的雅号，经常与闻一多（当时任山东大学文学院院长，卸任后由黄际遇先生兼任）、杨振声、梁实秋等同好畅饮，吟诗作词唱曲。"三十斤的花雕一坛，共同一夕罄尽。"梁实秋先生《酒中八仙》云："任初每日必饮，宴会时拇战兴致最豪，嗓音尖锐而常出怪声，狂态可掬。"黄际遇先生为其同宗兄弟作《黄松石传》状其"好酒，好客，好义，尤好石。有客必酒，无客亦酒。无客，则路人皆可客；无酒，则室中长物皆酒券……"我想，松石先生这种好酒的狂狷之态，黄先生必定也八九不离十。他曾经集《世说新语》句而成一联语云："无事痛饮酒；不才熟读骚。"后又进一步修改为"但使常得痛饮酒，不必须才熟读骚"。日记中也常有"午饮微醺""酒阑人散月明中"之类的语句。大概，读书、饮酒，或者饮酒、读书，就是他日常生活的必须。正像他的《集古妙对》所云："未知明年在何处，何可一日无此君！"

同事朋友们知道其有此雅兴，一有佳酿，也必携以相赠，同饮酬唱。其《谢张幼山赉酒启》骈文，典雅脱俗，淋漓尽致；击节读之，有东坡居士"千里快哉风"之韵：

> 踽踽青齐，当垆谁侣？徘徊廛井，买醉乏资。……忽荷隆施，沾及口腹。行此直道，沁我心脾。仰子倾囊之高，免其罄瓶之耻。方将沉醉浓馥，熏沐芬芳。既乘兴以展游，复咏归而墨舞。栖迟之下，不负名山；酩酊之中，犹知铭刻。

我读后冥思，张幼山也实在太值了，一瓶景芝酒能换来黄先生的这篇"启",其名字将与它一起流传千古。这使我们想起了李白的:"桃花潭水深千尺,不及汪伦送我情。"汪伦因为给李白的这餐饯别饭,其名字就与李白的名诗流芳千古了。

黄先生还是个美食家,考究饮食,在青岛时还专门"从潮州带来厨役一名专理他的膳食"。梁实秋跟着吃了潮州美食,赞不绝口:"一道一道的海味都鲜美异常,其中有一碗白水氽虾,十来只明虾去头去壳留尾巴,滚水中一烫,经适当的火候上锅,肉是白的尾是红的。蘸酱油食之,脆嫩无比。"

潮州美食的标配是工夫茶,黄先生当然少不了。黄际遇先生与青岛的潮州商帮关系密切,经常带着梁实秋等"酒中八仙""到其熟悉的潮州帮的贸易商号,排闼而入,直驱后厅,……有佼童兮,伺候茶水,小壶小盏,真正的工夫茶"。"我们享用的起码是'大红袍''水仙'之类。"(梁实秋《记黄际遇先生》)

梁实秋先生的文笔优美而传神,我最欣赏的是"排闼而入,直驱后厅"八字,把一个风神萧散的性情中人黄际遇"阿舍"描写得就似"活在当下"。

2019 年夏

乡愁入梦

中大中文系里好吃的澄海人

网络上有一篇"地球知识局"的读者"10万+"的推文，作者叫作"南城赛金花"，文章标题起得有点古怪，叫《潮汕人究竟有多好吃？》，把我吓了一跳：乍一看，不知道是说潮汕人"好［hào］吃"（喜欢吃）呢，还是说潮汕人"好［hǎo］吃"（味道好）？

仔细阅读了文章，才知道讲的是前者，文章从韩愈的《初南食贻元十八协律》入手，谈潮汕人的祖宗们"茹毛饮血"吃山珍海味，把个韩老先生吓个半死。文章有凭有据，文笔流畅诙谐，我读后便转发，并配了导语说："这是我到目前为止看过的写潮汕美食历史写得较好的推文：文笔流畅而且俏皮，对韩愈诗歌解释中规中矩。你看看就知道，潮汕人吃各种各样离奇古怪的海味和山珍是由来已久，'食蛇配虎血'（茹毛饮血）竟是不争的事实。"

没曾想，翌日，中山大学中文系长江学者、著名文体学家吴承学师兄竟也转发，并配导语云："写得好，标题尤好！我应该算是潮汕人中最不好吃的（一个笑脸）。透露一下，我隔壁办公室（按：指中山大学中文堂）的澄海的陈伟武教授，古文字学家、教育部新科长江学者，是最好吃的。（三个捂着嘴的笑脸）"他还改编了韩老的诗云："一封朝奏九重天，夕贬潮阳吃海鲜。"长江学者就是长江学者，诗意盎然，创意无限！

我看了忍俊不禁，而后仔细盘点了中山大学中文系里潮籍的教授们，竟然有重大发现：澄海人都好吃，如黄际遇、黄家教乔梓、李新魁老师、黄光武老师、陈伟武同学、陈小枫同学……而潮州人都不好吃，如曾宪通老师、吴承学师兄、黄文杰同学……

我不禁留言发问:"为什么呢?"

承学兄点赞:"问得好!"但不给答案。而我们共同的朋友、潮阳籍的地理学者、城乡建设规划专家陈升忠教授则回答云:"澄海临海,海鲜更鲜。"真是三句不离(地理)本行。但根据我在潮州近8年的生活经历,我则认为,除了自然地理因素之外,人文性格的不同更是造成行为风格差异的主要原因。

澄海人不但爱吃,也喜欢自己折腾美食。我在《风神萧散的性情中人黄际遇教授》中已经引用了梁实秋先生等人的回忆文章介绍,即使是在青岛(其实到各地都一样)教书,黄际遇教授也带着做潮菜的厨师。据说黄际遇教授当时的工资已经很高,有三四百大洋之多,但他组织、参加的饭局酒局实在太多了,经常月底没到,就把薪水给折腾完了。梁实秋在《酒中八仙》记载云:"在青岛大学共事的时候,(酒中八仙)在一起饮宴作乐,酒酣耳热,一时忘形,……得放浪形骸之乐。……每夕以罄一坛(三十斤)为度,我们喜欢用酒碗,大大的,浅浅的,一口一大碗,痛快淋漓。"请注意是"每夕",而且是在青岛当时很有名的"顺兴楼"和"厚德福"酒楼,价钱不菲,每月把薪水吃光,教授们都变成了"月光族"也是有可能的。

我能执鞭随镫、零距离感受到的另一位"好吃"的澄海人是恩师李新魁教授。李老师字星桥,在汉语音韵学、方言学方面成就卓著、著作等身,中青年时即享誉语言学界。我1981年开始撰写本科论文《澄海方言语法研究》,就由他指导。1982年我考上高华年教授的研究生后,他虽然不是我的硕士生导师,但他还是继续指导我做潮汕方言研究,《潮汕方言词考释》的初稿就是由他指导完成的。星桥师有好客之风,南来北往经过广州的语言学界朋友,几乎都是他组织接待的,如吕叔湘、李荣、严学窘、赵诚、江蓝生、侯精一、刘叔新……来往皆鸿儒。如果人数不多,星桥师喜欢自己骑着自行车去买菜,亲自下厨做菜招待客人。我读研以后,有时候也被老师叫去为贵客们泡工夫茶,得以忝陪末座,感受老师畅快之风。黄家教、曾宪通老师经常也是座上贵宾。黄家教老师与李、曾两位相差14岁,是老师辈,但从不以老师自居,他似乎更愿意被当作大哥。他有乃父之风,擅长讲段子,得意之处,哈哈大笑,满座风生。李、曾二师是同年，高考前到潮州集中复习，曾经在韩文公祠正厅席地而睡。星桥师笑称：是得到韩文公庇佑、亲炙了韩祠文气而日后才有所成就！2010年韩江之滨木棉花盛开的春天，我到韩山师范学院工作第一周，即到韩祠顶礼膜拜，祈求韩文公继续庇护我这徒子徒孙也！

星桥师真的好吃会吃，是个美食家。想吃潮菜的时候，就找机会回汕头、澄海。我到汕头大学工作后，中文系（后来是文学院）举办各种跟语言学或者潮汕历史文化有关的学术会议，必请星桥师莅临讲学，同时也慰劳一下他思念潮菜的胃口。他喜欢的都是典型的家常潮菜，咸膏蟹（生腌螃蟹）、蚝烙（牡蛎煎）、澄海猪头粽、苏南卤鹅肉、蛇鱼糜（豆腐鱼粥）、芋泥或翻砂芋。当然，白粥配酸咸菜，不可或缺。澄海东门外一家饭店的咸膏蟹闻名遐迩，我们常去光顾。这玩意儿现在被吃货们冠以"毒药"绰号，谓其像鸦片烟，一吃就会上瘾。

星桥师不但自己好吃，还喜欢与朋友们分享品尝美食的快乐。除了在广州招待客人之外，他还常找机会把客人带到潮汕，走街串巷吃大排档道地的潮州美食，有时还留下了令人解颐的佳话。

记得有一个冬夜，星桥师在汕头大学讲中大中文系的中文自学辅导课"古代汉语"。星桥师学富五车，上课谈笑风生，古诗文随意引用，张口即来；我则在黑板上随之疾书，声落成字。有不少听过课的学生都对我们师徒联手的"古代汉语"课留下了深刻的印象，不少人现在见到我就提起这事。课讲完后由团市委的一位姓李的部长带我们到大排档吃夜宵，星桥师点的是"佃鱼糜"（豆腐鱼粥）。一人一大碗，嫩滑鲜美。一起来的北京中华书局编审、著名古文字学家、音韵学家赵诚先生吃了啧啧称赞，有兴犹未尽之意。小李又叫了两碗，赵先生也不客气，端起碗来又闷头吃了一碗。放下碗歇了口气这才说："这是天底下最好吃的粥！这粥里白白嫩嫩的鱼是什么鱼？"星桥师和我未及作答，小李抢先说："这是电鱼。""什么？电鱼？电鱼不是非洲和南美洲才有吗？你们这儿也有？"星桥师仰天哈哈大笑，声震夜空，邻座皆侧头而视。我这才告诉赵先生，这鱼学名龙头鱼，澄海叫"蛇鱼"，汕头叫"佃鱼"，别的地方也有叫"豆腐鱼"，还有叫"鼻涕鱼"的。更有趣的是，星桥师笑完起身离座想走，赵诚先生把他按住，说："不能暴殄天物，等我把这最后一碗也消灭掉再走不迟。"星桥师又大笑。赵先生也乃性情中人，旁若无人地尽情享受他的"天底下最好吃的粥"。

至于承学师兄微信提到的新科长江学者陈伟武教授，乃是我们的师弟，中山大学中文系古文字研究所所长，出版有《出土战国文献字词集释》（中华书局，2019），《愈愚斋磨牙集（古文字与汉语史研究丛稿）》两集（中西书局，2014、2018）等著作，是广东古文字学界的领军人物。伟武兄因为家乡在南海边的澄海盐鸿镇，所以特别懂海鲜，也好吃海鲜。到我家做客，他每次都亲自到海鲜市场选购螃蟹来给我，只只肌实肉紧，富有弹性。而每次外出参加学术会议，晚上我们常常聚在他或者我的房间里喝工夫茶。伟武兄的"茶配"（送茶的小吃）很特殊，除了坚果、小饼之类的东西之外，他每次必带有野生的虾干、小鱼干之类。不但我们这些同学、老乡知道，古文字学界的同仁们也都久闻大名：陈伟武教授的"夜茶"，不但茶甘醇，茶配也鲜美。"要喝茶，找伟武"成了大家的共识。而伟武兄也与星桥师一样，有好客之风，"寒夜客来茶当酒"也！

2020 年春

三

母语之艺文

礼失求诸野：方言俗语与民俗研究的关系

什么叫"俗语"？俗语是一种广泛流传在群众口头，结构相对固定的通俗语句，大多是劳动人民创造出来的，反映人民群众的生活经验、愿望以及各地不同的风俗习惯。俗语一词是汉语的固有语汇，具有自己的特定含义和文化底蕴。它不仅具有通俗的、大众的、约定俗成的、俚俗的等语义，还含有民俗的意思。事实上，俗语之所以是民俗语言的一个重要类别，主要就在于它往往能表现民俗，是一种语言民俗的表现形态。

俗语反映各地不同的风俗习惯有直接和间接之分。有些俗语就是直接反映民俗的，如潮汕俗语：

无可奈何舂甜粿。（谓无可奈何才带上年糕做干粮，漂洋过海到南洋谋生，反映了潮汕人的"过番"习俗。）

番畔钱银唐山福。（在海外挣的钱，寄回来给家乡的人享福，反映了潮汕一带侨乡依靠番批过生活的习俗。）

潮州厝，皇宫起。（潮汕一带的民居，如四点金、驷马拖车等，都类似于北京的皇宫构造样式，故云。）

潮州人，福建祖。（潮州府的人祖宗大都是从福建移民来的，故云。）

潮州九县，县县有语。（原潮州府所属九个县，每个县的潮州话口音都不同，反映了潮汕的语言民俗。）

九月九，风禽团，动动走。（农历九月，秋高气爽，秋风阵阵，在潮汕平原是放风筝的好季节，因为春雨绵绵，夏雨滂沱，冬寒袭人,唯有金秋时节,才是外出活动的好时光。)

茶薄人情厚。(潮人嗜工夫茶,也以之为待客之道,有"寒夜客来茶当酒"之雅风。因而不论茶之浓淡好次,都体现了主人好客的一片浓情厚意。这是很典型的潮人待客之俗。)

三四人卖梅,五六煤草粿。(农历三四月杨梅成熟上市,五六月夏热袭人,便有人开始熬凉粉上街叫卖了。)

有些俗语是间接反映民俗的。也就是说,创造这个俗语是为了说别的事,但它却以民俗事象为譬喻,因而也就间接反映了民俗内容。如:

扛棺材放纸包哭。(既要抬棺木,又要撒纸钱,还要做孝子"哭父",比喻什么事儿都由一个人全包了,忙得不可开交。)

穿白长衫缀行。(意谓自己只是跟着别人走,事情跟自己并无关系,但它反映的是潮人送丧穿白长裤的习俗。)

假力洗茶渣。(意谓勤快得不对路,干错事情了。潮俗嗜工夫茶,以江苏宜兴紫砂茶壶为珍品,每次冲泡茶后,只将茶叶倒掉,冲洗一下就行了,茶壶中的茶垢不专门清洗。如果不懂此俗而把茶垢洗了,便是勤快过头了。)

老丑呾白话。(意谓"说句老实话",或"把话说白了",但它利用的却是潮剧丑角道白多用民间口语"白话"的特点。)

囊团坐槛一次定。[意谓只有一次机会。但它反映的是清代的潮州婚嫁习俗。过去的潮州女人出嫁,陪嫁物品中必有"三桶一囊",即粗桶(马桶)、脚桶(洗澡盆)、腰桶(女人净下身专用的小木盆)和囊团(一种有腿的木柜)。出嫁时将它们装在槛中抬到夫家。由于旧社会的妇女只能"从一而终",故而"三桶一囊"装在槛中被抬到夫家也就只有一次机会。]

买水报地头。(谓人打小报告。但"买水报地头"原是一种丧葬风俗,长辈死时,子孙后代到河边撒些硬币或零钱,舀些水回来,为死者净身;同时要到地头宫向三山国王报告,以注销阳间户口,迁入阴间。)

棺材扛上肩——孬歇。(意谓事情得继续干下去,不能停。但它反映的是潮汕的丧葬民俗，潮人扛棺材到山上埋葬，路途再远也要一口气抬上去，中间需要换人时也不能把棺木停放在地上。习俗认为停放下来阴魂便会流落荒野，无可归宿。)

临上轿正来扎脚缠。(也作"临上轿正来穿耳"，意谓"临时抱佛脚"，但它反映的却是新中国成立前农村妇女裹小脚的习俗。"脚缠"便是北方歇后语"懒婆娘的裹脚——又长又臭"中的"裹脚"。)

由于方言俗语丰富的民俗文化内涵，因而成了中外民俗学者都十分重视的宝库。英国著名民俗学家查·索·博尔尼（Char Lotte Sophia Burne）在其《民俗学手册》中指出："有韵的俗语、俚语等，平时常挂在口头的人，虽然不会去理会它的原来的含义，但就采风者而言，却是颇具科学意义的。"日本著名民俗学者井之口章次说："我们听取民间传承资料多半以方言为媒介，因此，不能不关心方言和语言的问题。"另一位民俗学家大藤时彦则说："语言学与民俗学的关系很深。很多国家把方言的研究纳入民俗学范围之内……由于民俗的采集要通过方言，像苏联的索柯罗夫就主张民俗学者必须是方言学者。"中国的民俗学者也很早就把民俗研究与方言俗语的调查结合起来，在民俗调查和研究方面，五四运动时期，他们呼吁对一般民族民俗资料的调查与搜集。北京大学还曾成立方言调查会和风俗调查会，开展了一定范围内的民俗学活动。中国著名民俗学家钟敬文先生认为："口头语言'是许多文化的载体，是一种特殊的符号民俗传承'，因而很值得研究。"民俗语言学家曲彦斌也认为："民俗语汇是各种民俗事象和民俗要素的载体，它是民俗语言中最活跃的部分，研究民俗语汇对认识民间世俗生活，研究中国文化甚至对认识世界有着重要的作用。"现代民俗学家王献忠也深谙此道，他说："方言是一个地区民俗的载体，它是民俗文化赖以留存、传承的媒介。它不仅是民俗文化的表现形式，它也是内容。对于各地文化风俗的研究，不仅要从他们的其他方面入手，而且也要从最基础的方言入手。方言研究对于了解民俗，对于真正把握各地人们的文化独特性的深层结构，往往有很大的帮助，因为地方文化结构深埋在方言结构之中。"

综上所述，方言俗语确实是民俗研究的宝藏。先贤云："礼失求诸野。"在此意义上，我们可以再进一步说："礼失求诸野语。"

潮汕歌谣
——潮人喜怒哀乐的生活之歌

我,一位喝韩江水长大的潮汕男人,曾经在韩江边上度过我无忧无虑的幸福童年。

其实,幸福只是一种感知,它是没有平均指数的;你自己感到快乐,那就是实打实的幸福,不需要今天那些看起来有点荒唐可笑的数字化"幸福感"表格来衡量。现在回忆起来,那个时候应该是"吃不饱穿不暖"的年代,但在我生命的硬盘里,却没有留下"挨饿受冻"的强烈记忆。而"快乐"和"无忧无虑"却深深地被刻录了下来:

"清明时节雨纷纷,路上行人欲断魂",村民们不知道酸溜溜的文人的惆怅,男人们戴着斗笠、披着蓑衣,趁着春雨鱼儿"拍春"(发情期)喜欢成群结队时去打渔,牧牛或者牧鹅少年们唱的是充满了生活情趣的童谣:

> 雨落落,阿公去栅箔;
> 栅着鲤鱼共"苦躁";
> 阿公哩爱煸,
> 阿嬷哩爱炣,
> 两人相拍相挽毛;
> 挽去见老爹,
> 老爹笑呵呵:
> 呾恁二人好笑绝。

路上遇到村里的"无嬷阿伯",喜欢来个童声合唱取笑人家:

天顶飞雁鹅,
阿弟有嬷阿兄无;
阿弟生囝叫大伯,
大伯听着无奈何。
无奈何,
背起衫包过暹罗;
去到暹罗做乜事?
去到暹罗牵猪哥。
凄惨钱银刻苦趁,
趁有转来唐山娶老婆!

当然,我至今还能倒背如流的,还有那没完没了的"无厘头"摇篮曲童谣:

天顶一粒星,
地下开书斋;
书斋门,未曾开,
阿孥拼爱食油馃;
油馃还未熟,
阿孥拼爱食猪肉;
猪肉未曾割,
阿孥拼爱食番葛;
番葛未曾抲,
阿孥拼呾爱食酒;
酒未鞠,
阿孥拼呾爱食粟;
粟未挨,
阿孥拼呾爱食鸡;
鸡未刣,
阿孥拼呾爱食梨;

梨未摘,
阿孥拼久白白歇。

　　高中毕业后,上山下乡了。本来已经写下了立场坚定的决心书,以为就要在雷州半岛干两辈子革命的了。没曾想,邓小平伯伯让我们考大学。终于上大学了,而且去了中国现代民俗研究的发祥地之一——中山大学中文系。我这才知道,小时候给了我们无尽快乐的这些东西叫"民间歌谣",是劳动人民酸甜苦辣的生活之歌,很有研究价值。

　　20世纪20年代,随着反帝反封建的新文化运动的激荡,我国出现了一次民间收集和研究民间歌谣活动的高潮。1918年从新文化运动的中心北京大学开始,在刘复、沈尹默、周作人等的努力下,1920年歌谣研究会成立,1922年12月17日《歌谣》杂志创刊,竖起了歌谣收集和研究的大旗,开始带动全国收集、研究歌谣。一时间,收集、研究民歌民谣之风盛行于大江南北。正是在这种风气的带动之下,潮汕一批新知识分子也开始了收集和研究潮汕歌谣的工作。1923年3月《歌谣》第11号第一次发表了潮汕歌谣《渡头溪水七丈深》。此后,在潮汕歌谣先驱们的努力下,一大批潮汕歌谣被收集起来并通过《歌谣》杂志被介绍到全国各地。

　　比较早收集、研究潮汕歌谣的知识分子有黄昌祚、林德侯、林培庐等前辈。1927年,中山大学民俗学会创办的《民俗》周刊第48、49、50、65期中,就先后发表了黄昌祚搜集的潮汕歌谣81首。丘玉麟于1929年出版《潮州歌谣》凡287首(据香江出版社2003年再版本)。1958年,丘玉麟选注的《潮汕歌谣集》由广东人民出版社出版,序文中说明:"这本歌谣,材料的来源是以1927年我编印的《潮州歌谣集》做蓝本,以金天民先生的《潮歌》、徐志庵先生的《儿歌》、林德侯同志的歌谣抄本为主要参考,取材林同志的最多。本书共选录约二百多首……"由此可见,在1958年以前,潮汕歌谣的选本也就这一些。其后的各种选本,也都在100~300首之间。而我们的《全本潮汕方言歌谣评注》这个版本,收集有1000首左右之多。

　　我在1997年主编《潮汕俗文化》丛书的时候,与人合作选注过潮汕方言歌谣,发现各种歌谣的集子在用字和注释等方面还有待提高和完善，注音的工作几乎没有人做。虽然当时由于丛书规定的篇幅所限，我们只选注了100首左右的歌谣，但印象十分深刻，很想以后有条件时再做一本比较完善的。没想到时间一晃就过去了15年，而幸运的是，这个工作，有一位青年教师在默默无闻地做着，她就是韩山师范学院潮州师范分院的林朝虹老师。她在攻读暨南大学中文系的硕士研究生的时候，就以潮汕歌谣为研究课题，所以做了大量的歌谣收集和研究的基础工作。2010年春天，我调任韩山师范学院的时候，也正是她研究生毕业、拿到硕士学位的第二年，正想把收集到的1000余首歌谣做整理注释。于是，我们一拍即合，一起讨论了整理和选注的方法以及具体的细则，例如用潮州话拼音方案注音还是国际音标注音，方言俗语的用字是从俗还是从雅从古等，然后由林朝虹老师先做初稿，由我审读后提出修改意见，她再修改。这样来去去来两回，凡四易其稿，才成了现在这个付印稿——第五稿。

当然，由于篇幅较大，全书在用字、注音、注释等方面要做到"一以贯之"并非易事，真的是"定规则容易做起来难"。就是这样一遍又一遍地改了又审，审了又改，还是存在不如意的地方。没办法，我们只能在前言里把我们的做法告诉读者，在书的后面附录本书用字一览表等，还做了个部首笔画和拼音索引，以便读者更好地阅读和使用这本资料性很强，也具有一定知识性、学术性的书。

末了，要感谢各种版本的潮汕歌谣的编著人和接受我们口头采访的合作者。俗语说："巧妇难为无米之炊。"有了他们的前期成果和无私的帮助，才有了这本书的材料基础。或者说，是因为有了前辈们收集研究的基础，我们才能站得更高，做得更好。我们在书后附录了一个《参考文献目录》，既表示对他们的衷心感谢，也方便有兴趣的读者找到它们。还要感谢花城出版社的詹秀敏社长和责任编辑佳娜小姐，她们也都是潮汕人，也是用满腔的热情来出版这本满书难僻字和拼音的书。我还很庆幸的是，有像林朝虹这样的年轻学者喜欢潮汕民俗文化研究，而且乐意走进田野做民俗调查，或者待图书馆、坐冷板凳，在我的近于苛刻的"指导下"做这种不但无利可图反而要倒贴钱的事情，而且还想继续做下去，把它当成自己的事业。如果有越来越多的愿意这样做的年轻人涌现，我想，潮汕文化的研究和传承，就不愁后继无人了。

三、母语之艺文

歌谣,为什么是歌谣?!

韩山书院和韩山师范学院联合举办的第八季"韩江讲堂",四位讲者竟有两位讲了歌谣:北京大学陈平原教授的《远去的乡土与纸上的声音——潮汕歌谣的学习与传播》和韩山师范学院黄挺教授的《流动的风景与凝固的声音——歌谣的搜集与记录》。

我又一回认真地聆听了二位学长+兄长的演讲。

平原兄重点谈了如何学习和传播歌谣的问题。

首先是歌谣为什么值得学习和传播,因为它是逐渐远去,但又承载深厚内涵的乡土文化,是被记录者保留在纸上的、可以还原再吟诵的声音。他从2019年12月28日在北京大学教育论坛的演讲《乡土教材的编写与教学》和2019年3月11日在韩山师范学院潮州师范分院的演讲《如何谈论"故乡"》谈起对故乡的满满的感情和淡淡的乡愁,而最容易令人回忆家乡的可能就是美食和歌谣了。

因而,陈平原兄和我、黄挺兄合作主编《潮汕文化读本》时,小学第一册就定为歌谣,我们的编写宗旨是兼具乡土性、趣味性、文学性,歌谣最能体现此"三性"。此后,他指导潮州市文联编纂"潮州民间文学丛书"(2020年印行),其中也收录了丘玉麟先生的《潮州歌谣》(1929年首版,1958年广东人民出版社出版时易名为《潮汕歌谣集》)。而且,他还把歌谣写入书法,在家乡潮州和深圳等地展览,获得了广泛的好评。后来干脆由潮州仰山楼制作成"潮汕歌谣"年历印行,大受欢迎。

我们在潮州市开展的歌谣教学也获得了较好的效果,小学一册的歌谣远远满足不了儿童们学习的需求。于是,林朝虹、颜桂等老师编著了

《潮汕童谣绘本》（春季版、秋季版各三册，凡六册），由广东高等教育出版社出版后得到了不少幼儿园的青睐。潮安区的小太阳教育集团还与韩山师范学院潮州师范分院合作，申报了广东省学前教育"新课程"幼儿园科学保教示范项目——幼儿园潮汕童谣专题课程建设，获得省教育厅批准立项。而林朝虹老师担纲主持的国家社科基金教育科学类课题——重建乡土记忆的方言童谣教育研究也获得批准立项，这两个课题分别是潮安区和潮州市承担省级和国家级教学研究类科研项目零的突破。由此可知，方言歌谣的教学和研究是十分有价值的，是可以登上省级、国家级教学研究项目的大雅之堂的。

　　令我高兴的是，方言歌谣教学不但在潮州市获得很好的成绩和效果，在汕头市，也有人在坚持与推广。汕头广播电视台的黄斌老师就利用自己是电台播音员的专业特长，不遗余力地做方言歌谣的教学和推广，她的公众号文章，有些点读量达到几十万之多，得到受众热烈欢迎。而在我写这篇文章之前几天，就有汕头的两个区的幼儿园，向主管单位申报了方言歌谣特色教学的项目。

　　在国外的潮人，也在做着母语方言歌谣教学、传承的艰苦卓绝的工作。在广东技术师范大学岭南文化协作创新中心与广东广播电视台合作拍摄4K超高清纪录片《童唱岭南》时，拍摄组远涉重洋，拍摄了新马泰华人在海外坚持歌谣教学的动人事迹（此片已经获得国家广播电视总局2020年度首批优秀纪录片奖）。马来西亚著名华语电台主播张吉安几十年来坚持"乡音考古"工作（黄挺教授的讲座中播放了两个视频和音频），持之以恒，弦歌不辍。我出访马来西亚时曾经受邀去做过节目，深深地为"乡音考古"的坚忍不拔精神所感动。新加坡著名诗人和音乐家郭永秀先生，自己把歌谣谱上曲，弹着钢琴教学歌谣，也让本土的老师们大为感动。在节目组采访时，郭先生对我说，在新加坡教学和传播歌谣，缺的就是教材，他自己谱曲教唱是不得已而为之。潮州市的一位小学校长看到视频后，立即打电话给林朝虹老师，表示要送50套教材给郭永秀先生，以方便他在新加坡的教学与传承。而在泰国潮安同乡会，一直坚持周末在会馆里由陈伟林先生教学潮州话和歌谣。陈伟林先生用我的《普通话对照·新编潮州音字典》后面附录的《潮州话拼音方案》（1960年广东省教育行政部门颁布）进行拼音教学。实在太难了，他用泰文注音后再教给大家。他不畏其难、诲人不倦。我看了视频,来听课的老的老、小的小。老的是来重温母语方言和唐山家乡旧梦,小的应该是被老的带来学习的,他们希望自己的儿孙辈不忘祖宗的母语方言。陈伟林先生动情地说:"不用问为什么要学潮州话,只因为那是阿公阿嫲(爷爷奶奶)说的话。"话说得质朴无华而充满了对原乡的感情和文化认同。我在汕头大学的"泰国潮人社会社会文化"研讨会上做《泰国潮人的潮州话还能讲多久》报告时,放了这段视频,也把与会嘉宾感动得稀里哗啦的。潮州市侨联前主席杨锡铭兄是泰国通,至今保持着与泰国潮人社团领袖的联系,他给我转发来了陈伟林先生的即时短信:"我11月6—8日跟几位潮安同乡会理事到乌隆府(泰国东北的一个府)去,……我们的目的便是给泰国华裔讲课,就是潮州话培训啊。这次来上课的学生也不少,大概有120位。我给他们讲了两天,最后觉得有点累,但精神上非常满足。"当然,两天的培训内容少不了教学歌谣,因为歌谣能引起听众的兴趣。"天顶飞雁鹅,阿弟有嬷阿兄无;阿弟生团叫大伯,大伯听着无奈何。背起衫包过暹罗,去到暹罗做乜事……"陈伟林先生最喜欢教学这首歌谣,因为它总能让阿公阿嫲们回首往事、感慨万千,而儿孙们总会问,什么叫"雁鹅",什么是"猪哥","牵猪哥"干什么……

  黄挺教授的演讲强调了做歌谣田野调查时,一定要把时间、地点、人物记录清楚,才能让此后的研究者搞清楚这"流动的风景"究竟是什么时候的"风景"(风土人情)。陈平原教授则强调了怎么样才能使方言歌谣及其所承载的乡土文化走出方言本土,走向全国的问题。作为"重建乡土记忆的方言童谣教育研究"开题报告会专家组组长,陈平原教授在会议上说:"课题能获得国家立项实在不容易,希望本课题研究能在潮汕地区做出榜样,可以在原有基础上生长出潮汕童谣2.0,进一步研究处理好童谣、歌谣、民歌之间的关系,与成人,与文学对接,探究潮汕童谣或潮汕歌谣如何走出潮汕,走出广东,走向全国。"

  是的,童谣是儿时无忧无虑的欢乐,童谣是快乐成长的背景音乐;歌谣是乡土的沉甸甸的记忆,歌谣是流动的一道道风景;歌谣是纸上的美妙声音,歌谣还是凝固的动人音符。

  如何使这些美妙的声音、动人的音符走出乡土,唱响全国、唱响世界呢?

  我们在思考着。

潮州歌册：
潮州妾娘识字学文的读本

韩山师范学院的刘文菊教授给了我一本书稿——《潮汕女性口述史：潮州歌册》，请我作序。我一看，有特点，有意思，就答应了。过了两天，这本书的项目主管单位——潮汕历史文化研究中心也把这本书稿送来给我，要我写审稿意见。我也答应了：反正要读这本书，那就认真地读它一遍吧。读好书如夏夜月下品茶，更何况，一举两得，何乐而不为呢？

品读《潮汕女性口述史：潮州歌册》一书，我觉得，最大的价值在于其资料的珍贵性。本书凡 20 余万字，附有采访图片 80 余张。该书收集的口述访谈人均为潮汕地区会唱潮州歌册的民间歌手，共有 35 人，均为女性。这是国内第一部潮州歌册口述史料集，以口述史方法研究潮州歌册，用翔实的一手资料反映潮州歌册近 100 年来的发展历程。该书用民间歌册女性的真实声音，记录下潮州歌册传承与发展的百年史。在这 35 位受访者中，有的受访时年龄已经近百岁，很多都是 80 多、90 多岁了。这完全可以说是一项"抢救性"的调查研究工作。不然的话，留待"斯人已去"，则"悔之晚矣"！

第二个值得称道之处，是其调查研究方法的科学性。本书完全是按照口述史的调查研究方法严格进行的。有录音，有图片，有采访笔记，然后按录音尽量忠实地整理记录成为文字稿，资料的可靠性很强。这个项目的负责人是韩山师范学院刘文菊教授等专家学者，她（他）们都是具有较高的专业理论知识和研究水平的高校教师或专职研究人员，长期从事潮汕历史文化方面的资料搜集、田野调查和研究工作，专业上训练有素、实践经验丰富。参与这一项目调研的，还有韩山师范学院的 30 多位学生。课题组历时 5 年（2011—2015 年）调查访谈，终于得到了这一份堪称珍贵的第一手资料。

第三，我还要点赞这个项目的课题组。她（他）们是韩山师范学院刘文菊教授、陈俊华研究馆员、吴榕青副教授、李坚诚副教授等老师。刘文菊教授是女性文学和女性文化的研究者，是非潮籍女士，但她对潮汕的女性文化情有独钟，多年来对潮州歌册进行了潜心研究，甚有心得。苏东坡公《题西林壁》诗云："横看成岭侧成峰，远近高低各不同；不识庐山真面目，只缘身在此山中。"潮人自己看自己的东西，虽然觉得亲切，但难有新鲜感。非潮籍人士看看，就觉得新奇了：潮州人咋就这么厉害，怎么会有这些东西存在呢？所以，就对它感兴趣，产生了调查研究的欲望和冲动。而且，由于调查研究视角的不同，他们往往能看出一些潮人本身习以为常而没有感觉的东西。最早主持汕头大学潮汕文化中心工作的杜经国教授、文学院的隗芾教授，汕头教育学院的杨方笙院长等，都是非潮籍人士，但他们都是大家公认的潮汕历史文化研究专家，刘文菊教授也是。我希望像汕头大学一样，韩山师范学院也能有更多的非潮籍教师参与到潮学乃至岭东人文研究中来。

当然，这样一个对潮州歌册的传承人进行口述史采访录制的项目，没有潮汕本地人参加也难以做到最好。陈俊华研究馆员在汕头大学图书馆工作时，就是潮汕文献特藏室的负责人，对潮州歌册等潮汕文献的搜集、收藏、版本研究和数字化做了大量的工作，是一位具有专业理论知识又有实践工作经验的专家。在韩山师范学院图书馆工作期间，她还主持了有关潮州歌册的收藏研究的国家级图书馆项目。吴榕青老师则是长期在韩山师范学院从事潮汕历史文化研究的年轻专家，尤其是在书院史、教育史方面，建树尤多。他带学生做调查研究课题，不遗余力，指导有方，项目多次获得"挑战杯"大学生课外科技作品比赛的省级特等奖乃至国家级奖励，是位在师生中享有较高声誉的优秀教师。李坚诚副教授则是研究潮汕人文地理的，在潮汕自然地理及其人文特点的调查研究方面，也做了比较深入的研究。由这样一个团队来做潮州歌册口述历史的项目，是再合适不过的了，这也是这本书质量高的根本保障。

当然，这本书也不是好得"无可挑剔"，例如在传承人的口述录音的文字转写上，我觉得还有一些地方未能做到原汁原味，尤其是由学生"翻译"为普通话的部分。我觉得这是个难题，因为生动活泼的潮汕方言，尤其是俗语，要翻译成让非潮籍读者能看懂，又保留潮汕口语的特色很难；直接写成潮汕话吧，非潮籍读者又看不懂。在方言与普通话之间，连接的"度"难把握好。在这里，我把这个难题提出来不但是给课题组，也是提给广大的读者。高手在民间，希望能有更多的潮汕民俗文学专家一起来研究、攻克这个难题。

读了《潮汕女性口述史：潮州歌册》，连带着思考了一些问题。于是，写出来，就算是序言了。

乙未年龙舟声中于
韩山师范学院傍山居

方言也可写"诗"

近两年来,社会上突然兴起了一阵朗读热,先是民间媒体的《见字如面》,后是中央电视台的《朗读者》。此后,各省的电视台、电台、民间媒体、自媒体纷纷仿效,读诗词、读信函、读散文,甚者读小说等等都有。

而最近,竟然有读方言诗歌的。方言之于诗歌,如果说,歌词也算诗歌的话,是有不少的,粤语歌曲、闽南话歌曲就有很多,而且全国、全世界传唱的,像粤语的《万水千山总是情》、闽南话的《爱拼才会赢》等。但作为一种独立体裁的方言诗歌创作,就少多了,多数是自己写了自娱自乐的,拿来朗读的就更少了。但没曾想,"忽如一夜春风来,千树万树梨花开",趁着全国的朗读热,方言诗歌的创作和朗诵,突然也火了起来。

方言文学的创作。用方言写文学作品,如果是民间文学,如歌谣、山歌、木鱼歌、民间故事等,有很多。以潮汕方言为例,有歌册数百部、歌谣上千首。纯文学的创作,从晚清到民国,也有一些,粤语的最多,香港的报纸以前连载粤语小说的几乎每家都有,著名的如黄谷柳的《虾球传》等。潮汕话的有张美淦和钟勃(笔名为"凤祠客"和"亿")创作的《长光里》等。与小说比起来,真正意义上的诗歌真的很少见。新中国成立前夕,一帮进步文人在香港组织进步文学团体——中华全国文艺学会香港分会方言文学研究会,他们创办《方言文学》杂志,在上面创作、发表方言文学作品,研究方言文学。我手头收藏有其创刊号,是1949年5月由新民主出版社出版的。其中有原籍现汕头下蓬的诗人黄雨(他经常自署"澄海黄雨")创作的《潮州有个许亚标》(潮州话诗),

使用潮汕话词语，押潮汕话的韵脚，但还是很像潮州歌册的唱词。举该诗的第一节为例：

  潮州有个许亚标，
  早出晚归卖粉条；
  旧年娶了亚标嫂，
  持家勤俭好娇娇。

  标嫂生来如观音，
  性情温柔又好心；
  阿标惜伊如惜宝，
  夫妻感情海样深。
  ……

  近年来有一些写新诗的诗人，也试着用方言写新诗。韩山师范学院的"诗歌创作与研究中心"，培养了一个"韩山诗群"，其新诗创作与研究的领袖人物之一、著名青年文学评论家陈培浩博士春节前曾经邀请我参加他们的方言新诗朗诵活动，我被这"火"一烧，头脑发热就写了一首"番薯丝（诗）"，并自娱自乐地在自己的"方言茶话"微信公众号上念（不敢叫朗诵）了起来，感觉还挺好玩的。头一次用方言写所谓的新诗，也是头一次用我的已经不再纯正的澄海乡下话录音。从诗歌到录音，都很不专业，就是给这把"火"添一根柴火，但没想到，居然还得到了一阵热烈的点赞！兹录如下，以博一粲：

  伊，从中原行来，
  披着秦朝皎洁个明月，
  穿过汉朝巍峨个雄关，
  翻山越岭，一路坎坷。

  伊，从福建过来，

撑着五肚柴船，
扬起三桅风帆，
穿河过溪，一路颠簸。

衔着始皇个秦腔，
带着高祖个汉调，
掺杂着唐诗宋词个词语，
伴随着元曲明戏个曲伐。

雅，雅过诗经楚辞，
土，土到街市找无。

阿嬷个一句：
孥呵，你翘楚勿转来食，
惊艳南来北往个人客；
阿公个一句：
先浪面，后浪险，
教示着世世代代个囝孙。

潮汕话，伊是潮人个有声 LOGO，
潮汕话，伊是潮人个精神家园。

韩江个溪水日夜流淌，
千年个潮音世代传唱；

呾落去，呾落去，
呾到欧美暹罗新加坡；

呾落去，呾落去，
呾到莲花山崩韩水无！

《月光月疏朵》：潮人的《月光曲》

广东广播电视台拍摄的 4K 超高清纪录片《童唱岭南》，征求童谣研究的专家们的意见，想取一个文学性强一些的好听的名字。有不少专家说，就叫《月光光》吧，广府、客家方言都有名叫《月光光》的著名童谣。但有的专家提出不同意见说，潮汕话好像没有叫《月光光》的歌谣。他们征求我的意见，我想了想，说："有啊！潮语童谣叫《月光月疏朵》。"

我为什么会很快想起这首童谣来，倒不是因为我小时候就背诵过，而是几年前在韩山师范学院工作时看过韩师音乐学院的师生们的演出：古筝弹出很优美的音乐旋律，柔美的潮语歌声和曼妙的民间舞蹈相结合，潮味十足、赏心悦目。我清楚地听出这首富于潮汕特色的童谣的每一个字儿：

月光月疏朵，
照篱照壁照瓦槽；
照着眠床脚踏板，
照着蠔帐绣双鹅。

月光月烟尘，
照篱照壁照纱窗；
照着眠床脚踏板，
照着蠔帐绣双龙。

我请教音乐老师,是谁谱的曲子?他们告诉我,是著名音乐家陈玛原前辈。陈玛原先生我知道,原籍澄海,是著名的革命音乐家和草书书法家。他跟我岳父陈德桂校长(曾经当过隆都中学、东里中学、澄海中学的校长、党总支书记)是战友兼好朋友。记得我岳父家客厅里,就曾经挂有玛原先生潇洒的草书条幅墨宝。以前我只知道他移植改编过一部潮州方言歌剧《赤叶河》,也为林齐安先生的《硗仔苦》等一些潮州方言歌谣谱过曲,但没有想到,这首《月光月疏朵》的曲子这么优美,简直就是一首描写韩江两岸人家故事的动人小夜曲,他用柔美的旋律为我们勾画出一幅潮汕人家的月下美景和委婉的爱情故事。后来我查阅了一些资料,才知道这首《月光月疏朵》在20世纪60年代末,就已经登堂入室,被《中国民歌选》收录了,名字改为北方人也可以看懂的《月光歌》。

近几年来,方言歌曲热了起来,有陈玛原先生旋律优美的曲子打底,不少年轻人便把这首《月光月疏朵》改编为方言歌曲,演唱者有唐洁洁和黄堃等。唐、黄二位美女青年歌唱家都毕业于中国音乐学院,硕士研究生导师是大名鼎鼎的金铁霖教授,人靓歌甜,把这首《月光月疏朵》演绎得既有现代感又美妙动听,潮人个个都喜欢听。

其实,这首《月光月疏朵》歌谣本身的文学性、艺术性就很强,但不少人欣赏它只停留在其描写的月光如水银泻地的月夜美景上。"疏朵"一词,现在的潮汕方言口语已经不用了,孩子们也都基本不懂了,其大意是云朵有一搭没一搭的,也就是疏淡的意思。潮汕方言谚语有"八月天疏朵"(也有说"九月"的),就是秋天天高云淡的意思。圆圆的月亮在忽有忽无的云朵里穿行,月光穿越云朵间的缝隙,洒落在屋顶的瓦槽[hia$^{6-7}$ zo^5]、墙壁、篱笆和窗户上,这是多么静谧而浪漫的夜景,使我们想起李白《静夜思》的"床前明月光,疑是地上霜",又勾起我们回忆小时候躺在晒稻谷场上望着月亮哼着"月亮在白莲花般的云朵里穿行"(《听妈妈讲那过去的事情》歌词)的情景。而歌谣真正的美妙之处在于这月光的"人性化":"照着眠床脚踏板"的"脚踏板",那是旧式眠床前搁脚放鞋的地方;而那"蠓帐"(蚊帐)上立体堆金绣的"双鹅",可不是"鹅",而是双双戏水、情意绵绵的鸳鸯。再深入下去的美好场面和情景就不用再详细描写了。这种烘托氛围、点到为止的艺术表现手法,正是歌谣的委婉之妙。其实,它就是一首憧憬纯洁爱情、美好婚姻的歌谣,儿童不懂,但教他们童谣的妈妈懂,奶奶和外婆更懂!

难怪小时候我没唱过,原来它比较适合女孩子吟唱。

这首《月光月疏朵》还有一首姊妹篇《月娘月疏朵》:

月娘月疏朵,
月底有个美嫦娥;
嫦娥是大我是细,
嫦娥穿丝我穿罗。

月娘月烟尘,
月底有个嫦娥人;
嫦娥是大我是细,
嫦娥穿丝我穿绫。

这是在月光下纺纱织布的姑娘们对能把自己用绫罗绸缎打扮得漂漂亮亮的美好生活的向往。但太实际了,缺少想象的朦胧美,因此未能像《月光月疏朵》一样广泛流传。

我在马来西亚的潮人聚居区,还记录过一首"番畔版"的《月光月疏朵》:

月光月疏朵,
照海照山照暹罗;
照着暹罗我阿兄,
阿兄手布绣双鹅。

月光月烟尘，
照海照山照船篷；
照着船头我兄坐，
我兄趁有就回唐。

  这便是一首留守唐山的潮汕姿娘动人心魄的思夫谣了。也不知道是哪一位才貌双全、望穿秋水、思夫心切的潮州雅姿娘把这首《月光月疏朵》改编成为《月光下的思夫谣》寄到番畔去；也不知道有多少位"番客"看了它而"收拾包裹回唐山"。

附：

出 花 园
（潮语歌词）

林伦伦

大池塘边，老榕树下，
有我可爱的家。
牧鹅池墘，嬉戏瓜棚；
蓝天白云，油菜开花。

斗蟋蟀，捏沙螟；
趖着美蝶走到浮浮瘕；
童心童趣风时雨，
无忧无虑日子猛。

穿雅衫，背书包，
头行头跳爱去落书斋；
自由自在耍未刺，
十五十六无一下。

乡愁入梦

（道白）孥唅，你今年着出花园哇！

无预无预就爱出花园，
十五十六无一下。

绿仙草，红榴花，
洗去稚气学呾大人话；
穿红屐，系肚腰，
穿上新衫雅过画。

拜猪肠，拜猪肚，
猪肝猪心拜到孜孜下；
抱鸡翁，咬鸡头，
独占鳌头赢人生。

出花园，闯世界，
学好本领条条来当家；
感恩祖国培养我，
为国奉献我一生！

韩江之滨，凤凰山下，
有我可爱的家。
青春作伴，笑对人生；
冬去春来，四季如花。

潮剧是用哪个地方的方言来演唱的?

不少人问我:"是不是澄海话很标准?潮剧是用澄海话演唱的吗?"

我被问得一头雾水,我自己是澄海人,也写过一本《澄海方言研究》的著作(汕头大学出版社,1996),但从来也没有提到过澄海话"标准"的说法,为什么会有这种说法产生呢?

其实,这是一种误会。澄海话被误认为潮汕方言的标准,有可能跟澄海籍的方言家及其研究成果多有关。第一本韵书式同音字典《潮声十五音》(汕头图画报石印社,1913)是澄海人张世珍编著的;第一本偏旁部首字典《潮汕字典》(汕头育新书社,1935),作者陈凌千也是澄海人。这两本字典加起来的发行量,不算盗版的,都有75万册。新中国成立后发行量最大的《普通话潮汕方言常用字典》,是澄海人李新魁编著的。加上我这个澄海人编著的《新编普通话对照潮州音字典》,我们师徒俩的两本字典的发行量估计在60万左右。但李新魁老师和我的字典都用汕头话注音,不是澄海话。因为澄海话人口少,县城和周边地区有个明显的语音特点就是没有闭口韵尾[-m]/[-b],而潮剧中的唱腔和对白是有闭口韵尾的。现在的潮州、汕头、揭阳三个市区的方言点都具有闭口韵尾[-m]/[-b]。

而"潮剧是不是用澄海话来演唱的"这个问题的提出,则可能因为潮剧演员中涌现出不少澄海籍的著名演员如姚璇秋、洪妙、郑健英、郑莎等而引起的。据说中央人民广播电台国际台、广东省人民广播电台的潮语播音员中,以前也有一些是澄海籍的。但凭这个就说潮剧是用澄海音演出的,则肯定不对。因为这些澄海籍的著名潮剧演员,无论道白还是唱腔,都学习和运用了闭口韵尾韵母(潮汕话叫"合嘴")。

根据我们对《明代潮州戏文五种》的词语和韵脚的计量分析,潮剧不是简单地用某一方言点的语音来演唱的。潮剧的产生早于汕头市话的形成,所以,不可能用汕头市话来表演。潮剧中没有出现潮州府城话中最具特点的[ieng]/[ieg]、[ueng]/[ueg]等韵母,所以也不是单独用潮州府城话来表演的。倒是,明本潮音戏文的唱词和韵文的韵脚很多都是与现在的揭阳音相同的。例如:

壮节丈夫谁得知[zai¹],
愿学温乔下玉镜台[tai⁵],
神女嫦娥照见在目前[zain⁵]。
——《荔镜记》第十九出

绣厅清趣四边粉白无尘埃[ai¹],
好画挂二畔[bain⁵],
花香毛人爱,
珠帘五色彩[cai²],
锦屏在绣厅前[zain⁵]。
——《荔镜记》第二十一出

翰徽埋名假作张生[seng¹],
轻身下贱拜托红娘,
即会合崔府莺莺[eng¹],
有缘千里终结姻亲[ceng¹]。
——《荔镜记》第十九出

伞仔实恶持[koih⁸],
葵扇准葵笠[loih⁸],
赤脚好走动,
鞋仔阁下挟[goih⁸]。

裙裾榔衲起，

行路正斩截［zoih⁸］

——《苏六娘》中林婆唱的"卜算子"唱段

根据这些唱段，我们暂时做出两种推测：一是五六百年前的潮州方言的音系就是这样的，没有［oin］韵母，而有［ain］韵母，如"畔"音［bain⁵］，"前"音［zain⁵］；"持"这个词也叫作［koih⁸］，而不是现在的［kioh⁸/kiêh⁸］；第二种推测是，改编剧本的和"教戏"先生（导演）都是揭阳人，而在500多年前，与现在一样的揭阳口音已经形成。当然，这只是根据戏文材料做出来的推测，没有关于明代的编剧和导演（教戏先生）的记载，也没有明代潮州方言的其他资料可以做印证，尚不能作为定论。但可以肯定的是，潮剧基本上是以潮州府城音为主要音系来表演的，但回避了潮州音的最明显的特征音韵母——潮州府城话的［iêng］/［iêg］、［uêng］/［uêg］、［iêm］/［iêb］等韵母，换成了跟其他方言相同的［iang］/［iag］、［uang］/［uag］和［iam］/［iab］韵母。然后，还掺杂了揭阳话的一些特点。

当然，我们也可以有另外一种猜想，500年前，潮州府城话根本就没有［iêng］/［iêg］、［uêng］/［uêg］和［iêm］/［iêb］韵母。那么，问题就简单得多了。

无论如何，如果把现在潮剧唱腔的音韵特点记录下来，肯定是一个既有别于潮州府城话、澄海话、汕头市话，又有别于揭阳话、潮阳话、普宁话，文白读系统相当复杂的独立的语音系统。

潮汕话好好学
——潮汕话绕口令趣谈

高国阁呾潮汕话好恶学,
葛歌帼呾潮汕话好好学;
你呾是好恶学抑是好好学?
我哩呾好好学就不会向恶学;
若是呾惊畏恶学了就唔好好学,
你呾话就会恰拍呃平样呃呃呃。

这是我在"方言茶话"里编过的一则潮语绕口令,大家觉得好好玩,还编了抖音,跟着学的人不少。后来汕头电视台的著名潮语节目主持人许友文兄也在不少场合表演过,就有更多人学习了。在中央电视台的综艺节目上,还有两位潮汕雅姿娘团也表演过"潮汕话好恶学"和"潮汕话好好学",还教主持人小尼哥学过呢!

哈哈,说真的,这两句话的版权应该属于我!

既然大家喜欢,我们就再找几则绕口令来一起学说潮汕话。通过绕口令来强化学习潮汕话的某些语音难点,还是有一定效果的。

1. **娥娥去俄国买鹅**

娥娥去俄国买鹅,
俄国去了鹅买无;
娥娥转来了烦恼到愕愕,
愕愕了还是买无鹅。

这则绕口令的难度是辨别［ng－］（娥）与［gh－］（鹅）两个个不同的声母：前者为后鼻音声母，如"娥俄愕"；愕，此处音［ngoh⁸］（悟⁸）。后者为舌根音浊音声母，如"鹅"。

2. **彼彼去彼市买米**

彼彼去彼市买米，

波波去此市买桃；

彼彼买无米还笑到咪咪，

波波买有桃了哩訽呾买无。

这则绕口令可以帮助训练辨别［b－］声母和［bh－］声母：前者是纯粹的双唇清塞音声母，不带鼻音，如"彼波"等；后者是双唇浊塞音声母，如"买无米"三个音节的声母就都是［bh－］。"咪咪"，此处读［bhi⁶］，也是双唇浊声母，意思是笑眯眯的样子。

3. **生漆捎熟漆**

生漆捎熟漆，

熟漆捎油油捎漆，

舀来放在大蚶壳，

囥在庵巷庵内庵龛角。

这则绕口令是训练发带有塞音［－g］韵尾的入声字和闭口韵尾［－m］字用的。"漆熟壳角"四个入声字读［－g］韵尾，"蚶庵龛"读［－m］韵尾。"捎"，此处读［ciao¹］（俏¹），是把两种或两种以上的东西搅均匀的意思。

4. **面圆圆个阿姨个名叫作黄圆姨**

面圆圆个阿姨个名叫作黄圆姨，

目圆圆个阿姨个名叫作黄燕姨；

黄圆姨个面圆圆，

黄燕姨双目圆圆；

面圆圆个黄圆姨好食鱼圆，

目圆圆个黄燕姨好食肉圆；

黄圆姨是黄圆姨，

黄燕姨是黄燕姨；

我哩分不清底一个是黄圆姨，

底一个是黄燕姨。

这则的难度最大，是分清鼻化音韵母［-in］和非鼻化音韵母［-i］："圆燕"要读鼻化韵母；"姨"的韵母是元音韵母［-i］。一个鼻化、一个不鼻化的音节相邻，很容易发生同化作用而念混了。另外，"圆"和"燕"的声母、韵母都相同，是鼻化韵母［in］，但声调不同："圆"字单字本调为阳平（第5调），调值55的高平调；"燕"为阴去（第3调），调值213，是先降后升的曲折调型。

5. 东门东公种冬瓜

东门东公种冬瓜，

西门西嬷种西瓜；

人呾东门东公种个冬瓜大，

唔如西门西嬷种个西瓜愈更大。

这一则的难度相对较低，难点在"西门""西嬷"的"西"读［sai¹］（狮），"西瓜"的"西"读［si¹］（丝），要注意不被前者同化而误读。

6. 狗囝跋落沟囝

狗囝跋落沟囝，

猴仔擎钩仔去沟仔钩狗仔；

狗囝咬猴囝擎个钩囝，

猴囝个钩囝嘎落落沟囝；

猴囝生叫爱咬狗囝，

狗囝惊到跳出沟囝。

这一则的难点是要辨别声调"猴""狗""钩""沟"都读［gao¹］（高），但声调不同："猴"是第5调阳平声，连读变调后接近第7调阳去；"狗"是第2调阴上，降调，汕头音连读变调后音近第6调，变成升调了；潮州、澄海则只是略降调，不升调。"钩""沟"都是阴平调，没有发生连读变调。嘎落，掉下来，潮音［ga¹ laoh⁸］。

俗中有雅方言谜

春节将近,各地猜谜射虎的鼓点又"咚咚咚"地敲起来了,尤其是我的家乡澄海更为闹热,几乎村村有谜棚,人人能射虎。1999年,澄海就被广东省文化厅命名为广东省民间灯谜艺术之乡;2000年,又被文化部命名为中国民间灯谜艺术之乡,那可不是浪得虚名。

我这个长在谜乡的澄海小子,打小就喜欢谜语,尤其是方言谜语。但小时候没有想过:为什么会喜欢谜语?直到年近花甲,澄海谜家、韩师的校友王绵生老师要出版《潮汕风物谜》(黄河出版社,2014)找我写序,我才认真思考了一下。

我认为,制谜、猜谜有三大好处。

一是有益于培养开卷读书的兴趣。要猜谜、猜好谜,你就不得不去读书。我是生在"反右"之年、长在"文化大革命"之时的无书可读年代之人,所幸读高小和中学的时候,是在有着冠山书院和文曲星庙的冠山乡度过的。那个时候,冠山乡每年春节期间都有猜谜语的民间娱乐活动,而且谜棚就搭在我家住的冠山学校大门前的球场上。大概由于无书可读,更无作业要做,精力过剩的缘故,我和我的小伙伴张伟强等喜欢在谜棚前跟着大人们凑热闹。我喜欢听猜谜者对谜语的解释,那猜中谜语的咚咚咚三声鼓声,无比悦耳。偶有字词之谜,我们也跟着起哄猜射,居然也偶有猜对的。奖品虽薄:无非一盒火柴、两颗糖果,或者一支香烟而已,但对于激发我的读书欲望的精神力量,却是巨大的。我对能猜出"《道德经》一句""《唐诗三百首》一句""《千家诗》一句""《千字文》一句""《红楼梦》诗词一句"等的射虎高手真是佩服得五体投地。大家须知,那个年代,这种书我见都没见过,就甭说读了。而射虎英雄们居然个个饱读诗书、满腹经纶。如果用现在时兴的话讲，他们就是我当时的偶像，我就是他们的铁粉了。为了能多猜中一些谜语，我也开始从家中有藏书的同学那里借来旧书阅读。最入迷的是《水浒传》，把一百零八将的姓名、绰号（谜语叫"泊号"），甚至连其使用的武器都能倒背如流。1978年参加高考，我语文科还考得不错，侥幸考上了中山大学中文系。我想，这竟是为猜谜而读书得到的意外收获，真的是开卷有益。而这种歪打正着的收获，改变了我和我家庭的命运！

二是有利于智商的开发。猜谜是一种"技术含量"颇高的活儿。您首先要懂得"谜格"等谜语制作和猜射的基础知识，其次必须有"脑筋急转弯"的急智，还得有各种知识横竖交错、互相联系的综合运用能力，尤其是那些运用潮语谐音、汉语同音字等方法制作出来的谜语，要猜中真的不容易。用潮汕话说，就是必须有"斜窍"才行。我至今还记得，有一则谜语的制作水平是"相当的"高，其谜面就一个"漏"字，猜气象名词二、水利名词一、字一。尽管拆字谜是我的拿手把戏，但一个晚上就是猜不出来，急得我在谜棚前直挠腮。最后还是被一位外乡来的"过江龙"高手大叔猜中。其谜底是：下雨、多云，排水，层字。我真是佩服得恨不得立马就拜他为师，从此也记住了这则佳谜，至今不忘。

三是有利于身心健康。制谜和猜谜是一个"挖空心思"的过程，也是一个愉悦身心的过程。制作出一则佳谜，跟写出一首好诗、一篇好文章的愉快心情是一样的；而在人头攒动的谜棚前、在咚咚咚响的鼓声中猜中谜语、让小伙伴们都惊呆了时候的心情，就更是美妙、快乐无比了。所以，我想，制谜猜谜的人是天底下最快乐的人，因而也是最健康、最幸福的人。

少年时代，最能给我带来快乐的是那些方言谜语。每当进入深夜，谜棚上剩下来的基本上都是难度比较大的谜语，开始慢慢冷场起来。每到这个时候，掌鼓师父自有高招来调动大家的积极性，把气氛再次撺热起来。其惯用办法之一就是来上几则方言谜语，有时候还是带点乡下人的狡黠和略带黄色那种的，把大家逗得跺脚捧腹，哈哈直乐。我至今还记得其中的几则，例如"老猪母相咬"，猜潮州俗语一（谜底是"食支嘴"）；"政策保护和尚"，猜潮州俗语一（谜底是"留在奉佛"）等等。

略带黄色的方言谜语，最受欢迎，因为会引发大家的某种想象，刺激荷尔蒙分泌。如谜底为牙刷的谜面竟然是："支物四寸长，一头生毛一头光……"谜语作者故作神秘，具象、感性描写刷牙的过程，把猜谜者的思路引入歧途。后来我主编《潮汕俗文化丛书》中的《潮汕方言谜语》（广东高等教育出版社，1997）一书，发现这则谜语原来早已被杨小绿的《潮州俗谜》（香港潮书公司出版，1930，丘玉麟作序）收录了。

就是因为编著《潮汕方言谜语》一书，我还拜读了岭东凤城谢会心先生的《评注灯虎辨类》（1929）一书，知道潮汕一带制谜、猜谜风气之盛、水平之高是传承有序的。

几年前，潮安谜家林里炯先生出版谜集《麻省谜萃》（潮州市老干部大学，2016），我为他题词相贺：

> 正窍倒窍横窍，窍窍相通；
> 老年青年少年，年年欢笑。

这大致道出谜语雅俗共赏的特色也！

2013年冬初稿
2018年冬二稿

对以传艺,联以载道

潮州文化研究中心黄俊明主任把一叠厚厚的《潮州历代对联选集》书稿送给我看,邀我写序。俊明兄"为了更好地保护和传承潮州文化"(俊明兄给我的信中语)而深入市肆乡间、名刹荒寺,广收并蓄,日积月累,得联语1000余对,集腋成裘,编纂成册,殊为难得。把潮汕文化研究作为饭碗的我,为他的卓有成绩的工作做点推介的文字,是义不容辞的。

对联之于潮州人,没有哪一个人是不熟悉的。每当一年冬去春来、"爆竹声中一岁除"的时候,潮州不论城里还是城外,店铺还是农家,朱门还是柴扉,"总把新桃换旧符"。

在城里的大街上,在乡间的老榕树下,有不少春联、书法俱佳的"秀才"们在现场为群众书写对联。他们可以根据求联者的要求临时撰出联语,求联者满意了再当场笔走龙蛇。用现在的话说,就是"现场作秀"。一个个的春联摊位、一群群的围观百姓、一排排的挂在屋檐下或者榕树下的红底黑字或者金字的春联、一行行的络绎不绝的求联者、一片片的笑语掌声,活脱脱一幅潮州城乡"开春"时节春意盎然的民俗文化风景。

我就是在这种浓郁的民俗文化氛围的熏陶下喜欢上对联的。小时候就喜欢跑到家乡的老榕树下去看"秀才"们"挥春"(珠江三角洲粤语谓当场书写春联),他们构思春联的文思敏捷和书法艺术的洒脱自如在我幼小的心灵中留下了深深的记忆,由此而播下了喜欢这种"逢场作戏"、俗中有雅的民俗文化的种子。高中毕业后在乡下代课,后来下乡到雷州半岛,甚至到汕头大学工作以后,我都坚持为亲友和群众编撰和书写春联。虽然书法尚未入门,但联语充满春天的气息。得者乐呵呵,我也美滋滋。彼此高兴,现在叫"双赢"。何乐而不为呢?

但真正对春联之外的楹联艺术有所接触,那还是在1982年春节前后的事。那是我在中山大学中文系毕业的前夕,同窗好友黄荣章兄居然在大学期间就披阅文献、沙里淘金,"从古代楹联丛书、笔记小说和近年的报纸杂志中,择录、改写了二百六十多则有趣的对联故事,成《古今楹联拾趣》",得到了中山大学著名的古文字学家商承祚老先生的青睐,为其题签作序,赞誉有加。荣章兄的书稿,我是第一个拜读的。也因为此,我对楹联的产生发展、艺术特色和文化价值才有了一定的了解。由此也更加深了我对楹联艺术的热爱。1997年我主编《潮汕俗文化丛书》第二辑的时候,就收进了林晓峰先生的《潮汕寺庙楹联评注》。现在阅读俊明兄的这本《潮州历代对联选集》,感到这是一本对潮汕楹联文化有所贡献的好书。

道其好,原因有三:

一是《潮州历代对联选集》编选题材比较广泛。无论是府城高门大院的对联,还是宝刹名寺、家族宗祠的楹联,见者必收。

二是资料性强,每对对联的出处都清清楚楚,方便读者查找和进一步了解。一些对联是由他人推荐的,俊明兄也注得明明白白,不掠他人之美。

三是选集中的对联,大多思想性和艺术性比较强。这方面,我想多说几句,希望对读者阅读本书有所帮助。

第一,选集中有不少对联反映了热爱祖国、崇拜英雄、歌颂正义的思想观念。例如古巷镇福庆庙联云:

忠心义胆,为国为民传正气;

光明磊落,大能大德享春秋。

再如龙湖书院联:

天地启斯文,不是一封书安得先生至此;

人心归正道,只需八个月至今百世师之。

第二，反映了潮人朴素的世界观。例如潮州八景之一"凤凰时雨"鲁公祠下层八仙之吕仙联云：

一片婆心，要提醒世人莫争虫蚁是非酿成恶渚；

三更剑气，偶遂游海上来看鱼龙变化飞过仙桥。

世事变化莫测，人有旦夕祸福，名利皆为身外之物，何必苦苦相争？和谐相处、中庸之道是中国传统文化，也是潮人文化的一大特色，此联因睹景物而生感慨，可谓有感而发。又如彩塘镇华美后溪大夫第联：

传家有道惟忠厚，

处世无奇但率真。

说的是忠厚传家、率真处世的治家格言。再如潮州古巷镇枫洋元宁庙联云：

艰苦一生，当留芳名传百世；

经营半世，怎得珠宝带阴间？

人生在世，当多做好事而让后代传播美名，而不应为聚敛浮财而不择手段。因为钱财是身外之物，生不带来，死不带去。

第三，反映了潮人移民的来源和过程，具有史料意义。例如文祠镇江厝源岷堂联：

宗承岷山，

派衍闽省。

再如文祠镇陈厝村祠堂联：

莆田家声远，

颍川世泽长。

古巷镇枫洋苏氏家庙联：

派接眉山来，

支居鹤陇长。

第四，描写山水形胜的写景联艺术性颇高，足堪鉴赏。例如饶平县白雀寺大门联：

白云飞去，长留秋月连天净；

雀鸟归来，偶带莲花一洞香。

联首因藏"白雀"二字而情趣高洁。再如饶平观海寺联：

> 千江有水千江月，
>
> 万里无云万里天。

想象力丰富，意境开阔。

第五，缅怀、纪念前贤、英雄的对联叙事书怀、意境高雅。例如丘逢甲撰金山顶马公坟联：

> 凭栏看韩夫子祠，如此江山，端让前贤留姓氏；
>
> 把酒吊马将军墓，奈何天地，竟将残局付英雄。

丘逢甲既是爱国志士，也是著名诗人。临江凭栏，追慕文豪、英雄，能不泪湿青衫？

第六，佛寺道观联中多宣传佛家和道家思想，规人劝世。例如饶平普陀岩右侧门联云：

> 净地何须扫，
>
> 空门不用关。

再如饶平县三饶城隍庙联：

> 任生前是是非非，贤奸莫测；
>
> 到这里明明白白，善恶难逃。

当然，集子中也有不少价值不高的对子：一是重复或者近似的很多。例如："××家声远，××世泽长"几乎成了姓氏祠堂、家庙的对联范式。佛寺中的对联也有不少互相传抄的。二是一些对子的思想内容宣扬的还是封建礼教的思想，确实格调不高。一些对联为祖宗歌功颂德、炫耀做官封爵历史而又毫无艺术性可言。我想，这些对子的收集，作者只是为了保持资料的完整性罢了。

总之，我认为《潮州历代对联选集》是一本值得一读的好书：既有资料性，又有可读性。对于楹联爱好者来说，就更是可供赏玩和参考的珍贵书籍了。

2008 年秋

乡愁入梦

奄奄一息的潮语方言小说

方言小说，是指用汉语方言来写作的小说，就像用方言讲故事一样。我曾经看过纪念粤语讲古大师张悦楷先生的电视节目，看到楷叔的粤语讲古其实是对名著做了很认真严谨的二次创作，其手稿都是用粤语写出来的。如果把这批珍贵的手稿整理出版，那就是粤语版的《三国演义》《水浒传》《西游记》。粤语文学的创作比潮语要繁荣得多，以前香港各大报纸和广州的《羊城晚报》《广州日报》的副刊里，都有粤语文学作品刊登。香港凤凰卫视著名潮籍主持人郭一鸣先生曾告诉我，《信报》的曹仁超先生是香港著名的粤语作家。郭先生自己也为报纸写过粤语专栏。我的一位美国朋友，曾经在汕头大学英语教学部当过教师和主任的唐·斯诺博士，就以研究香港报刊里的粤语文学作品为论文题目而获得了文学博士学位。

潮语的方言文学创作，民国时期也有一些，有三部著作经常被民间文学研究者提起。

第一部是《长光里》，原是张美淦和钟勃轮流为报纸的专栏撰写的连载方言小说，从1932年6—10月在当时潮安《大光报》上连续发表，1933年结集出版，2002年香港榕文出版社再版，2003年广东金山中学潮州校友会出版有注释本（卢修圣、刘翔育注释）印行。这部小说的叙述语言和人物语言都大量应用方言，就连人物的名称都方言味十足，如"腰龟叔公""大舌姆""塞屎婆""炉底炭店财主""大脚冯""翘嘴陆""金目仙""曲手伯""独目盛""缺嘴三爷"等，完完全全是一部潮语方言小说。

《长光里》的作者张美淦和钟勃署名分别为"凤祠客"和"亿"，他们都是当时潮安县的进步青年，受五四运动以来乡土文学运动影响，用方言创作小说。汕头大学图书馆的宋钢老师曾经写过一篇《小说〈长光里〉的方言特色浅探》（《汕头大学学报》2004第4期）的论文，分析了这部小说运用方言进行小说创作的艺术特点。我在汕头大学任教时，也指导过中文系学生钟昕（钟勃家的后代）撰写过关于《长光里》研究的本科毕业论文。

第二部是《龙塘四武士 No.1》，是《长光里》的作者之一钟勃的独立作品，以他自己在揭西县钱坑乡的亲身经历作为故事主线的写实小说。小说讲的是20世纪40年代钱坑发生宗族械斗，经过作者亲身调解后化干戈为玉帛，并捐献财产办学兴教，以及后来组建杀敌队抗日的英勇故事。小说初版于1946年，丘玉麟在《序》中谓："这是半方言小说，对话直用方言，叙事则插方言成语。"

第三部是薛汕的《和尚舍》，香港潮州图书公司1949年初版，列入"潮州文艺丛书"，书前有作者《自序》。小说通过描写和尚舍一家的不幸遭遇，反映了抗战期间下层人民的悲惨生活。小说基本上采用潮汕方言作为叙说和对话的语言，是民俗文学作家和研究者都承认的方言小说。汕头大学文学院研究生吴宇翔曾经撰写《闽方言短语"亲像"的词义研究——以潮汕方言小说〈和尚舍〉为例》（《语文月刊》2010年第11期），虽然是个别词义的研究，但所举例子可见方言成分多之一斑。

关于这三部小说的语言属性，著名民俗学者和民间文学研究专家郭马风先生曾经在其《钟勃的两部潮州方言小说》一文中做出这样的判断：《长光里》《龙塘四武士 No.1》和《和尚舍》"三部方言小说中，薛汕的《和尚舍》叙事对话几乎都用方言，可说是彻头彻尾的方言小说。《长光里》和《龙塘》叙事对话通用语与方言词参半，还时常文白交替，但语言要素是方言，因此应算是方言小说。"[1]

好像，大家说来说去，能被公认为方言小说的，潮汕也就这么几部（挂一漏万之虞可能有，但也不可能多）。也就是说，以方言撰写小说的传统，基本上是断层的。原因是方言的书面语功能的退化乃至彻底消失。

---

[1] 参阅《汕头日报》1999年3月9日潮风版。

现在的青少年，用潮汕话说生活用语还行，问题不算大，但用潮汕话发表讲话、阅读文章则有困难，结结巴巴的，就更不用说用潮汕话写小说了。就是有人把小说写出来，又有多少人能看懂呢？正像陈平原教授所指出的："最近为'潮州民间文学丛书'撰写总序，杨睿聪的《潮州俗谜》《潮州的习俗》和沈敏的《潮安年节习俗谈》阅读起来没问题，丘玉麟的《潮州歌谣》已经有些陌生了，到了方言小说《长光里》（张美淦、钟勃），更是不得不借助注释。才不到百年时间，方言已经出现如此变异，下一代能否读懂并接纳方言作品，是个严峻的挑战。而没有文学滋养及学问熏陶的方言，会变得日益粗糙，且苍白无力。在这个意义上，不仅是方言学家，一般读书人也都有责任关注方言在当代中国的命运。"（《南方都市报》2019年3月20日）

不幸中的万幸，就是总有一些对方言写作有癖好（说好听点叫"情有所钟"）的人，纵然是没有人读他们也要写。澄海有个林永锐先生，就在十年前出版了一本自标为"潮州话小说"的《作田人琐事》（中国文联出版社，2009），这本小说的叙事和对话，几乎全是潮汕话，而且用字也中规中矩，比上面介绍的三本，有过之而无不及。他在书的封面上宣称："我决定对纸'说'——拿起笔来写，来一场家乡话总复习……"举第一章"补破衫"头几句为例：

> 虼蚤婶见伊大走仔个衫裾破了，叫伊褪落来补。
> 大妹呾："正一个空仔定，不畏呸（muin³ no¹¹，不要紧）。"
> 伊娘（ai⁵，母亲）呾："破衫俗破网平样：空仔唔补，大空叫苦。褪落来，猛仄（一下的合音：zê⁷），我只回有闲。"

我现在跟大家介绍这几本方言小说，心里是十分矛盾的：当我读着这些自己母语方言的小说，总觉得字里行间透着一种亲切，形容词、俗语的形容描摹和动词对具体动作的表达的准确到位，歇后语的幽默、谚语和格言的智慧，都会字字直抵心坎儿，是读普通话小说所难以达到的效果。正像丘玉麟先生在《龙塘四武士 No.1》序言中说的："地方性的小说，对话用国语，则不如用方言为妙肖。各国小说家虽用国语写作，而对话总要搀入各种人物的方言，或尽可能地采用人物的本土方言，以绘画各个人物的地方性口吻。"

然而，今天的青少年，甚至是青壮年，阅读方言作品的能力已经基本废了，你还能要求他们去阅读甚至撰写方言小说吗？

所以，我并不主张青少年在当下都来学习写方言小说，但我又总是"贼心不死"，希望能有个别有志于此的青少年出现，就像林永锐先生一样，坚持学习方言并用方言写作，让这种母语方言的文脉能够继续传承下去，即使只是"不绝如缕""命悬一线"也好。

足可欣慰的是，国家层面有了《关于实施中华优秀传统文化传承发展工程的意见》，而潮州市也正在具体落实这个文件精神，筹划出版印行《潮州民间文学丛书》。我巴望着，这些从上到下的政策和举措，能够救活奄奄一息的方言小说及其他的方言文学作品，能够激发青少年热爱方言、喜欢方言文学写作，创作出更多更好的方言文学作品来。

2019 年春

乡愁入梦

地方题材文学作品里的方言词语运用

上文我们谈了方言小说，说的是那些从叙事、描写到人物对白的语言，方言占绝大部分的作品。但还有另一类文学作品，写的是地方题材，某个地区的风物情景、有着方言区文化性格的特色人物，适当使用方言词语来描写这些风物、塑造这些特别的人物性格，我想是完全可以的，有时甚至是必要的。"方言小说"与"小说中的方言"的界限，有时只是使用方言词语的数量的差别，而这种数量的差别就成了划分彼此类型的性质之别。民俗学者郭马风先生在《钟勃的两部潮州方言小说》中说过："民国初年正式出版的传抄本长篇小说《三春梦》（撰人不详），以至解放后一些描写地方题材的小说，如王杏元的《绿竹村风云》等，叙事对话都是通用语，对方言词只是有选择地少量运用。因此，不能称方言小说。"[1]

沿着郭马风先生的指引，我们查阅了四川文艺出版社1996年出版的"中国古典小说精粹"丛书中的《三春梦》（作者佚名，整理者：廖生、金娅丽），果真如郭马风先生所言，是以半文言的书面语演义"刘进忠反潮州"（反清复明）故事，川版此书的"内容提要"都说"此书情节动人、语言清新流畅……"可见方言成分实在不多。而《绿竹村风云》就不同了，我在中山大学中文系读书时（1978年10月—1982年7月）时就喜欢上了它（那时读的是广东人民出版社1965年出版的版本，此书分别于1978年由广东人民出版社初版、2019年由花城出版社再版）。因为题材写的是饶平的故事，不但风物情景熟悉，母语方言的人物对话如

---

[1] 参阅《汕头日报》1999年3月9日潮风版。

与读者交心，读之经常发出会心的微笑，因而印象特别深。莫名地，还喜欢上了阿狮的"入党申请书"，读一遍就背诵下来了，至今不忘：

> 余一向慕党，功高德厚，治国有方，爱民如子，威震天下矣。……

关于《绿竹村风云》的评论文章，写得好的，过去有杨嘉发表于《学术研究》1966 年第 1 期的《生活的艺术结晶——评〈绿竹村风云〉第一卷》，最近的有郑明标发表于《潮商·潮学》2018 年第 7 期的《论王杏元长篇小说〈绿竹村风云〉》，有兴趣的读者可以在网络上查阅，我这里就不再饶舌了。

其实，潮籍作家的文学作品如果是涉及家乡题材的，或多或少、有意无意地都会使用方言词语。我觉得只要运用得当，是有助于特殊情景风物的描写和人物形象的塑造的。语言是思维的工具，也是表达思想的工具。母语方言的这种潜意识的影响，是根深蒂固、一辈子也难以磨灭的。正如德国大文豪歌德在他的《自传》中所说的那样："我生出来是讲德国的方言……纵然我的父亲不断致力求语言的纯净，不过，我仍然保留着许多根深蒂固的特色。因为它的朴素自然，我倒喜欢它，欣然地把它特别说出来。"① 就连以美文著称的潮籍散文大家秦牧先生写起小说来，也出现了不少潮汕方言词语。我曾经拜读过他的中篇小说《黄金海岸》，就从其中发现了不少潮汕方言词语。如"数簿、乞食、枭心、拖磨、外家、条数、钱银、枭横、伙头、烧衣（ui¹，医）、狗窦、倒欠、（番）批、一世人、数念、过身……"还有不少成语和俗谚，如"一丈高九尺没用、交官结府、三面六目、血流血滴、龟勿笑鳖无毛、老实没中用、做盐不咸，做醋不酸"等等。

海外的潮籍华人作家，也脱不了这种母语方言的血脉渗透，在其作品中掺杂了很多方言词语成分。我曾经详阅泰国华文作家们的散文、小说、诗歌合集《轻风吹在湄江上》（下称《湄江》），也发现其中的潮汕

---

① 转引自徐中玉《写作与语言》第 50 页，上海教育出版社 1984 年版。

方言词语俯拾皆是,即使写的已经是泰国的故事了,下笔之时,也经常忘不了自己的母语方言。①

秦牧先生曾经说过:"一个作者要使作品具有地方特色,适当穿插若干别地方人们可以看懂的方言是需要的事。"② 小说是这样,散文何尝不是这样。我很喜欢两位潮州名家的散文:一位是著名画家林墉先生,一位是剧作家、散文家李英群先生。

林墉先生当然以绘画艺术作品驰名海内外,但拜读他给别人写的画评或展览序言,言语风格很独特,东一句西一句的散发式思维(中间可能是书画艺术中的"留白"),却都是其艺术见解的哲学阐释,惜笔如金,但幽默而智慧。跪服了!大概20年前第一次拜读他的散文集《红眠床·红木屐》,有惊艳的感觉。书里写到潮州故事,不经意间,常有方言词语跳入眼帘。那感觉就像你正在与朋友喝工夫茶聊天时,又来了一位平时"有食饭"的老茶脚,亲切感油然而生。因为喜欢,后来凡林墉先生的文学作品出版发行,我都买来拜读和收藏。

李英群老师则擅长写潮州风物人事,他的行文自然流畅,绝不堆砌各种各样的漂亮的形容词,反而经常使用方言词语,于不经意间为我们再现了一个十分温馨的、再熟悉不过的生活场景或者一线熟视无睹的美丽风景。他最拿手的是往往能运用母语方言的只言片语就使笔下的独具个性的人物形象跃然纸上。我是来韩山师范学院工作了几年之后,注意到《潮州日报》有其散文专栏,读之成瘾而后每期必读。而后再经锡铭兄、卫群妹引见而拜识之,他的好几种散文作品集也就成了我书柜里的藏书了。我还写了《邻居大哥的智慧和率真》(《潮州日报》2017年9月19日)和《细赞潮州人事,笑谈世俗众生》(《潮州日报》2018年10月14日)两篇读后感请他指教。读者有兴趣的话,可找来一读。

2019年春

---

① 参阅林伦伦《从〈轻风吹在湄江上〉看泰华文学作品的方言特色》,载《世界潮人作家研究论文集》,暨南大学出版社1993年版。

② 引自《语林采英·珍贵的民族共同语》第111页,花城出版社1983年版。

写小说，你敢使用方言俗语吗？

写小说，你敢使用方言俗语吗？

这个问题，对于北方官话方言区作者来说，几乎是伪命题。因为谁都知道，方言承载着不同的地域文化，是构成特色文学风格的重要因素。小说中恰到好处地引入方言要素，有助于塑造更鲜活的人物形象、展现浓厚的地域文化等。鲁迅先生在《门外文谈》中就说过："方言土语里很有些意味深长的话，我们那里叫'炼话'，用起来是很有意思的，恰如文言的用古典，听者也觉得趣味津津。""这于文学是很有益处的，它可以做得比仅用泛泛的话头文章更有意思。"

几乎所有的北方官话区的作家的具有影响力的小说，都熟练地运用了方言俗语，从赵树理的《李有才板话》、丁玲的《太阳照在桑乾河上》到周立波的《暴风骤雨》，前两者的西北话和后者的东北话，小说里俯拾皆是。莫言和贾平凹也是运用方言土语的高手。贾平凹被称为是"中国乡土叙事写作实绩最为突出的作家"，在文学语言上，他对于方言土语尤其具有敏锐的感受能力和娴熟的运用能力。他擅长通过对方言词汇的"挖掘调度，刮垢磨光"，将之提炼成为小说的文学语言，上升到审美层次。与此同时，他对方言土语的使用不仅融入了个体的审美情感与生命体验，更折射出时代漩涡中他的创作观念和乡土立场的变化，方言书写由此成为他乡土想象中不可缺少的要素。

但对于南方方言区作者来说，"你敢使用方言俗语吗"就真的是成了问题了。上面我们举例的都是北方官话区作者的作品。他们的方言词语属于北方官话，绝大部分的北方人都能看得懂。而我们南方人就不一样了，我们如果在小说里运用太多"原生态"的方言土语，估计北方读者都很难看懂。我们看看潮语小说《长光里》的一个片段，估计北方读者对里面的潮州话俗语是"一头雾水"：

"今晚大家都在称赞台上的全武行，老丁旧技暗里在痒痒的，忍耐不住，大叫一声，放下鼻梁上的'仙街头目镜'，要求主人腰龟叔公，在里公所前面的'明朝灰埕'四周，点几盏'公益灯'，他不慌不忙拔出一枝'凤阳厚刀'，'匀才匀才'打出七十二路刀法，然后拖支'营盘家伙'，'落埕打四面'，最末又徒手演他的老步'白马翻肚'。"

很显然，在语言运用上，南方作者是吃了亏的。用普通话写作吧，我们又过不了语言关。其实，我们学习的都是书面化的"普通话"。写起小说来，人物对话根本就不像是口语，不伦不类。像莫言、贾平凹那样的山东话、西北话（都属于官话方言）都被广泛接受了。而我们粤语、潮汕话和客家话就不行了。

普通话不地道，运用起来不熟练；南方方言外地读者又读不懂，那怎么办呢？

我认为，不能因为难就放弃对方言俗语的运用。南方作者在小说创作中运用方言俗语，也有成功的例子。陈平原教授在《六看家乡潮汕》一文中，就举了两部获奖小说作为例子：一部是金宇澄的《繁花》（上海文艺出版社，2012），获得第九届茅盾文学奖（2015）。陈平原教授谓其："引起很大轰动，除了市井、日常、网络等，更重要的是方言的改造与使用。"有评论家认为，作者"沪语思维下的创作给整本小说添上了浓浓的上海风味，并在语言方面也克服了南方作家面对普通话的叙事困难，实现了对北方语言的垄断地位的突围，使南方语言得以从书写边缘地带向中心靠拢"。另一部是黄碧云的《烈佬传》（香港天地出版社，2012），获得香港浸会大学主办的"世界华文长篇小说奖"，讲述了20世纪50年代，一个自11岁就开始吸毒与赌博、经半个世纪努力后才成功戒毒、重新做人的故事，人物对话多使用香港粤语。

潮汕的文学评论家郑明标评论王杏元小说《绿竹村风云》的成功原

因之一就是其对方言俗语的运用。无独有偶，青年评论家陈培浩博士在解构"新世纪潮汕小说的'澄海现象'"、分析小说家厚圃的创作特点时也指出："厚圃极擅人物的形象刻画和心理描写，以叙事错位推动小说的情节发展，将口语化的'潮汕方言'融入书面化的小说表达也是厚圃的重要特色。"[1]

当然，要注意的是，我们在运用南方的方言土语时，要尽量做到让外地读者看得懂。秦牧先生在总结创作经验时就说过："一个作者要使作品具有地方特色，适当穿插若干别地方人们可以看懂的方言是需要的事。""既要有选择地采用若干望文可以知义、别地方的人们也可以看得懂的方言土语，写进作品里面去"，但也"要避免胡乱使用艰僻的方言土语"[2]。

综上所述，作为小说作者，很有必要，也尽可以大胆地在小说创作中运用形象生动的方言俗语来描写地方风物和人情世事，塑造具有地方特色的人物形象。要掌握的是，把握"度"的技巧和艺术，做到"恰到好处"。过头了就变成方言小说，成了民间文学、地方读物了，阅读对象、发行范围都会受到限制。

2019 年春

---

[1] 引自陈培浩《岭东的叙事与抒情》，中国社会科学出版社 2018 年版。
[2] 引自秦牧《语林采英·珍贵的民族共同语》。

金胡蝇斗长脚蠓
——潮汕民间故事趣谈

小时候在乡间闲间里经常听段子,有一些段子至今不忘。

上大学时读了《文学概论》《民间文学概论》和《修辞学发凡》等之后,才懂得这些段子有的还是很有水平的,不但"笑果"好,其文学艺术水平和修辞技巧也是可圈可点(赞)的,充满了群众的智慧和幽默感。

诸位父老乡亲,请听我慢慢道来。

故事一:

一只金胡蝇(头和翅膀金色的苍蝇)和一只长脚蠓[长腿的蚊子;蠓,潮音 $mang^2$(莽)]谁也不服谁,互相攀比厉害,谁也不认怂。

金胡蝇骄傲地抬起头来,振振金色的翅膀,骄傲地说:"我头金翼金,皇帝斟酒我先啉。"(翼,潮音 sig^8,翅膀)

长脚蠓听了,翘了翘长腿,一副鄙视的样子:这有什么了不起的?不就上了皇帝的酒桌嘛。听我的:"我脚长手长,敢上皇帝个眠床。"

天啊,皇帝的床你都敢上,那不是与皇后同眠了嘛。这下子金胡蝇不得不向这位"长腿欧巴"认输了。

都说潮人实干而少想象力和创新意识,而像这样的民间段子,想象力也够丰富的了,亏他们想得出来。而且各自的那两句话,还是押韵的。第一句押[-im]韵,"金"读 $[gim^1]$,"啉"读 $[lim^1]$ 或 $[nim^1]$。

故事二：

以前有一个不学好的富家子弟，虽然已经成家了，但还是终日游手好闲，嗜酒如命，常耍酒疯，打架斗殴，给家里添了很多麻烦，弄得父母脸面丢尽。有一次，又醉酒滋事，把人打成重伤。其父一时气不过来，叫长工把儿子"粽球缚"（四肢反过来困在背后）后沉入后院的大酒缸里，盖上一个大盖。还特别叮嘱，不让儿媳妇去看他。心里想，淹死了也就算了，落得今后清净。

儿媳妇哭着熬过了一夜，公鸡刚打鸣，她就拿把扫帚假装上后院扫地，想看看丈夫究竟怎么样了。再怎么说，也是自己的丈夫啊！她一边走，一边啼啼哭哭地吟诗道：

手持扫帚上厅来，
想起我翁泪悲哀；
前生前世为酒死，
死后将酒埋尸骸。

刚刚念完，想揭开盖子看看丈夫是死是活，谁知酒缸里传来了丈夫嘶哑的声音：

贤妻不必泪悲哀，
汝翁如今人还在；
昨夜淹平头毛尾，
眠早淹平屎肚脐。

好一个"头毛尾"和"屎肚脐"！这首口语体的方言诗，形象生动，把一个酒鬼的酒量之大（一夜喝掉了半缸酒），用极其夸张的修辞手法和想象力，刻画得既生动又俏皮，活画了一个活脱脱的酒鬼。

故事三：

潮汕农村里每逢节日、祝寿、结婚、添丁等喜庆日子，必办酒席跟亲友和左邻右舍分享快乐和美食。在这个喜气洋洋的吉日良辰，有半职业性质的"做四句"者上门来道喜以换取饱餐一顿。他们都能按照当时情景，随口吟诵出表示祝贺的吉祥诗句。通常来说，"四句"形式上讲究的是押韵（合句），平仄多数就忽略了。而内容上则多注意形象生动有趣，能逗人乐。其实，"做四句"者，就是民间的口语诗人。20世纪中期三年饥荒的年代,我老家村里有一位土名叫作"八鱼"的"四句"兄,用"四句"描写其粥之稀,形象生动至极,我至今能背诵之。诗云:

分米煮糜做一瓯,

摇摇溢溢几条沟;

八鱼伸头落去映,

映着许底个人头。

用一分米(一筒约一市斤,一分米即十分之一筒,约一市两)煮了一大钵的稀粥,米汤如水,清可鉴人:真的是太妙了!如果没有饿肚子的苦难生活经验,就很难写出这样令人哭笑不得的口语诗来。

故事四:

两个从未进过府城的年老的乡下书生约好了一起上府城来游玩。走上湘子桥,远望高高的城墙,心潮澎湃,诗兴大发。书生甲抢先吟道:"远看城墙似锯齿,……"

沉吟良久,未得下句。不知不觉走过了湘子桥,城墙就在眼前。仔细一看,城墙的城垛是方形的,前面诗句锯齿的比喻好像不太对。辛亏他还有急智,马上补救云:"近看锯齿未曾剁。"(剁,此处读平声do[5],同"朵",锉之使尖利的意思。本字有可能是"淘")

书生乙听了不置评论,张开缺牙漏风的嘴巴接着续了两句:

城墙似我口中齿,

一个有来一个无。

于是两人互相夸奖对方之急智敏才,开怀大笑。

读者你可别笑话他们,这诗虽然蹩脚,但其比喻以大喻小,还是挺形象的,想象力也不弱。

若为化得身千亿，散向峰头望故乡
——潮汕乡土文化教材编写的故事

因为与北京大学陈平原教授、韩山师范学院黄挺教授带领韩山师范学院潮州师范分院的林朝虹教授和一批中小学教师一起编写《潮汕文化读本》的缘故，我们搜集了一些前贤编写乡土文化教材的资料，对潮人文化教育前辈重视乡土文化教育的理念和实践佩服万分。我觉得有必要与大家分享这方面的资料，希望能引起同好的兴趣，大家一起来继承前辈们重视乡土文化教育的优良传统，并发扬光大之。

关于潮汕乡土教材的编写，可以追溯到晚清。1904年1月13日，清廷推行新政，鼓励创办新学，颁布《奏定初等小学堂章程》，规定小学一、二年级应注重乡土教育，并对历史、地理、格致各科做了具体的要求，如历史科云："尤当先讲乡土历史，采本境内乡贤、名宦、流寓诸名人之事迹，令人敬仰叹慕、增长志气者为之解说，以动其希贤慕善之心。"

于是，各省纷纷响应，编写乡土历史、地理和格致教材，以应新学之需。晚清编写乡土教科书，广东省最为积极。若以府为单位，则潮州府不仅在广东一省，还有可能在全国独占鳌头。陈平原教授在朋友们的帮助下，搜集列出晚清潮州乡土教科书7种：

（1）蔡鹏云编：《（最新）澄海乡土历史教科书》，澄海：景韩学校，1919年10月第10版（1909年初版）；

（2）蔡鹏云编：《澄海乡土格致教科书》，澄海：景韩学堂，1909年；

（3）蔡鹏云编：《（最新）澄海乡土地理教科书》，澄海：景韩学堂，上海萃英书局，1909 年初版；

（4）郑邕亮编：《（最新）潮州乡土地理教科书》，揭阳：邢万顺书局，1909 年；

（5）翁辉东、黄人雄编：《潮州乡土地理教科书》，海阳：剑光编书社，1909 年初版；

（6）翁辉东、黄人雄编：《潮州乡土历史教科书》，海阳：剑光编书社，1909 年初版；

（7）林宴琼编：《潮州乡土格致教科书》，汕头：中华新报馆，1910 年。

这批教材的编撰者，有一个共同的特点，就是他们都是在教育第一线的教员乃至校长，所以这批教材编写得很接地气、比较贴合学生的水平及趣味，适合小学生使用。翁辉东、黄人雄是汕头同文学堂师范毕业生（见书后海阳县令签署的版权保护令），编书那两年在海阳县东凤育才小学堂、龙溪肇敏小学堂任教；翁辉东 1913 年起任惠潮梅师范学校（今韩师前身）教师、学监、代理校长。这两本教材应该就是他和黄人雄在潮州一带当教师期间主编的。林宴琼是潮阳端本学堂校长，郑邕亮则是汕头正英学堂毕业生，编书时任该校教习。蔡鹏云 1904 年起在澄海景韩小学堂任教，1908 年继任景韩学校校长，长达 18 年。

第二个特点就是编撰者既是教师、校长，也是当地著名的学者或者开明乡绅。

翁辉东（1885—1965）是一位著名的地方文史专家。1929 年他任上海医学院生物学教授期间，潜心著述及整理出版旧作，其中有几种是与家乡方言文化相关的，如《海阳县乡土志》《潮州风俗志》《潮汕方言》《潮州茶经》《潮州文物图志》及《潮州文概》等。

蔡鹏云（1867—1952）是清末秀才，近代名医，擅长儿科、妇科，著有《最新妇科学全书》（2 卷，汕头新国医传习所铅印本）。景韩书院是潮州府著名的书院之一，明代万历十二年（1584）潮州府同知兼代理澄海知县何敢复创建，清知县王岱、樊永底相继修建。乾隆十四年（1749）潮州同知代理澄海知县陆镛再扩建；三十年（1765）代理知县陈科式重修。晚清推行新政、倡办新学，景韩书院继韩山书院改为"惠潮嘉师范学堂"（1903）之后，于 1904 年改为景韩小学堂，民国初年再改为景韩学校。近代爱国志士、诗人丘逢甲 1899 年至 1903 年曾来澄海景韩书院主讲维新之学。澄海大才子吴贯因也曾在景韩书院任教。能在这所历史底蕴深厚的学堂治校长达 18 年之久，可见其在澄海家乡名望之重。

1936 年编撰出版《揭阳乡土地理》的林培庐（1902—1938）也是一位著名的民俗学和中国民间文学的先驱，著有《潮州七贤故事集》《揭阳乡土志》《潮州七贤故事》《潮州历代文人故事》《岭东畬歌集》《潮州民间文学概论》《岭东文学史》等著作。

除此之外，1908 年澄海北湾乡的陈伯良编著了《北湾乡土志课本》，供该乡的开智学堂使用。1914 年陈渳编著了《澄海县乡土韵言》；1936 年，汕头市市立第四小学编印《社会科乡土教材》，也可视作乡土地理、历史、社会教材也。

2017 年夏

乡愁入梦

《读本》一套在手，传承方言与乡土文化有抓手
——写在2021年世界读书日

广东教育出版社出版的《潮汕文化读本》（凡四册：小学三册，初中一册。下简称"《读本》"），由教育部"长江学者"特聘教授、北京大学文学教授陈平原，国家语言资源保护工程核心专家组成员、广东省首席专家林伦伦教授，韩山师范学院历史学教授黄挺主编。这套由文学、语言、历史领域"术有专攻"的三位著名教授带领潮汕30多位一线小学、中学教师编写的教材型读本，是为了帮助潮汕孩子更好地理解脚下的这方乡土，感受活色生香的潮汕，重建乡土文化记忆而编写的。《读本》经广东省中小学教材审定委员会初审通过，并于2018年进入广东省地方教材目录。潮州市教育局也发了红头文件，向全市各中小学推荐使用这套《读本》进行乡土文化教育和爱国爱乡教育。

这套《读本》的特色就是它是一套"教材型读本"。这种编写理念本身就很具独创性与创新性。教材，我们见过了不少，出版社也做惯了；读本，我们经常看到的有成人的、孩子的、亲子共读的等等。

"教材型读本"有什么特色呢？

其特色是：既可以走进课堂，作为教材使用，具有教育课本功能；又在没有课时安排的情况下，可作为学生自主阅读或家庭亲子共读的读本。"教材型读本"可以不受学校课时制约，有课时安排就可以构建读本课堂，没有课时也可以走进学校，利用早读、午读、大课间引导孩子们阅读，还可以走进家庭亲子共读。不做成纯粹的教材而兼具教材与读本功能，可以扩大其使用范围和阅读群体，让读本走得更远。简言之：

就是学校里可把它当成乡土文化知识教材,家庭里、社会里可以把它当成乡土文化知识读本。

《读本》的创新性还在于它不一味追求体系严密、结构完整,而是重在趣味性和可读性,或者说,文学性。

《读本》以文本为中心去解说乡土文化,以乡土文化去推动方言教育。一、二年级是潮汕方言童谣,三、四年级是潮汕民间故事,五、六年级是涉及潮汕的古诗,初中是潮人作者或者涉及潮汕题材的美文。而且,不少知识点是循序渐进,在不同分册加深乡土文化知识的内涵。例如,潮州工夫茶的常识,秦牧先生在《潮乡茶事甲天下》和《茶乡笑谈》两篇散文(见第四册初中本)中都讲过这个故事,可见这个故事在作家心里印象至深。我们又用《清稗类钞》中的故事为蓝本。请三位一线教师改编,再把三份改编稿拿到三所小学同时让三、四年级学生阅读,请孩子们选出最喜欢的改编稿,然后再对选出的稿子详细修改成故事样章。要求改编故事老师参照故事样章的篇幅、语言表达去创作,以确保文本的可读性,增强其文章魅力。

《读本》在编写上要求图文并茂,且配有歌谣演唱、民间故事"讲古"和古诗词朗诵(普通话、潮汕话双语)音频。教师在教学上还可以进行再创造,编成歌曲、舞蹈、动漫甚至 RAP 等学生喜欢的形式来让学生"玩",从"玩"中学习母语方言和乡土文化知识,并逐步植下"根"的意识,建立文化自信,增强爱国爱家乡的感情。

为了更好地使用这套读本进行教学,我们还在韩山师范学院和潮州市教育局的帮助下,在韩山师范学院潮州师范分院办起了"乡土文化教育教学高级研修班",由林伦伦、陈平原、黄挺和来自中山大学、暨南大学、华南师范大学的教授们针对《读本》的内容,对几十所使用《读本》的小学教师进行为期两年的培训,让这些年轻的教师们先掌握母语方言知识和乡土文化知识,消化后再去教小学里的孩子们,效果很好。

经过四年的教学实践,从一开始的 20 所学校进行试验教学到在潮州市全市推广,已有近百家中小学使用了这套《读本》,师生们和家长们普遍反映良好。

潮人文化是海内外 5000 万潮人共同创造和传承的优秀族群文化，是岭南文化的重要组成部分，也是中华优秀传统文化的组成元素。这套读本不但在家乡受到广泛的欢迎，产生了良好的影响，也受到海外（境外）潮人社会的欢迎。在《读本》首发式上，香港砚峰文化出版社首批购买 10 万册，在香港及东南亚华人社区及学校免费赠阅，广东教育出版社也已经出版了繁体版，向港澳地区发行，以唤起和重建海外潮人的共同记忆。在 21 世纪"一带一路"建设的语境下，《读本》不但为方言和乡土文化教育提供潮汕民系的成功范例，也将为海外（境外）潮人对家乡和祖籍国的文化认同做出"文化桥梁"和"亲情纽带"的重要贡献。

一言以蔽之曰：《潮汕文化读本》一套在手，潮人母语方言和乡土文化传承有抓手！

2021 年 4 月 23 日

四海潮声，五洲共享

这是一套（三本）配有音频、视频和精美图画的立体式乡土文化知识普及读本，可供爸爸、妈妈与孩子们，老师和同学们一起温馨阅读。不仅仅潮汕本土可以使用，海内外潮人家庭、学校都可以使用。四海潮声，五洲共享！

潮人文化是岭南文化重要的组成部分，也是中华优秀传统文化百花园里的一朵奇葩。然而，随着城市化进程的日益加快和时尚文化的逐步影响，以方言为载体的乡土文化园地逐渐萎缩，园地里原有的五颜六色的美丽花朵正在慢慢地枯萎。年轻人会说地道的方言的越来越少，方言土话熟语（包括惯用语、谚语、歇后语等）、方言歌谣等等，还有多少年轻人能出口便来？方言的写作和朗读功能基本上消失了，还有多少后生人能用方言读书和作文？

我们看着心焦，我们看着心疼！难道，延续了千百年的乡土文化香火，就让它这样缓缓熄灭？当然不！作为承先启后的一代人，我们有责任在乡土文化园地上继续耕耘，让汉语方言之树常绿、乡土文化之花常开！

于是，我们选择了谚语、童谣和古诗三个方面的内容，编著了这套亲子共读的"潮人好家风"丛书。一是因为"潮人好家风"是潮人最为亮眼、最为突出的优秀人文特质，值得传承和弘扬。二是谚语、童谣和古诗都富于节奏感和韵律感，朗朗上口，便于阅读、教学和记忆。为了保证方言口音的纯正和录音质量的上乘，我们请了潮州、汕头和揭阳三市的著名方言节目主持人和播音员来录音，您可以随意选择自己喜欢的口音来教与学。童谣一册还做了视频，更加生动有趣，更能启发孩子们的想象力。我们的绘画团队，有了"潮汕童谣绘本"的创作经验，这次的创作水平是"更上一层楼"了。相信孩子们都会喜欢充满爱心、童心，同时又意趣盎然的作品。

  为了这套小丛书，创作团队从策划到创作、评稿、修改、定稿，投入了大量的人力物力，发扬了潮人追求精致卓越的"一条牛索"精神，不计成本，精工打磨。历经了一千零一个无三无顿、无夜无日的辛苦雕琢，这套读本终于定稿了，我们想打造的，是像潮州菜和工夫茶、潮州木雕和潮绣一样的文化精品。

  感谢创作团队亲爱的小伙伴们！感谢粤潮妇幼慈善基金会的鼎力支持！也感谢广东高等教育出版社的精心设计和出版。

  祝大家读书快乐！

2021 年儿童节

"十五音"字典：滋养潮人百年的文化乳汁

如果要让我推荐一种最受全世界潮人钟爱的、对潮人文化贡献最大的书籍的话，我会毫不犹豫地投给"十五音"字典！

我推选的不是一本书，而是指从成稿于清末、正式出版于民国初年的第一本《潮声十五音》，一直到21世纪还在陆续出版的一系列"十五音"字典。我敢说，"十五音"字典是全中国，乃至全世界延续时间最长、出版版本最多、发行量最大、发行范围最广的汉语方言字典，虽然，它的编辑出版时间不是汉语方言中最早的。从1913年第一本"十五音"字典正式出版发行至今，它已经历时超过百年。据不完全统计，正式出版的各种"十五音"字典大概有30多种，不同出版社出重印的版本过百，发行量估计过百万（已经很难精确统计了）！

哪一种汉语方言，能像我们潮人一样如此不绝如缕地钟情于"十五音"字典，一代接一代地延续着它的香火？！

下面这一长串的"十五音"字典名录，仅仅是笔者个人所见到的：

张世珍《潮声十五音》

江夏懋亭氏《彙集雅俗通十五音》（又名《击木知音》）

蒋儒林《潮语十五音》

陈复繁《潮汕注音字集》

潘载和《潮汕检音字典》

姚弗如《潮汕十七音新字彙合璧大全》

刘绎如《新编潮声十八音》

谢益显《增三潮声十五音》

鸣平《改订雅俗通十五音》
吴锦昌《潮汕音字典》
刘绎如《标准最新潮音检字》
黄钟鸣《潮汕大字典》
潘载和《增订万字本标准潮汕检音字表》
李新魁《新编潮汕方言十八音》
文明辉《潮汕话六十韵：普通话对照》
丁逸民《潮声十八音辞典》
周耀文《潮汕话韵汇：普通话拼音对照》
杨扬发《潮汕十八音字典》
……

恐怕外地的读者会由衷地惊叹：额滴个神咧，这么多！

近一百年来，尤其是在民国时期到史无前例的"文化大革命"爆发之前，几乎家家户户都有一本"十五音"字典。正如《新编潮声十八音》的作者刘绎如在他的自序中所言："我潮专注字音之书，有所谓'十五音'者，流传颇广。自繁盛之都市，以致荒僻之农村，凡稍识字者，几于家置一篇，奉为字学之津梁。"潮汕原乡是这样，在南洋各地潮人聚居的地方也是一样；在劈波斩浪的红头船上，在漂洋过海谋生的"市篮"中，我们的祖先随身带走的，除了一捧故乡的黄土之外，还有一本本的"十五音"字典！正如新马著名的南洋史研究专家许云樵教授在他的著作《十五音研究》中所记录：

"十五音"本为科学化之民间字书，闽潮一带极为普遍，几家喻户晓，莫不备供检索。

南洋最通行的一种（字书），却是《彙集雅俗通十五音》，商店的账桌旁，略识之乎者的家中，大多有这一本"万字不求人"的法宝放着。

在20世纪以来编撰出版的一长串的"十五音"字典中，最早的

《潮声十五音》是由澄海人张世珍编著的。据目前所知的资料看,《潮声十五音》是中华民国二年（1913）元月由汕头图画报石印社印行的，编者是自署为"饶邑隆都西二区商人"张世珍。那时候的饶邑隆都西二区，即现在的汕头市澄海区莲华镇隆城村（龙眼城）。

据张世珍的后代张介周、张卓伦先生的《张世珍及〈潮声十五音〉》记载，张世珍自幼家境贫寒，少年失学，为家计进入商场谋生。但他秉性聪慧，又勤奋好学，逢人求教。文字会计，即能贯通。他22岁便随族人远赴泰国从事商船事业，因而过着四海奔波的生活。北至天津烟台，南到新马泰越南，他都去过。由于精通商务会计，终于成为商界翘楚。更为难能可贵的是，他走到哪，学到哪，会说福建闽南话、山东话和粤语等方言。因而对各地语音差异很有体会。估计在此期间，他看到过漳州的《彙集雅俗通十五音》，因而萌生了编著《潮声十五音》的想法。于是，他就生活中和商界上的常用字，逐一收录，约于光绪三十三年（1907）写成初稿。宣统元年（1909），澄海苏湾居士剑樵李世铭为其作序。但直到中华民国二年（1913），是书才由汕头图画报石印社正式出版发行。初版系四卷本，印行1000部，并在其家乡附近的澄海东里镇出售，不数月即售罄。后改由汕头科学图书馆出版全一册的铅印本，在潮汕各地发行。后来各地书局翻印者甚多，在潮汕原乡和东南亚流行很广。笔者自己收藏的是汕头进步图书局（1919）、汕头文明商务书局（1921）等翻印版本，原刻版本已经难见真身了。

张世珍的《潮声十五音》筚路蓝缕，以启山林，功莫大焉！而后著转精者，络绎不绝，有几十种之多。

"十五音"字典的最大功劳是帮老百姓识字扫盲，只要字表中有一个字是你认识的，你就可以认识其他全部字的读音。因而，"十五音"字典，是潮人无师自通、识文断字的"拐棍"，是挚养潮人百年的文化乳汁。因为有了"十五音"字典，潮州人知道了"八声"（8个声调），知道了"十五音"（15个声母），知道了"四十字母"（40个韵母）；因为有了"十五音"字典，潮人懂得了"击木知音"（声韵调拼切字音的方法），懂得了反切之学；因为有了"十五音"字典，潮人懂得了辨别平仄，从而能够读懂唐诗宋词，因而又善于吟诗作赋，蔚成鼎盛文风！

惜乎哉，旧版"十五音"字典今已一书难求，几近灰飞烟灭，尤其是首版的张世珍《潮声十五音》；垂髫弱冠，已不识"分粉训忽雲混份佛"为何物。2011年9月我于马来西亚槟榔屿第九届潮学国际研讨会上做《许云樵〈十五音研究〉之研究》学术报告，重新整理书箧中收藏之"十五音"字典，纸黄字眍，心中戚戚焉。

2014年春

陈凌千及其《潮汕字典》

《潮汕方言》的作者陈凌千（1905—1957），又名陈梁奎，字岳先，澄海县澄城人。7岁入学，13岁时高小毕业，后辍学打工，在行市店铺中为人做财会工作。1932年他26岁时与亲友合资在汕头居平路开创育新书社，既销售书籍，又加工、印刷书籍，甚至自编、自绘、自印书籍出售，如《学生新画集》《字类辨正》《尺牍小品》等。

正是由于陈凌千对书店业务的熟悉和行情的了解，加上对自己及亲朋好友子女读书情况的了解，他发现，很有必要编写一本大众化的潮音字典，以供潮汕人识字学文、提高文化水平之用。于是，他披阅《康熙字典》及《辞源》等工具书，从中学习编写字典的方法；又深入调查，辨音注音。从1931年开始的这项庞大工程，历时5年，于1935年完成初稿。其间，他日理商务，夜间便伏案著书，呕心沥血。至书稿成时，终于积劳成疾，染成二期肺结核，经常失声咯血。

1935年9月，《潮汕字典》由汕头育新书社首版发行。著名学者、书法家、国民党元老、当时的监察院长于右任为其封面题签。当时的潮汕文化教育界及政界名人钟复初、李柏存、周英耀、钟岐、余命三、李源和、钟麟等为字典题词祝贺。此书一面世，便受到读者的热烈追捧，首版发行量即达15000册之多。即使是在80多年后的今天，这也是个可观的首版数字。翌年，陈凌千获汕头市政府批准注册，获专著版权。后来，陈凌千的育新书社迁址开设广益书局，并与上海人在汕头开办的中央书局、新华书局合资再版此书。新版的《潮汕字典》在上海出版后，三分之一数量南运潮汕本土销售，其余三分之二远涉重洋，运往东南亚各国潮人聚居地出售。

据不完全统计，从 1935 年至 1946 年，《潮汕字典》初版、再版翻印达 17 次之多，累计印数近 70 万册。20 世纪 50 年代中期还曾改为小 32 开袖珍本，以潮汕编辑社名义再版，由潮汕各地新华书店发行，仍被抢购一空。笔者曾在 20 世纪 90 年代初的泰国和香港的中文书店，甚至街边小书摊中，多次见到泰国版和香港版的《潮汕字典》翻印本。而在潮汕原乡的老百姓家中，也多珍藏有这本字典。

可贵的是，陈凌千在字典出版 10 年间，他仍坚持不断校正修订字典。至 1946 年，其修订本，已比初版增加约三分之一的篇幅。可惜的是，陈凌千为此也熬成第三期肺病。此十年间，潮汕沦陷，陈凌千家破人亡，一贫如洗，已无力再版印刷。1957 年，陈凌千为此书呕尽心血，蜡炬成灰，52 岁便英年早逝了。

天妒英才，痛哉惜哉，筚路蓝缕的一代英才，过早地离我们而去！

如果说，张世珍《潮声十五音》是"十五音"字典的开山之作的话，陈凌千的《潮汕字典》则是部首笔画潮音字典的肇始之作，对潮汕文化教育事业，居功巨大。

《潮汕字典》系 32 开本，笔者手头的版本是 1935 年汕头育新书社版本，凡 582 页。《潮汕字典》是模仿《康熙字典》体例而编著的。全书按《康熙字典》的部首列字，按笔画从少到多排列。作为按部首笔画编排的方言字典的开山之作，它有如下的特点：

首先，在收字标准上，以"习见常用"为主，"不拘正俗，专以同行适用为标准"。此书收字"数约一万有余，足供中学以下"读者之需。其实，"中学以上"读者，查检潮音，也常常要用到它。所以，从收字标准和范围来说，它是一本常用字典，篇幅适中，难度也适合一般读者。

其次，在注音方面，此书使用了直音法，即使用同音字直接注字头读音的方法。通常是用通俗易懂的字来注难僻字的读音，如"漪"音"依"、"猇"音"夫"、"漓"音"离"、"滞"音"剃"等等。没有同音字的，则采用声韵皆同的字，再加注声调。声调则注"平、上、去、入"，并以圆括号（）表示阴调类（上），以方括号［］表示阳调类（下）。例如"潘，伴（平）"、"潜，签［平］"、"漾，央（上］"、"漫，万（上）"等等。以上两种方法都不能注音的字，则使用反切拼音的方法辅助。例如"皱,年要切(去)"、"眉,武哀切〔平〕"、"碍,语哀切〔去〕"、"端,侏冤切(平)"等。字典中,常常是第一、二种方法并用,读者通常都能够查检到标准的潮语读音。

在发现潮语特殊读音方面,《潮汕字典》也有所贡献。例如"丈"字注"音帐字〔上〕,俗谓姑之夫曰姑丈"。"刀"部"刺"字一音"试","凡以细长之物下戳曰刺"等等。

在释义方面,虽参考了《康熙字典》和《词源》,但没有全盘照搬,而是该繁则繁,该简则简,以读者读懂字义为度。正如该书"编辑大要"所云:"于每一字说明之后,并类举例证,俾初学者易于了解,惟所引用者,大多通俗成语",对读者了解字义,很有裨益。

另外值得一提的是,关于调类举例的"分粉训忽雲混份佛"8个例字,历经近80年而传诵至今,成为千百万潮人学习潮语拼音、进而学习文化的第一课课文。虽然,这8个例字也不是陈凌千的创造,早在19世纪外国传教士编写的英潮对照字典中已经出现了。但传教士的字典因为是英文版和拉丁文拼写潮汕话,老百姓看不懂,所以行之不远。

也正因为上述的优点,陈凌千的《潮汕字典》才能够从1935年出版到新中国成立后,长期畅销。而在港澳和南洋潮人聚居区,至今书肆间还能偶见其身影。

2014年春

"斐姑娘"及其《汕头方言词典》

别看"斐姑娘"这个称呼很普通,也很潮汕化,但这个名字的主人却是一位在汕头早期宗教史中赫赫有名的传教士,英文名字叫作 A. M. Fielde(A. M. 菲尔德)。因为传教士多为男士,所以这个女性传教士以其特有的亲和力在汕头的教徒中受到广泛的信任和爱戴,被昵称为"斐姑娘",其事迹在汕头档案馆的宗教文献中多有涉及。据《岭东浸会七十周年纪念大会特刊 传史之部》记载:"(西历一八六五年)斐姑娘(即 A. M. Fielde)由美莅暹,……居诸迭运,不觉光阴六载,已而买舟回美,休息两年。益知使命之重要,更向中国而遄征。舟至汕头,居角(石)任事,一方习话,一方布道。……最奇者,天才卓越,学力优长,译著《圣经》杂册单张等,以资布道。编辑字典、辞源语学等,惠嘉后进。……姑娘莅潮共十二年餘……"

斐姑娘在汕头"一方习话,一方布道",留下了一段段的故事。

我们发现的材料显示,斐姑娘在汕头的著述,除了大型工具书《汕头方言词典》之外,还有英文的《宝塔之影——中国生活研究》(*Pagoda Shadows—Studies From Life in China*)、《中国的一个角落——生活于中国人之中的研究》(*A Corner of Cathay—Studies From Life Among the Chinese*)和《中国神话故事》(*Chinese Fairy Tales*)等。这些中国生活素材和民间故事都是斐姑娘在粤东 12 年所采集并整理出版的,而且多次重版。我们现在看到的《宝塔之影——中国生活研究》是 1886 年在美国波士顿出版的第五版;《中国神话故事》是 1912 年在美国纽约和英国伦敦同时出版的第二版〔首版出版于 1893 年,书名叫《中国人的夜生活》

(*Chinese Night' Entertainment*)〕。

当然，从方言研究的角度看，《汕头方言词典——注音、释义，按音节和声调排列》(*Pronouncing and Defining Dictionary of the Swatow Dialect —Arranged According to Syllables and Tones*)，是最弥足珍贵的一部潮汕方言工具书。这本书1883年由美国教会（American Presbyterian Mission）出版，比潮汕人自己编的第一本字典——张世珍的《潮声十五音》整整早了30年！

这本书的一大创举就是以汉字为字头，端端正正的宋体字，再以罗马拼音注出潮汕话读音，并按潮汕话读音的罗马字拼音，像英文词典一样，从A-Z排列；相同音节的，再按八声顺序排列。每个字头下面有罗马拼音拼出来的潮汕话词条、例句和英文写的关于该字（词）及例句的释文。所以，要读懂这本书也并不容易：一是要懂英文，二要懂潮汕话，三要懂罗马拼音。我为了读懂它，研究了个把月才把它的罗马拼音系统和编写体例、规则弄清楚。

第二个贡献就是对潮汕话的声调有了比较科学的记录，它居然用了普通语音学的四角标调法来标注潮汕方言的声调。关于这种科学的标调法，很多教材认为是20世纪初期才由著名语言学家赵元任先生等从国外引进的。而关于潮汕方言的8个调类，潮汕人从小得到的训练就是用8个例字来代表8个调类："分粉训忽雲混份佛"或者"司矢四薛时是示蚀"，分别代表"阴平、阴上、阴去、阴入、阳平、阳上、阳去、阳入"（"阴、阳"或称为"上、下"）。在没有看到斐姑娘的词典之前，我们一直以为这是《潮声十五音》类字典的发明。但当我们看到斐姑娘的《汕头方言词典》前面的"声调练习"（Exercises in the Tone）里赫然出现这些例字时，我们不得不面对事实，纠正此前的错误看法。现在看来，潮汕方言8个声调的练习例字，应该是老百姓口中早已有之的。外国传教士较早地吸收了本地人的智慧结晶，把它编进了词典作为声调练习资料。后来，本地人编撰的"十五音"类字典，也继续运用之。

当然，最具有语料价值的还在于该书的内容本身。该书收录5442个汉字字头（每个字头又联系出几条单词）。作为一本16开本有617页正文的书，以每页1000字计，凡60多万字。字头、词条和例句，包含了丰富而翔实的潮汕方言语料。这无疑是 19 世纪中期到后期潮汕方言词汇、语音（因为有罗马字注音）、语法（因为有例句）的宝贵文献资料。

期待着懂英文、对方言研究有兴趣的年轻人来一起研究它，挖掘这个珍贵的方言文献语料宝矿！

2014 年夏

威廉·耶士摩牧师及其《汕头话口语语法基础教程》

威廉·耶士摩牧师（Rev. William Ashmore D. D），美国浸信会牧师，曾于19世纪50年代中期到汕头一带传教。胡卫清博士《近代潮汕地区基督教传播初探》一文中援引教会文献称："1858年，美国浸信会教士耶士摩（William Ashmore）从暹罗转香港，复从香港到汕头。"

汕头市史志编写委员会编印的《汕头百年大事记（1858—1959）》（1960年印行）也记载："（1860年）美国传教士耶士摩来汕头妈屿设教堂传教，1864年进一步伸进，到觉石（礐石）建立教堂。"

威廉·耶士摩牧师所著《汕头话口语语法基础教程》（Primary Lessons in Swatow Grammar [Colloquial]，以下简称《教程》）一书，由英国长老会教会出版社（English Presbyterian Mission Press）1884年于汕头出版。本书为32开本，155页，共36课，以语法点编写课文。课文正文之前有"简介"（Introduction）和"语法"（Grammar），之后有"潮州方言音节表"（List of Syllables Representing the Sounds Used in Pronouncing the Tiechiu Dialect）。我们从课文正文之前的"简介"和"潮州方言音节表"中归纳出来的音系，看看130年前的潮州话音系究竟是怎么样的。

《汕头话口语语法基础教程》一书的名称写的是"汕头话语法"（Swatow Grammar），但书后附录的"音节表"却是"潮州方言"（Tiechiu Dialect）的，看起来似乎牛头不对马嘴。其实它反映的是当时这些传教士们对潮汕方言不甚了了的真实情况：传教士们从海上（轮船）登上潮汕平原的港口是"汕头埠"港口，教会组织的总部也在汕头。所以

"汕头"（Swatow）这个地名对于他们来说耳熟能详，比较熟悉。而在潮汕本土的老百姓口语中，对于方言的叫法，他们听到更多的恐怕是"潮州话"，因为那个时候，汕头开埠不久，能独立为一个土话的"汕头话"尚未形成。对于他们来说，叫"汕头话"或者"潮州话"都无所谓，只是对粤东闽南方言的笼统称谓而已。

《教程》课文正文之前有一个"简介"。"简介"包括"字母发音"（sounds of the letters）、"声调"（the tones）、"元音数量"（vowel quantity）、"发音变异"（variation in pronunciation）4 个部分。书的后面还有 1 个共 31 页的"音节表"，按拉丁字母从 a-u（u 以下没有音节）排列，一共有 2130 个音节。

从"简介"和"音节表"中，我们大概可以整理出一个作者所描写的"潮州方言音系"来。大致有 17 个声母，加上零声母，一共 18 个，与当今的潮汕方言声母完全相同。在"字母发音"表中，作者只记录了 15 个元音韵母。但从"音节表"中，我们可以检录出 70 个韵母：其中元音韵母 4 个、鼻音韵母 16 个、鼻化韵母 14 个、声化韵母 2 个、入声韵母 34 个。这样，《教程》所记录的潮州方言音系共有 85 个韵母。《教程》中对潮州方言声调的描写非常准确，而且采用了科学的描写记录方法。它按古代汉语平上去入四声，依声母的清浊分为"上"和"下"："上"为阴，"下"为阳。8 个调类分别称为"上平、下平、上上、下上、上去、下去、上入、下入"（可能是根据当地读书人的叫法）。调值的描写采用了 5 度图示法，记录相当准确。汉字例字的调类标记法与现在的标记法几乎相同（只是去声一例阴阳调类有误，疑是误植）。在音节标记方面，采用了在主要元音上加符号的办法。尤其值得称道的是，《教程》还有"音变"（Variations in Pronunciation）一节，描写了潮州方言各地的语音差异。作者对这一点似乎比较敏感，因而他说："潮州方言的发音有许多种类，大部分是指当地的发音，且无法很清晰地区分开来。府城和澄海这两个地方的方言较有特色，也较准确，……但从汕头海湾起的一大片地区，如潮阳（tie-ie 或 tio-io）这些地区，却有自己的方言特色，发音偏差也较明显。有时仅从发音的前半部分的音节就可以判断出说话人的居住地。"据此可知，传教士们是以当时的潮州府城和澄海县城音为标准音的，而视汕头港附近的潮阳、达濠等地的方音为"偏差"。作者偶尔还提到变调，有"变音、连音"（the Changed Tone Which A Word Has When Used in Combination）一节。

《教程》出版于 1884 年，至今已近 137 周年。130 多年来，潮州话音系发生了什么变化呢？我们正好拿它来做比较研究的材料。

首先要研究的问题是，确定《教程》所反映的音系是属于哪一个方言点的。根据《教程》所描写的音系和"说明"，基本可以确定是潮州（府城）音，同时又兼收了各地方音中有所差异的韵母。《教程》音系与今音最大的不同在于有没有［-n］/［-t］韵尾上。这也是我们很感兴趣的一个问题。整个粤东闽方言的主要方言点，潮州（府城）、澄海、汕头、揭阳（榕城）、饶平（黄冈）、潮阳（棉城）、普宁（流沙）、惠来（惠城）等现在都没有［-n］/［-t］韵尾。而边缘地区，在潮安的凤凰山区，南澳的云澳、青澳，汕尾的海丰，梅县的隔隍和普宁，惠来，揭东，饶平等与客家方言交界的地方的潮州话，基本都存在着［-n］/［-t］韵尾。

那么，潮汕方言中的这个［-n］/［-t］韵尾的来源问题便成了一个疑问：究竟是本来没有，而边缘地区是受客家话的影响而产生的呢？还是本来就是有的，但由于自身的音系的发展而跟后鼻音韵尾［-ng］/［-k］合流呢？根据《教程》的描写，我们可以选择后者作为答案。佐证有四：

（1）潮州人的主流是从福建移民过来的，而福建各地的闽方言，基本都有［-n］/［-t］韵尾。

（2）李新魁先生《二百年前的潮州音》以 200 多年前的清代学者郑昌时的《韩江闻见录》作为研究资料，发现"真文寒元先"诸韵"与当时的'正音'差别不大，可能仍收［-n］尾，尚未变［-ng］尾。……看来，潮安［-n］尾的消变，恐怕比其他地方要迟，其［-n］—［-ng］是比较晚近才出现的现象"。

（3）李如龙、李竹青父女据 1847 年出版的《汉英潮州方言词典》（*A Chinese and English Vocabulary in the Tie-chiu Dialect*）做《潮州方言语音的演变》一文。《汉英潮州方言词典》所记录的潮州方言音系，也有 an［an］/at［at］、ien［ien］/iet［iet］、wan［uan］/wat［uat］、 in［in］/it［it］、ün［μn］/üt［μt］、un［un］/ut［ut］等［-n］/［-t］韵尾。该文说:"潮州方言语音一二百年所见的变化最主要的就是整套带-n\-t韵尾的韵类不再有-n/-t韵尾了。这种演变在《词典》的时代已经见到端倪了。该书导言说:'韵尾n和ng,如在kwan、kwang等字里被一些人混淆了,没有意识到二者有别。这些人通常也混淆了et和ek的韵尾。"

(4) 张屏生据《潮正两音字集》做《〈潮正两音字集〉音系初探》一文。《潮正两音字集》出版于1909年,但"这本书的语料《汕头标准音表》是发行在1886年由Gibson牧师所著的'*Swatow Index to the Dictionary of Williams and Douglas*'(Williams和Douglas字典的汕头方言索引)一书中。《字集》中也记录了an［an］/at［at］、ün［μn］/üt［μt］、in［in］/it［it］、ien［ien］/iet［iet］、un［un］/ut［ut］、uan［uan］/uat［uat］等［-n］/［-t］韵尾。

由此可见,大概在130多年以前,粤东闽南方言还像福建闽南方言一样,是有［-n］/［-t］韵尾的,后来才消失的。在1913年出版的张世珍的《潮声十五音》和1915年出版的揭阳江夏懋亭氏的《汇集雅俗通十五音》中,我们发现,山臻两摄字的韵尾已经混同于曾梗宕摄字。也许由［-n］/［-t］—［-ng］/［-k］的变化,就发生在这20左右年之间。也就是说大约在100年前左右,［-n］/［-t］尾开始在潮州方言中逐渐消失,先是成为自由变体,后来便剩下［-ng］/［-k］韵尾了。在当代的潮州府城音系中,存在着一套［-ieng］/［-iek］、［-ueng］/［-uek］韵母,主要是《广韵》里收［-n］/［-t］韵尾的字,可以视为韵尾从［-n］/［-t］变为［-ng］/［-k］的中间阶段。而［-n］/［-t］韵尾消失、［-ieng］/［-iek］、［-ueng］/［-uek］韵母产生之后,潮州(府城话)的韵母系统也就基本形成,与现在所说的潮州话已经相差无几了。

2021年春

临檐水点点滴
——潮谚与潮人好家风传统

1. 家庭和睦

家和万事兴 [gê¹ hua⁵ bhuang⁷ se⁷ hêng¹] 家庭和睦，便万事兴旺。例："～，有事咀破就好，勿轻轻团就相骂相拍（家庭和睦，万事兴旺，有矛盾挑破来讲，不要动不动就吵嘴打架）。"

大家无话新妇像 [da² gê¹ bho⁵ uê⁷ sing¹ bu⁶ ghao⁵] 指婆婆不啰唆，不随意指责儿媳妇，儿媳妇也就孝敬她，婆媳关系好。例："～，老个稚个啰着相让相让（婆婆和蔼可亲，媳妇贤惠孝敬。老的少的，大家要彼此互敬互让）。"

爱嬷着刻苦，爱翁着落工 [ain³ bhou² dioh⁸ kag⁴ kou²，ain³ ang¹ dioh⁸ loh⁸ gang¹] 谓夫妻要相敬相助。例："～，你入内也唔相辅，物久汝嬷硬否有意见哩（夫妻感情要好，就要互敬互助，你回家一点儿家务都不做，久而久之，你妻子肯定有意见）。"

爱鬃孬爱髻，爱人孬爱货 [ain³ zang¹ mo² ain³ guê³，ain³ nang⁵ mo² ain³ huê³] 指找对象应看人品好坏而不能看钱物多少，例："～，也是贪钱零下就着惨一世人（找对象要重人品，若是贪钱财，有时候就要遭一辈子罪）。"

猛纺无好纱，猛嫁无好家［mên² pang² bho⁵ ho² sê¹, mên² gê³ bho⁵ ho² gê¹］比喻婚嫁大事，如太匆忙成事，所嫁非人是常有的事。例："～，连伊生来怎生样你还唔知，怎呢好答应嫁伊（纺快了不出好纱，匆忙出嫁的没有美满之家。你连他长得怎样都不知道，怎么就能答应嫁给他呢）？"

翁拍嬷，唔成祖［ang¹ pah⁴ bhou², m⁶ zian⁵ zou²］
谓丈夫打妻子是为人不肖的行为。例："～，你物了着乞人笑（丈夫打妻子是不肖的行为，你这样做会让人家笑话你的）。"

拍嬷土蛮牛［pah⁴ bhou² tou² mang⁵ ghu⁵］打老婆者是野蛮人。例："你唔别听人呾 ～，怎好动不动就拍嬷（你没听说过打老婆者是野蛮人吗？怎么能随便打老婆）？"

生理做输只一时，老婆娶耽误一世［sêng¹ li² zo³ su¹ zi² zêg⁸ si⁵, lao⁶ pua⁵ cua⁷ dan¹ ghou⁷ zêg⁸ si⁵］指婚姻是终身大事，不能马虎。例："～，我哩待你问么清楚着正去波（生意亏本只一次，妻子娶得不好却耽误一辈子，我劝你还是了解清楚再去谈）。"

钱银易趁，老婆恶觅［zin⁵ ngeng⁵ goi⁷ tang³, lao⁶ pua⁵ oh⁴ cuê⁷］钱财容易挣，好妻难寻觅。例："真实是～，伊个家私厂一年赚着几百万，个嬷哩到此在还娶无（真的是钱财容易挣，好妻难寻觅。他的家具厂一年能挣几百万，可是至今找不到老婆）。"

白来猪白来羊，无白来姿娘［bêh⁸ lai⁵ de¹ bêh⁸ lai⁵ ion⁵, bho⁵ bêh⁸ lai⁵ ze¹ nion⁵］比喻要娶老婆需要花钱、下功夫。例："～，你想呾爱娶嬷免用钱（有自己来的猪自己来的羊，就没有自己来的姑娘。你以为娶老婆不用花钱）？"

父母斗咬，孥囝相捞［bê⁶ bho² dao³ ga⁶, nou¹ gian² sio¹ la⁶］父母

整天吵嘴打架，孩子也学会打架斗殴。例："～，汝二人通日哭父死母，撮孥囝学久硬否害哩（父母吵架，小孩斗殴。你夫妻俩成天吵架，孩子们肯定学坏）。"

父母严条，囝弟粗枭 [bê⁶ bho² ngiam⁵ diao⁵, gian² di⁶ cou¹ hiao¹] 父母太凶，常打孩子，孩子长大了也养成粗暴的习惯。例："～，伊自细乞你拍到大，你叫伊行孝你（父母粗暴，孩子无情。他从小让你打大的，现在哪能孝顺你）？"

2. 尊老爱幼

父是天，母是地，食着果子忆着枝 [bê⁶ si⁶ tin¹, bho² si⁶ di⁷, ziah⁸ dioh⁴ guên² zi² i³ dioh⁴ gi¹] 指父母养育之恩不能忘。例："～，做人囝弟，着行孝老人（父是天，母是地，吃着果子想树枝。为人儿女的，要孝顺老人家）。"

临檐水，点点滴，滴滴无差池 [lim⁵ zin⁵ zui², diam² diam² dih⁴, dih⁴ dih⁴ bho⁵ ca¹ di⁵] 比喻一代影响一代，潜移默化，毫厘不爽，例："～，你行孝父母，孥囝就硬否行孝你哩（大人对孩子的影响，就像屋檐滴水，潜移默化。你孝敬父母，孩子们将来当然就孝敬你）。"

大拍细，舍世界 [dua⁷ pah⁴ soi³, sia³ si³ goi³] 大的打小的，那是丢人。例："～，你食阿只大还拍孥囝，舍衰人（大打小，不要脸。你长这么大了还打小孩，真丢人）。"

外甥食母舅，从无食出有 [ghua⁷ sêng¹ ziah⁸ bho² gu⁶, dang⁵ bho⁵ ziah⁸ cug⁴ u⁴] 谓舅父疼外甥，故有此谚。例："～，我在阮阿舅许里徛着成十年（舅父疼外甥，我在舅父家住了近十年）。"

老人呾话挈纸好包 [lao⁶ nang⁵ dan³ uê⁷, kioh⁸ zua² ho² bao¹] 老人的话，大多是经验之谈。例："～，你还是听人呾转去好（老人说话，经验之谈。你还是听他的话，回去吧）。"

天下无不是父母 [tin¹ ê⁶ bho⁵ bug⁴ si⁶ bê⁶ bho²] 谓天底下没有不对的父母，也即父母即使不对，子女也不该立即批评指出，而应该采取相对委婉的方法、在合适的时机和场景指出。

3. 重视文教

读家己书众人惜，博家己钱众人恼 [tag⁸ ga¹ gi⁷ ze¹ zêng³ nang⁵ sioh⁴, buah⁸ ga¹ gi⁷ ze⁵ zêng³ nang⁵¹ ou²] 读书学文化人人称赞，赌博却人人讨厌。例："~，博钱个事千万孬去做（自己掏钱读书众人夸，自己掏钱赌博众人骂。赌博这事情千万不能去干）。"

卖田卖地，缴囝学识字 [bhoi⁷ cang⁵ bhoi⁷ di⁷, giao² gian² o⁶ bag⁴ zi⁷] 指为了给孩子交学费，让他能够读书学习，把田地卖了也值得。例："人咀 ~，了此在免费入学，你还唔送个孥囝去读书（谚语说：卖田卖地，也要给孩子交学费让他去学习。现在读书免费，你还不把孩子送去入学读书）？"

生囝唔读书，不如饲大猪 [sên¹ gian² m⁶ tag⁸ ze¹, bug⁴ ru⁵ ci⁷ dua⁷ de¹] 指养孩子不让他去上学读书，还不如养头猪。例："~，你个孥囝初中还未毕业，就爱叫伊出来做工（养个孩子不读书，不如养头大肥猪。你孩子初中还没有毕业，你就要让他出来打工）？"

父教囝唔如大家，母教囝唔如先生 [bê⁶ ga³ gian² m⁶ ru⁵ da² gê¹, bho² ga³ gian² m⁶ ru⁵ sing¹ sên¹] 父亲教育孩子不如奶奶，母亲教育孩子比不上老师。例："~，孥囝上听老师个话（父亲教育孩子不如奶奶，母亲教育孩子不如老师。小孩最听老师的话）。"

布荟破，囝唔像 [bou³ m⁶ pua³, gian² bhoi⁶ ghao⁵] 比喻培养孩子，要花本钱、工夫。例："~，爱学钢琴就勿惊畏学费贵（不裁坏几匹布，当不了好裁缝。想学钢琴就不要怕学费高)。"

独鸡唔食粟，独囝唔食肉 [dog^8 goi^1 m^6 ziah^8 cêg^4, dog^8 gian^2 m^6 ziah^8 nêg^8] 喻指独生子女吃饭时挑肥拣瘦。例："~，此在只撮独生子女个恶邀抱死（独鸡不吃谷，独子不吃肉。现在这些独生子女实在难侍候)。"

大无好样，细无好相 [dua^7 boh^5 ho^2 ion^7, soi^3 bho^5 ho^2 sion^3] 上梁不正下梁歪。例："~，你一下唔听话，阿妹就缀你（上梁不正下梁歪，你不听话，妹妹就跟着你学)。"

大人结墙，孥囝学样 [dua^7 nang^7 gih^4 cion^5, nou^1 gian^2 oh^8 ion^3] 比喻小孩以大人为榜样。例："~，做人父母，着做幺然人着（大人砌墙，小孩学样，为人父母者，要做个模范)。"

教囝婴孩，教嬷初来 [ga^3 gian^2 êng^1 hai^2, ga^3 bhou^2 co^1 lai^5] 旧时谓孩子从小就要严加管教，媳妇刚过门就要让她懂得丈夫家的家规，这也是家庭成员磨合的需要。

人前教囝，房内教妻 [nang^5 zoin^5 ga^3 gian^2, bang^5 lai^6 ga^3 ci^1] 管教孩子可以当众，斥责妻子却不宜在大庭广众面前，最好就在自己家里。例："~，你勿动不动就在大街大巷骂汝嬷（人前教孩子，屋里教妻子。你别动不动就在大街上骂老婆)。"

严父出孝子，慈母多败儿 [ngiam^5 bê^6 cug^4 hao^3 ze^2, ce^5 bho^2 do^1 bai^7 ri^5] 家训格言。谓严格管教孩子才听话，过分娇惯会宠坏孩子。例："~，对独生子女愈孬较嫣婀（严父出孝子，慈母多败儿。对独生子女，更不能娇惯)。"

惜在心孬惜在面 [sioh^4 do^6 sim^1 mo^2 sioh^4 do^6 ming^7] 疼孩子不要

表现为过分宠爱，心里疼，但行为上不能太娇惯。例："爱惜孥团，也着~，勿嫣婀了爬上头拉屎（疼孩子要疼在心里，在行动上不要表现得过分溺爱，把孩子宠坏了）。"

细时唔熨，大时熨出骨 [soi³ si⁵ m⁶ ug⁴, dua⁷ si⁵ ug⁴ cug⁴ gug⁴] 比喻小孩如小时不管教，养成坏习惯再改就难了。例："~，孥团自细就着知教示（小时候不管教，大了就管教不了。小孩要从小就严加管教）。"

书无搙，爬上树 [ze¹ bho⁵ liu⁷, bêh⁴ zion⁶ ciu⁷] 比喻读书不反复复习，便容易忘记。例："~，你书包放落就去耍，考试去底块考会及格（读书不复习，今天读明天忘记，你放学就去玩儿，考试哪里能考好）？"

奖团一时，害团一世 [ziang³ gian² zêg⁸ si⁵, hai³ gian² zêg⁸ si³] 自己的孩子跟别家孩子吵架时，如偏袒自家孩子，会养成孩子的不良习气。例："~，你勿想咀有脸（偏袒孩子看起来是一时的事，却养成了孩子的不良习气。你别以为这样做才不丢脸）。"

4. 与人为善

千金买厝，万金买邻 [coin¹ gim¹ bhoi² cu³, bhuang⁷ gim¹ bhoi² ling⁵] 指邻居的重要性，千金可买好房子，万金难买好邻居。例："~，好厝边还赢过远路亲情（千金可买好房子，万金难买好邻居。好邻居胜过远路亲戚）。"

千金难买好厝边 [coin¹ gim¹ lang⁵ bhoi² ho² cu³ bin¹] 千金难买好邻居。同"千金买厝，万金买邻"。

行爱好伴，企着好邻 [gian⁵ ain³ ho² puan⁶, kia⁶ dioh⁸ ho² ling⁵] 出门旅行要有好伴儿，居住要有好邻居。例："~，个人税厝来企着先看看厝脚边怎生样（出门旅行要有好伴儿，居住要有好邻居。要租房子住，得先看看邻居怎么样）。"

在家听父兄，出门听鲥声［do⁶ gê¹ tian¹ bê⁶ hian¹, cug⁴ mung⁵ tian¹ bu¹ sian¹］指要服从长辈及上级的指令。例："～，在外畔做工，着听头脑个话（在家听父老，出门听领导。在外面做工，要听领导的话）。"

海底阔阔船头会相掟［hai² doi² kuah⁴ kuah⁴ zung⁵ tao⁵ oi⁶ sio¹ dian¹］比喻人总有发生矛盾的时候。例："～，个单位成百人，零个人有意见唔奇怪（大海宽无际，还有撞船时。一个单位百来人，有几个人有意见并不奇怪）。"

好是人情，唔好是本等［haon³ si⁶ nang⁵ cêng⁵, m⁶ haon³ si⁶ bung² dêng²］借人东西、请人帮忙时，别人肯答应，那是他给面子，我们欠他的人情；不答应也是正常的，不该怪他，因为他没有帮忙你的义务。例："伊～，你骂了无道无理（他肯帮忙是他给面子，不肯帮忙也在情在理。你骂他反而是无理了）。"

劝人圆勿劝人离［keng³ nang⁵ in⁵ mai³ keng³ nang⁵ li⁵］别人吵架，应该劝说其和好，不应该挑拨离间。例："～，人在相骂你就勿添汤落火了（劝人和好而不该拆人分离。人家在吵架，你就别去添油加火了吧）。"

老实终久在［lao² sig⁸ zong¹ gu² zai⁶］指老实人终究会有好下场。例："～，你勿想咀漏人会得过就好（老实人终究会有好下场，你别以为偏的过去就行了）。"

天地补忠厚［tin¹ di⁷ bou² dong¹ gao⁶］谓忠厚老实的人终有好结果。例："～，俺还是做个老实人好（老天保佑忠厚人，咱们还是做个老实本分的人吧）。"

人熟礼唔熟［nang⁵ sêg⁸ loi² m⁶ sêg⁸］指不论熟人还是陌生人都应

讲究礼貌。例:"~,撮叔叔来坐,你孬无大无细(对熟人也应有礼貌,叔叔们来家里,你不能没大没小)。"

破柴看柴势,入门看人意 [pua³ ca⁵ toin² ca⁵ si³, rib⁸ mung⁵ toin² nang⁵ i³] 比喻到别人家做客、谈事情,要客随主便,不能喧宾夺主。例:"~,人叫你坐就坐,叫你食就食,客气过头人倒唔快活(劈柴看柴纹,做客随主人。主人叫你坐你就坐,让你吃你就吃,太客气了主人反而不高兴)。"

神仙拍鼓有时错 [sing⁵ siang¹ pah⁴ gou² u⁶ si⁵ co³] 比喻人的工作难免出差错。例:"~,你来物也无能件件物来好(神仙打鼓有时也会打错鼓点,就是你来搞也没办法什么事儿都不出错儿)。"

相骂无好嘴,相拍无好槌 [sio¹ mên⁷ bho⁵ ho² cui³, sio¹ pah⁴ bho⁵ ho² tui⁵] 谓吵架时恶言骂人,打架时则棍棒相向。例:"~,干落去二家无和,还是歇好(吵架没好话,打架棍棒不留情。打下去大家都没好处,还是算了吧)。"

栽花分人插,种刺㨃人脚 [zai¹ huê¹ bung¹ nang⁵ cah⁴, zêng³ ci³ cag⁸ nang⁵ ka¹] 比喻办了好事别人能得益,干了坏事祸及他人。例:"~,做害人个事着一世人乞人骂到臭(栽花大家赏,种刺儿刺大家。干了害人的事,肯定得一辈子挨骂)。"

众人头毛拍成大碇索 [zêng³ nang⁵ tao⁵ mo⁵ pah⁴ sêng⁵ dua⁷ dêng³ soh⁴] 犹"众人拾柴火焰高"。例:"~,俺只夥人,好是惊畏无变物(众人头发能绞成大缆绳,我们有这么多人,干吗怕搞不成)!"

众人一条心,田塗变成金 [zêng³ nang⁵ zêg⁸ diao⁵ sim¹, cang⁵ tou⁵ bin³ sêng⁵ gim¹] 大家一条心,泥土变成金。例:"~,俺个厂爱物好,首先撮人着会团结(大家一条心,泥土变成金。我们厂要搞好,首先是大家要团结)。"

5. 勤劳节俭

白饭好食田着作 [bêh⁸ bung⁷ ho² ziah⁸ cang⁵ dioh⁸ zoh⁴] 指要劳动才会有所收获,不劳动者不得食。例:"~,你坐来只内,了就想赚大钱(想吃白饭得种田,你坐在家里,哪能赚大钱)?"

富从升斗起,穷因弃小钱 [bu³ cong⁵ sêng¹ dao² ki², gêng⁵ ing¹ ki³ siao² zin⁵] 指积少成多,可由穷变富;不勤俭节约,永远富不了。例:"~,好俭就着俭(富从节约起,穷因浪费来,能节省的就该节省)。"

无用姿娘业三顿 [bho⁵ êng⁷ ze¹ nion⁵ ghiab⁸ san¹ deng³] 嘲讽妇女平时偷懒,等到吃饭时又装作忙这忙那。例:"~,人叫伊来食伊哩去洗衫(懒婆娘,忙三餐。人家叫她来吃饭,她却去洗衣服)。"

无用姿娘看唔见初三月 [bho⁵ êng⁷ ze¹ nion⁵ toin² m⁶ gin³ ciu¹ san¹ ghuêh⁸] 初三月亮傍晚即落,不利索的主妇这时还没理完家务。例:"~,伊排夜着摸到三九二更正理会得直(不利索的婆娘看不见初三的月亮。她每天晚上都得很晚才能把家务干完)。"

田爱朝朝到,地着日日扫 [cang⁵ ain³ ziao¹ ziao¹ gao³, di³ dioh⁸ rig⁸ rig⁸ sao³] 谓种田要勤于管理,就像天天要扫地一样。例:"~,你布田了就唔去管理伊,去底块收有许孜(田要天天管,地要天天扫。你插了秧就再也没去管它,哪里有好收成)?"

饲虫饲鸟家伙了,饲猪饲牛家伙浮 [ci⁷ tang⁵ ci⁷ ziao² gê¹ huê² liao², ci⁷ de¹ ci⁷ ghu⁵ gê¹ huê² pu⁵] 饲养观赏的鸟虫宠物,既花费大,又玩物丧志;饲养猪牛等牲畜,则能发家致富。例:"~,你勿长去捏撮鹦鹉好孬(养虫养鸟败家,养猪养牛致富。你就别每天都去摆弄那些鹦鹉行不行)?"

清饭唔食老狗个 [cing³ bung³ m⁶ ziah⁸ lao⁶ gao² gai⁵] 比喻分内的事现在不干，以后还得干。例："~，你撮作业做了正去耍（该做的现在不做，过后你还得做。你还是先把作业做了才去玩）。"

艰苦趁，快活使 [gang¹ kou² tang³, kuan³ uanh⁸ sai²] 指辛辛苦苦赚来钱，快快活活地把它花。这表明了一种生活态度。

鸡母带鸡囝，有啄就有食 [goi¹ bho² dua³ goi¹ gian², u⁶ doh⁴ zu⁶ u⁶ ziah⁸] 比喻只要劳动，就会有饭吃。例："~，干爱你好去讨趁，个月怎呢物啰有二三千银好挈（只要肯劳动，就会有饭吃。只要你肯去找活干，一个月挣两三千块钱没问题）。"

鸡囝啄米碎，力啄一鸡胃 [goi¹ gian² doh⁴ bhi² cui³, lag⁸ doh⁴ zêg⁸ goi¹ ui⁷] 比喻只要勤快，可以积少成多。例："~，你也是愿刻苦趁，此在怎呢会无钱（小鸡啄米碎，也能吃个饱。要是你愿意一点一点儿挣，这会儿怎么会没钱呢）？"

公钱唔惜己钱无 [gong¹ zin⁵ m⁶ sioh⁴ gi² zin⁵ bho⁵] 公家的钱财不爱惜，自己的钱财也不会有。犹"大河不满小河干"。例："~，你勿想咀公家个钱就好四散使（大河不满小河干，你别以为是公家的钱就可以随便花）。"

脚湆嘴臭臊 [ka¹ dam⁵ cui³ cao³ co¹] 湆，湿；臭臊，腥臭味。只要下河去抓，就会有鱼吃。例："~，干爱你力落去掠定，惊畏无鱼食（只要肯下河，不怕没鱼吃。你肯去捕鱼，还怕没鱼吃）？"

宽时物，紧时用 [kuan¹ si⁵ muêh⁸, ging² si⁵ êng⁷] 平时用不着的东西留下来，说不定哪一天能派上用场。例："~，你勿者个也丢掉，许个也丢掉（平时用不着的东西，自会有用得着的时候。你别这也扔掉，那也扔掉）。"

力食值惰食嚪 [lag⁸ ziah⁸ dag⁸ duan⁶ ziah⁸ nuan⁶] 比喻劳动者终有所获，懒惰者只能吃自己的口水。例："~，你唔做功课，去底块有钱好使（不劳动者不得食，你不干活儿，哪里会有钱花）？"

孬做桁好做桷，孬做屐桃好做樽塞 [mo² zo³ ên⁵ ho² zo³ gag⁴, mo² zo³ giah⁸ to⁵ ho² zo³ zung¹ sag⁴] 比喻物各有所用，人各有长处，只要使用得当，便可物尽其用、人尽其才。例："~，伊咀话是无向会咀话，写文章哩好强，做个编辑还可以（做不了栋梁可做椽子。他虽然口才不行，但笔头还行，当个编辑还是可以的）。"

惜脚惜手，饿成蛤虬 [sioh⁴ ka¹ sioh⁴ ciu², gho⁷ sêng⁵ gab⁴ giu²] 比喻人四体不勤，不劳动者不得食。例："~，你唔去做功课，去底块有钱好食（四体不勤，没饭可吃。你不去干活儿，哪里会有钱吃饭）？"

细空唔补，大空艰苦 [soi³ kang¹ m⁶ bou², dua⁷ kang¹ gang¹ kou²] 比喻要防微杜渐，才不出大错。例："~，知咀底块孬还唔猛猛去问先生，等到大病许下就惨（小洞不补，补大洞更辛苦。知道有病还不赶快去看，等病重了那就麻烦了）。"

积少成多，唔积全无 [zêg⁴ zio² sêng⁵ do¹, m⁶ zêg⁴ cuang⁵ bho⁵] 积少成多，不积累就一点儿也没有。例："~，个月俭百银，年尾正有钱好买物件（积少成多，每个月省下一百块，年底才有钱办年货）。"

6. 重农重商

有惰人无惰田 [u⁶ duan⁶ nang⁵ bho⁵ duan⁶ cang⁵] 只有懒人，没有懒田。例："~，力落作就有好食（人勤地生宝，人懒地生草。只要你勤劳耕种，不愁没饭吃）。"

块田四个角，会荟在人作 [go³ cang⁵ si³ gai⁵ gag⁴, oi⁶ bhoi⁶ do⁶ nang⁵ zoh⁴] 同样的一块田地，可因种田人的技术和态度不同而有不同的收成。例："~，阿龙兄强死，年年亩田收着加人百外斤（田地四个角，看你种得好不好。龙哥真能干，每年亩产都比别人多收一百多斤）。"

一农败百商 [zêg⁸ long⁵ bai⁷ bêh⁴ siang¹] 以农为本，农业失收，商业将受影响。例："~，田园着失收物价就升（一农败百商，农业失收，物价就要升）。"

生理细细会发家 [sêng² li² soi³ soi³ oi⁶ huag⁴ gê¹] 生意虽小，却能发家致富。例："~，你勿看伊开间铺团，个月赚着几千银（小小生意能发家，你别看他只开了一间小商店，一个月却能挣好几千块钱）。"

阿姆合阿伯，百货合百客 [a² m² hah⁴ a¹ bêh⁴, bêh⁴ huê³ hah⁸ bêh⁴ kêh⁴] 比喻每个人对事物的爱好各有不同。例："~，你看着无用，伊看着啰好哩（各人有各人的爱好，你认为不好的，他却觉得很好）。"

人爱长交，数着短结 [nang⁵ ain³ deng⁵ gao¹, siao³ dioh⁸ do² gag⁴] 指账目要每天结清，不能长期拖下去。例："~，你块钱还是赶早还伊好（交友要经得起时间考验，账目必须天天结算。你欠他的钱还是趁早还给他吧）。"

买卖算分，相请无论 [bhoi² bhoi⁷ seng³ hung¹, sio¹ cian² bho⁵ lung⁶] 买卖上的经济往来，一个铜板也得算清楚。但如果是朋友间请客送礼，就不能斤斤计较了。例："~，条数是做生理个，钱着还你（买卖分文必算，请客多少不论。这笔账是生意往来的，钱我一定要付）。"

7. 开拓创业

路在嘴 [lou⁷ do⁶ cui³] 只要向别人请教，没去过的地方也能走得到。例："~，底块我都敢去（路在嘴边，一问便知，哪儿我都敢去）。"

爬上虎身就着骑 [bêh⁴ zion⁶ houn² sing¹ zu⁶ dioh⁸ kia⁵] 比喻已干上了，就得干到底。例："~，件事你答应做，就着去物好（爬上虎身就要骑到底，这件事是你答应做的，就一定得干好它）。"

无脸当死父 [bho⁵ liam² deng³ si² bê⁶] 没面子，毋宁死。常用以嘲讽恼羞成怒的人。例："伊乞人骂了许底 ~，你勿惹伊（他被人骂了，丢了脸，正要死要活地想找人出气，你别去惹他）。"

菜徙会青，人徙发家 [cai³ sua² oi⁶ cên¹, nang⁵ sua² huag⁴ gê¹] 菜要移植才能长得好，人要勇于走出去寻找最佳环境才能发家致富。例："~，你敢敢去深圳干几年看（菜苗要移植才长得好，人要走出去开眼界才能发家致富。你就大胆地去深圳干几年看看吧）。"

舵公爱做，咸水着食 [dua⁶ gong¹ ain³ zo³, giam⁵ zui² dioh⁸ ziah⁸] 比喻要成才，得经过锻炼。例："~，去工厂锻炼几年不会孬（要做舵手，得喝海水。去工厂锻炼几年有好处）。"

家无浪荡子，官从何来 [gê¹ bho⁵ lang⁶ dang⁶ ze², guan¹ cong⁵ ho⁵ lai⁵] 旧时认为只有外出闯荡的人才能当官，旧观念认为只有居家守业才是正经人，外出闯荡的都是浪荡子。其实可以理解为：只有敢于出去江湖闯荡，才能出人头地。

好生破家囝，孬生髡眉儿 [ho² sên¹ pua³ gê¹ gian², mo² sên¹ dam³ bhai⁵ ri⁵] 破家囝，败家子；髡眉儿，过分老实而近于愚蠢的孩子。例："~，孥囝调皮些囝正好（宁生败家子，不生痴呆儿。小孩淘气是正常的）。"

8. 继承经验

爱知山上路，着问落山人 [ain³ zai¹ suan¹ zion⁶ lou⁷, dioh⁸ mung⁷

loh⁸ suan¹ nang⁵〕比喻经过实践的人才有经验。例："~，你爱学做生理，着去缀阿杰叔（只有走过的人，才知道路怎么走。你想学做生意，就要向杰叔学习）。"

棚顶做戏棚下有〔bên⁵ dêng² zo² hi³ bên⁵ ê⁶ u⁶〕台上演的戏，人间常发生。例："~，戏也是根据世上人世上事缚个（台上演的戏，台下有的事。戏是根据世上的人和事编出来的）。"

本地戏恶做〔bung² di⁷ hi³ oh⁴ zo³〕原指在本地演戏难叫座，比喻本地干部难开展工作。例："~，你还是调去外地好（本地戏难演，你还是调到外地好）。"

饭好散食，话孬散呾〔bung⁷ ho² suan³ ziah⁸，uê⁷ mo² suan³ dan³〕比喻话不能随便胡说。例："~，无影迹个话你勿四散传（饭可随便吃，话不可随便说。那些没影儿的话，你别乱传）。"现如今饭也不能"四散食"（随便吃）了。

着嘴开，着嘴累〔dioh⁸ cui³ kui¹，dioh⁸ cui³ lui⁷〕祸从口出。例："~，较好呾话零下就着死（祸从口出，太多嘴有时候就会招来祸殃）。"

无许肚量，孬食泻盐〔bho⁵ hia² dou² liang⁶，mo² ziah⁸ sia³ iam⁵〕没有金刚钻，不揽瓷器活。例："~，你只二步物，勿去舍衰人（没有金刚钻，不揽瓷器活。你这两招三脚猫功夫，别去丢人现眼）。"

无好同伴，不如独行〔bho⁵ ho² dang⁵ puan⁶，bug⁴ ru⁵ dog⁸ gian⁵〕伙伴不好，还不如自己一个人走。例："~，爱出去旅游上重要着驴友好参详（伙伴不好，不如自己走。出门旅行，最重要的是同行朋友好商量）。"

出门无六月天〔cug⁴ mung⁵ bho⁵ lag⁸ ghuêh⁴ tin¹〕指出门在外，该

多带些衣物，以防天气突然变冷。例："~，你还是扱加二件衫裤好（出门在外，不是永远六月天气，还是多带几件衣服好）。"

家无管家婆，作久终须无［gê¹ bho⁵ guang² gê² bo⁵, zoh⁴ gu² zong¹ su¹ bho⁵］家里没有主妇持家，总会把家当弄光。例："~，你还是猛娶个嬷来家内理事好（家无主妇，不能发家致富。你还是赶快娶个老婆来理家务吧）。"

家内土粪人人有［gê¹ lai⁶ do⁶ bung³ nang⁵ nang⁵ u⁶］土粪，垃圾。比喻家丑谁都有。例："~，勿去四散呾人个（家丑人人有，别去乱传别人家的隐私）。"

行猛路唔如搭着渡［gian⁵ mên² lou⁷ m⁶ ru⁵ dah⁴ dioh⁸ dou⁷］来得早不如来得巧。例："~，阮拼到讨死，个你搭同车（来得早不如来得巧，我拼命赶路，结果也只能跟你乘同一趟车）。"

今年番薯唔比旧年芋［gim² nin⁵ huang¹ ze⁵ m⁶ bi² gu⁷ nin⁵ ou⁷］指时过境迁，情况不同。例："~，今年斤猪肉贵过旧年几个银（今年的红薯比不了去年的芋头，今年一斤猪肉比去年贵了好几块钱）。"

见蛇唔拍三分罪［gin³ zua⁵ m⁶ pah⁴ san¹ hung¹ zuê⁶］比喻见到有人做坏事就得出手制止。例："~，看着人在偷干物件，我就着个人相辅掠伊哩（见蛇不打三分罪，看到有人偷东西，我就得出手帮忙抓呀）。"

古人呾话挈纸好包［gou² nang⁵ dan³ uê⁷ kioh⁸ zua² ho² bao¹］谓古人的话多是可靠的经验总结，写在书里，值得记住。例："~，读古书着别加好歹物件（古人的话，记在书里，值得铭记，多读点古书就能增长见识）。"

合得主人意，便是好工夫［hah⁸ dig⁴ zu² ring⁵ i³, biang⁶ si⁶ ho²

gang¹ hu¹］为别人干活，最佳的原则便是要让主人满意。例："～，伊叫你怎呢作你就怎呢作哩（主人满意，评价就高。他让你怎么干你就怎么干呗）。"

好在莉中行，有日着莉酱［haon³ do⁶ ci³ dang¹ gian⁵, u⁶ rig⁸ dioh⁴ ci³ cag⁸］莉，指蒺藜等带刺的植物。比喻喜欢玩火，势必有自焚之日。例："～，我待你还是勿好（喜欢在蒺藜中走，免不了挨扎脚。我劝你还是别干了吧）。"

齿痛正知齿痛人［ki² tian³ zian³ zai¹ ki² tian³ nang⁵］患过病的人才有可能同病相怜。例："～，伊么是别乞伊饿着，正知无钱无米个凄惨（牙痛过的才知牙痛的难受，他因为曾经挨过饿，所以能体会到没钱没米的悲惨）。"

理路会得直，灯芯缚倒人 li² lou⁷ oi⁶ dig⁴ dig⁸, dêng¹ sim¹ bag⁸ do² nang⁵ 犹"有理走遍天下，无理寸步难行"。例："～，个唔是大声了就赢（道理讲得清，灯芯能绑人，又不是大声喊就有理）。"

铁惊落炉，人畏落理［tih⁴ gian¹ loh⁸ lou⁵, nang⁵ uin³ loh⁸ li²］比喻"有理走遍天下，没理寸步难行"。例："～，伊个官铁大我还敢个伊干（铁怕进熔炉，人怕没道理。他的官儿再大，我也敢跟他干到底）。"

人有三衰六旺［nang⁵ u⁶ san¹ suê¹ lag⁸ uang⁶］人的一生会有兴旺时，也会有倒霉时。例："～，去底块有一世人快活（人有倒霉时，也有幸运时，哪能一辈子都快活）？"

人无千日好，花无百日红［nang⁵ bho⁵ coin¹ rig⁸ ho², huê¹ bho⁵ bêh¹ rig⁸ ang⁵］比喻人有幸运时，也有倒霉时，很少能一辈子都顺心的。例："～，有病痛是正常个，猛猛上医院找医生看就是（人无千日好，花无百日红，有病痛是正常的，赶快上医院看医生就是）。"

有时星光，有时月光 [u⁶ si⁵ cên¹ geng¹, u⁶ si⁵ ghuêh⁸ geng¹] 比喻兴衰变化。例："～，你知伊就一世人衰（有时是星光亮，有时是月光亮，你以为他就一辈子倒霉吗）？"

有脸知收煞 [u⁶ liam² zai¹ siu¹ suah⁴] 人家给了台阶，要识趣赶快下台，免得难堪。例："你 da¹ ～，勿想做好，加下孬收拾（你有了台阶儿就赶快下吧，别不识好歹了，等会下不了台）。"

有心拍石石成针 [u⁶ sim¹ pah⁴ zioh⁸ zioh⁸ zian⁵ zam¹] 只要有恒心，铁杵磨成针。例："～，你也愿去学，底个在学会成（有心磨石头，石头也成针。只要你愿意去学，什么都能学会）。"

针无双头利 [zam¹ bho⁵ sang¹ tao⁵ lai⁷] 比喻人的能力很难两头兼顾。例："～，我又爱顾只块，又爱顾许块，实在无便（针无两头利，我又要管这一头，又要管那一头，实在不行）。"

一样米粟饲百样人 [zêg⁸ ion⁷ bhi² cêg⁴ ci⁷ bêh⁴ ion⁷ nang⁵] 粮食一样，养出来的人却什么样都有。例："～，天下什么人啰有（一样粮食养出不同的人，天底下什么样的人都有）。"

众人目毒过蛇 [zêng³ nang⁵ mag⁸ dag⁸ guê³ zua⁵] 指干什么事都逃不过群众的眼睛。例："～，你勿想咀你无咀人就唔知（群众的眼睛是雪亮的，你别以为你没说别人就不知道）。"

时到花自开 [si⁵ gao³ huê¹ ze⁶ kui¹] 比喻条件成熟，水到渠成。犹"瓜熟蒂落"。例："～，你免烦恼加个（时候一到，花儿自开，你别瞎担心）。"

食鱼食肉着菜佮 [ziah⁸ he⁵ ziah⁸ bhah⁴ dioh⁸ cai³ gah⁴] 吃鱼吃肉，

要有素菜解腻。例："~，着炒加盘青菜（吃鱼吃肉，要有蔬菜参和，再炒一碟青菜吧）。"

9. 善假于物

无好砻臼，磨死新妇 [bho⁵ ho² lang⁵ ku⁶, bhua⁵ si² sing¹ bu⁶] 比喻工具不好，累死干活的人。例："~，此在底人割稻还在用摔桶（砻臼不好，累死媳妇。现在割稻子谁还用甩谷桶）？"

千两黄金，不如薄技在身 [coi¹n nion² ng⁵ gim¹, bug⁴ ru⁵ boh⁸ gi⁶ do⁶ sing¹] 指技艺可谋生，比黄金更可贵。例："~，你还是着去学一二样技术好（千两黄金，不如薄技在身。你还是要去学习一两样技术好）。"

钝刀出利手 [dung¹ do¹ cug⁴ lai⁷ ciu²] 比喻只要技术娴熟，工具不先进也能把活干好。例："~，二家啰无底个，伊怎呢有便物出来了你无便（钝刀利刀，要看使刀的人。大家都没什么好条件，他为什么能把成果搞出来呢）？"

乞囝千金，不如教囝一艺 [keh⁴ gian² coin¹ gim¹, bug⁴ ru⁵ ga³ gian² zêg⁸ ghoi⁷] 给孩子留下一大笔钱财，还不如教会他一门手艺。例："~，你还是乞阿老二去读职业技术学校好（给儿子巨款一笔，不如教他一门手艺。你还是让老二去读职业技术学校的好）。"

破船过溪赢过泅 [pua³ zung⁵ guê³ koi¹ ian⁵ guê³ siu⁵] 比喻有所凭借总比没有好。例："~，有只车好开，旧是旧，终久赢过无（乘破船过河总比游过去省力。有一辆车开，虽是旧的，也比没有强）。"

四两堵千斤 [si³ nion² du² coin¹ geng¹] 比喻方法对头，干活儿不费力。犹"四两拨千斤"。例："~，做功课着讲究方法技术，唔是力大就好（四两能拨千斤，干活儿要讲究方法技术，不是力气大就行）。"

一物用一药，蛇蚤无涎掠唔着 [zêg⁸ muêh⁸ êng⁷ zêg⁸ ioh⁸, ga¹ zao² bho⁵ nuan⁶ liah⁸ m⁶ dioh⁸] 比喻一物降一物。例："～，漏屎生成着食保济丸好（一种病用一种药，没有口水跳蚤抓不着。拉肚子就得吃保济丸）。"

10. 坏事莫为

坐食山崩 [zo⁶ ziah⁸ suan¹ bang¹] 坐吃山空。例："～，万银耐你食若久（坐吃山空，一万块钱能吃多久呢）？"

鸦片一食，鸡母就掠 [a¹ piang³ zêg⁸ ziah⁸, goi¹ bho² zu⁶ liah⁸] 谓因吃鸦片把钱财都花光而使人变成贼，谓坏事莫为。例："～，后生后团至切孬做者事（鸦片一抽，好人变小偷。年轻人千万不能干坏事）。"

百艺好随身，赌友孬相亲 [bêh⁴ ghoi⁷ ho² sui⁵ sing¹, du² iu² mo² siang¹ cing¹] 百般手艺都可学，唯有赌友不能交。例："～，许撮痞团你至切孬去交插（手艺可学，赌友莫交。那些流氓阿飞你千万别跟他们来往）。"

无偷挈，闲啰啰 [bho⁵ tao¹ so¹, oin⁵ lo¹ lo¹] 谓问心无愧，半夜敲门心不惊。例："～，件事佮你无相无干，你惊怎呢（不偷不抢，半夜敲门心不惊。那件事跟你毫无关系，你怕什么）？"

细时偷针，大时偷金 [soi³ si⁵ tao¹ zam¹, dua⁷ si⁵ tao¹ gim¹] 指小孩的坏习惯是从小养成的。例："～，孥团细细偷挈物件就着敢敢拍，伊下回正唔敢（小时敢偷针，大时就偷金。小小年纪就偷东西，你要下狠心打他一顿，他下次才不敢）。"

输钱总从赢钱起 [su¹ zin⁵ zong² cong⁵ ian⁵ zin⁵ ki²] 赌博输钱总是由开头赢钱而引起的。例："～，我哩待你有赢知收煞（输钱多因一开始赢钱而引起，我劝你既然赢了还是从此洗手不干吧）。"鸟飞过有落毛

[ziao² buê¹ guê³ u⁶ loh⁸ mo⁵] 雁过落毛，比喻事要人不知，除非已莫为。例："~，唔见着只奓物件，怎呢会掠唔着贼（鸟儿飞过都会落根羽毛，丢了这么多东西，怎么会抓不着小偷呢）？"

酒樽擎成终世穷 [ziu² zung¹ kia⁵ sêng⁵ zong¹ si³ gêng⁵] 喝酒成嗜好，终世穷光蛋。例："~，你薰茶酒三路齐，看你有若奓钱好食（喝酒成瘾，一辈子穷人。你烟、茶、酒样样都会，看你有多少钱可花）。"

四

日久他乡亦故乡

血浓于水的潮州会馆

每次出国,我都会尽量安排时间去拜访当地的潮州会馆,这不仅缘于我研究的潮汕方言与历史文化跟潮州会馆有关,也缘于潮人血浓于水的亲情。

这次东南亚之行也不例外。我们拜会了吉隆坡雪兰莪潮州会馆。会馆不大,只是一座三层小楼,但也有一定年代了。难得的是,会长丹斯里拿督林源德先生和几位副会长都来了。用华语(普通话)一番寒暄之后,大家就用最能传达亲情友谊的潮州话倾谈起来,一边品尝着马来西亚的著名水果红毛丹、山竹、香蕉等,一边聊着潮汕原乡和吉隆坡潮人的状况,情真意切,相谈甚欢。

转到越南,我们又访问了胡志明市的潮州义安会馆。除了会长出国之外,多位副会长都出席接待了我们。我们没有想到,胡志明市有50多万的华人,其中有近10万潮州人。义安会馆坐落在华人区的一条街上,实际上是一间关帝庙。庙的正殿中间供着大义凛然的关公;右侧则供着海神天后娘娘,也即妈祖。关帝庙和妈祖庙挨着建是潮州原乡常见的现象,汕头市的"老妈宫"旁边就是关帝庙。但把妈祖作为陪祀则不多见,也许是地方不大,不能再建一座庙宇,便只能委屈海神娘娘了。据说这座关帝庙已经有200多年的历史了,现在是越南的国家级文化遗产。关帝庙上一次重修是在光绪年间,现在义安会馆再次重修的报告已经递交到越南文化部,准备在2008年开始修缮,2010年举行重光重大仪式。关帝庙的前面,是一个小广场。广场虽然不够"广",看起来可能只有两三百平方米,但在胡志明市,这可是个难得的公共场所。义安会馆的理事郑先生告诉我们,每年的元宵节,这里都会演戏酬神,也娱乐华人。

通常是连续演出半个月，从正月十四演到正月底。一般是请越南本地的潮州剧团来演出，偶尔也邀请广东（汕头）潮剧院一团、二团或者潮州潮剧团等著名潮剧团来演出。家乡的潮剧团一来演出，往往是盛况空前，小广场上人山人海，潮州人、广府人，还有越南人都来赶热闹。正殿两侧，左侧厢房是客家会馆，右侧厢房就是潮州义安会馆。义安会馆在这里为我们举行了欢迎仪式，又是时令佳果、亲情乡音。此时此刻，感觉就像是到亲友家做客，一点也没有在国外的感觉。

其实，这是到哪个国家的潮州会馆都会有的相同感觉，由此而使我想起以往拜访其他潮州会馆的往事。

我第一次出国访问的是泰国潮州会馆。大概是1992年吧，那是我第一次出国。汕头大学考察团一行3人出访泰国，包括团长即已经退休的原副校长林川先生，教务处长、招生办主任黄宇智先生和我。我当时只是个普通教师，什么官儿都没有。只是因为我主编的《潮州话口语入门》和参编的《汉语口语ABC》两本著作刚刚出版，林川先生认为可以带过去跟泰方的潮州会馆和华文学校交流。林川先生跟泰国的侨领们私交甚密，所以我们一行抵泰所受到的是最高规格的礼遇。在泰国威信极高的郑午楼先生、谢慧如先生等侨领和潮州会馆、泰华报人福利基金会、泰国华文教师公会、泰国华文学校联谊会等组织都接待并宴请了我们。我至今记得，郑午楼先生是在自己的府邸上接见我们的，这是最高的礼遇了。

泰国潮州会馆是世界上建立时间最早、规模最大的潮州会馆：一座三层大楼，中国的宫殿式建筑，黄瓦绿脊，气派巍然。我最感兴趣的是会馆资料室里的大量藏书和重要文献资料，这里有丰富的清末到民国时期的有关潮州原乡和泰国华人、潮州人的资料，以及国民党元老于右任先生的手迹等珍贵墨宝。可惜，泰国的潮州人以工商人士和劳工居多，文化人到了第三代，也没有人对这些东西感兴趣了。因此，也没有人来整理利用这些东西。后来，以潮州籍为主的华人发起兴办了华侨崇圣大学，成立了中国研究中心，但由于缺乏华文人才，也未能很好地开展泰国华人和潮人的研究，殊为可惜。

有鉴于此，2003年我拜访新加坡潮州八邑会馆，因为那个时候我已经身为汕头大学副校长,就代表汕头大学跟会馆达成了一个协议:请汕头大学图书馆潮汕文化文献特藏室的老师们利用暑假时间到新加坡八邑会馆,帮他们把会馆丰富的藏书和文献资料整理登录上架;作为回报,新加坡八邑会馆赠送有副本的藏书和文献资料给汕头大学图书馆,结果双赢,合作愉快。可惜,此项工作未能在其他国家开展,致使许多颇有价值的"潮学"资料现在仍然"丢荒"在全世界各地的潮州会馆里,我至今仍然耿耿于怀,所以在不少场合都大声疾呼,要把海外潮人开拓史和现状研究作为潮学研究重要的一部分。

潮州会馆,不但是当地潮人的精神家园,也是原乡潮人探亲的温馨客厅。哪里有潮人,哪里就有潮州会馆;哪里有潮州会馆,哪里就有老酒浓茶,亲情乡音!

2008 年夏

三访耀华力

耀华力，即耀华力路（或耀华力街），是泰国曼谷唐人街的主要街道。泰文我不懂，只知道英文拼作"Yaowarat Road"。据说耀华力路是拉玛五世朱拉隆功时期开始修建的，"Yaowarat"的泰语原意是"太子"。"耀华力"三个字是早期华人用潮州话翻译的，音义结合，十分巧妙。听泰语的发音，与潮州话念这三个字确实很接近。

我第一次知道这个地名，是从书本上得到的。1992年，我首次去泰国访问之前，曾到著名华文文学研究专家陈贤茂教授主持的汕头大学海外华文文学研究中心资料室去查阅跟泰国有关的资料，发现了一本叫作《风雨耀华力》的泰国华文作家长篇接力小说（我至今还记得该书是福建的鹭江出版社1987年出版的），便借来阅读。读着读着，便被它浓浓的乡土文化氛围所感染，好像故事就发生在汕头旧市区的"小公园"和"四永一升平"。每一页小说里都会跳出来的几句熟悉而亲切的潮州话对白，令我怀疑："这真是发生在泰国的故事吗？"

后来，当我真的走在耀华力街头的时候，这种感觉不是减弱了，而是增强了。

耀华力是曼谷唐人街三条主要街道之一，长约2公里，位于曼谷的西面。其他两条街道是三聘街和石龙军路。唐人街是老曼谷的主要街区之一，已有近200年的历史了。耀华力路上，满大街的金行、钟表店、杂货店、中餐馆、小巴萨（菜市场）、大酒店都写着中文繁体字招牌。走过去随便跟店里的伙计搭讪，华语、潮州话都行得通。连守门的红毛印度保安，也会来上几句潮州话，称呼你为"头家"，跟你说"恭喜发财"。

当然，这里最著名的还是金行，据说曼谷70%的金铺就分布在唐人街上。上百家大大小小的金铺，门口竖着巨大的中文招牌，柜台里陈列着金光闪闪的首饰和黄金制品。与别处的金铺不同的是，这里的黄金首饰是一堆儿一堆儿地摆在那儿，金链儿是一扎一扎地挂在墙上，就像是一捆捆的小绳子。这里卖金子仿佛是在卖大白菜，让顾客自觉不自觉地也跟着豪气起来而一掷万金。我们是四月中旬到的曼谷，正好碰上黄金价格世界性的大跌。一天上午去公干之前，主人带我们顺路先逛了一下。到了耀华力一看，傻眼了：大街上的每一家金铺门前，都排着长长的几行队在等着店铺开张。他们不是来"选购"的，而是来"抢购"、来"扫货"的。主人说，曼谷人有"炒金"的习惯，耀华力就是"炒金"的主要场所。每天早上商店开门之前，黄金商会的领袖们会集中开会，根据世界黄金的行情，定出当天全国统一的黄金零售价。而曼谷的金价，对世界金价是有影响的。据说，每天商定金价的黄金商会的会长祖籍就是潮汕的。曼谷卖金，现在还采用旧的单位和算法，以"铢"（潮州音puag^4）为单位，一铢四钱，四铢十六钱为一两。我不懂是怎么折合为国际通用的"克"的。

除了黄金之外，还有一些商店出售来自中国内地的特产，如贵州的茅台酒、北京同仁堂的药丸、漳州的片仔癀、重庆的天麻、成都的当归、兰州的枸杞、新疆的大枣等，五花八门。各种潮式小吃，如桃粿、菜头粿（萝卜糕）、鱼饭（冻鱼）、粿条（米粉条儿）、卤味，应有尽有，而且名称也跟潮州话一样，译成了泰语词了。放在小竹筛里的鲜甜美味的"鱼饭"，物与名也都跟潮州话一模一样：个儿小点儿的叫"巴浪（lang^1，本字是'鳞'）"，大而肥的叫"巴图［tu^2］"。这两个鱼名应该是泰语的借词：泰语把鱼叫作"巴"，"×鱼"就叫作"巴×"，因为泰语的修饰成分后置。当然，也有出售泰国土特产的商店。我最喜欢色香味俱佳的水果店：带刺儿的榴莲、金黄的芒果、硕大的香蕉、长胡须的红毛丹，还有比澄海的林檎大上两倍的"大种"林檎（番荔枝），看得你口水直流……

从1992年至今，我到曼谷已经N次了，其中有三次就被主人安排住在唐人街里：第一次住白玉兰酒店；第二次住中国大酒店；这次来，住的是大华酒店（Grand China Hotel）。

　　第一次来的时候，中国式的豪华酒店见的不多，觉得白玉兰酒店已经很高档了。但现在看起来，唐人街就是个旧城区，建筑物多数都是有年头的楼房了，显得十分陈旧，甚至可以说破败了。尤其是街上半空中的电线，一捆一捆地横穿竖拉，杂乱无章。我原来感兴趣的是，这里的潮州话就像耀华力的建筑物一样有年代感。跟店里的会潮州话的伙计聊天，像是穿越回民国时代，什么"头家""伙计""咕哩""财副""客栈"等词语，频频出现。但这次来，发现能讲潮州话的店员已经为数不多了。一位老伯告诉我，不少华人在这里发财了之后，嫌这里嘈杂混乱，缺乏安全感，便都迁离了。留守于此的，多半不是老妪，就是老汉了。"年轻人从耀华力出去之后，就不再学潮州话了。我们这些还待在这里的人不久也将'走'了，也就没有人再会在这里讲潮州话了。"老伯一脸"无可奈何花落去"的神情，摇摇头，沮丧地说。

　　我心里也在淌血！我深深地知道，一种原乡的传统文化要在异国他乡得到传承和发展，那是多么的困难！就是在中国本土，在滚滚而来的经济大潮和波涛汹涌的流行文化的冲击之下，要保持传统文化的长盛不衰，也不是那么容易。君不见，各地的有识之士，都在为抢救和保护自己的方言和其他非物质文化遗产而努力吗？

　　伤逝之余，我们应该多想想的是，我们究竟能为中国优秀传统文化在海外的传承和发展尽力去做些什么。

2012 年夏

湄南河上的船娘

出访泰国之前,我便翻读了泰国华文作家的一些作品,对湄南河那坐着"河港里荡漾的小舟,戴着凉笠,扬着娇软的叫卖声"的船娘(陈博文《水上市场好风光》),对湄南河畔那椰林,"高脚屋,金色的塔尖"(年腊梅《轻风吹在湄江上》),已是神往多时了。因而,访泰公干之余,便迫不及待地让学生带我去游湄南河,领略其迷人的风光。

我们一早从著名的曼谷唐人街耀华力路出发,打车约半个钟头便到了一处小码头,从那儿租了一条小游艇,沿湄南河从东向西驶去。起初半个钟头的航程,两岸无非高楼大厦,河水浑浊不堪,没有多少值得拍照的美丽风景。

忽然,游艇一个急转弯,拐进了一条河面较窄的支流。船行不到十分钟,眼睛顿时为之一亮,那梦寐已久的一排排椰林、一间间吊脚楼突然浮现在眼前,并匆匆地从两侧"流"了过去。我急忙端起"傻瓜机","咔嚓咔嚓"地拍了起来,生怕这富有东南亚特色的美景会溜走。

"先生,买榴莲勿?"

我正手忙脚乱地照着相,耳畔忽然飘来一串甜甜的乡音——潮州话。转过头来一看,原来,已有三条小舟靠在我们的游艇两侧:船上或一人,或两人;有半老妇人,也有年少船娘。有的船上堆满了各式各样的水果:榴莲、木仔(福建闽南话叫"芭乐",即番石榴)、香蕉、龙眼、菠萝、芒果、山竹、红毛丹……有的船上却是精巧别致的工艺纪念品:多姿多彩的椰叶笠、楠木柄的小刀具、印有泰文的T恤、挂有佛像的仿象牙项链、各式各样的椰雕……

我很惊讶,这些做水上生意的人难道也是潮州人?怎么会说潮州话呢？

于是，我跟卖水果的这些船娘们搭讪起来，用潮州话问她们价钱。这一问才知道，原来她们是正宗的泰妈泰妹，世世代代在湄南河上做小生意。由于泰国的潮州人多，来旅游的中国游客也有不少是潮州人，于是，她们也多少学会了几句"洋泾浜潮州话"，用以招徕生意。

看来，在泰国，潮州话还是相当有经济价值的呢。不光泰国人学会几句潮州话是常见的事情，泰语里的潮州话借词那才多着呢，有文章做过介绍，泰语里有近千条的借词，例如"粿条""豉油""芥蓝""菠薐""红包""头家"等等。我在唐人街的耀华力路和三聘街实地调查过，知道这种事情实在是很普通很普通。唐人街里的人都能讲潮州话，从开金铺、珠宝店的老板和伙计，菜市场的小商小贩，旅店客栈的大堂经理和行李生，甚至到看大门的印度保安，清一色地会说一口流利的潮州话，而且是清末到民国时期的潮州话。例如，把 hotel（酒店、宾馆）叫"客栈"，把店员叫"伙计"（伙记），把老板叫"头家"，把管账的经理叫"财副"等等。我当时感觉，自己就像一个淘金工人突然挖到了矿藏丰富的金矿一样，惊讶得直想喊叫。如果谁要调查 100 年前的潮州话词语，就到这里来调查记录好了，因为它们活生生地、原生态地存在着。

再往前面，游艇越来越多，几乎把江面都塞满了。只有那些卖东西的小船，在游艇间见缝插针、往来自如地穿梭游弋着；船娘们的叫卖声和游客们的笑声交织在一起，此起彼伏，扬起了微微的波浪，也荡开了游客们的心扉。斜阳穿过椰子树叶子的缝隙，泻落在河面上、游艇上和小船上，斑斑驳驳的光影，让人产生一种置身画中的感觉。无论是世代在河上售货谋生的船娘，还是不知道从哪里来的游客，此时此刻，脸上闪烁着的，都是快乐的光芒！

"先生，买榴莲勿？"

这句甜甜的泰味潮州话，将刻录在我记忆的硬盘里，永不消退。

2008 年夏

茶浓，情更浓！

"哪里有潮汕人，哪里就有工夫茶。"此话不假，笔者因公去了 N 趟泰国，走遍了大半个暹罗，深有体会。在侨领接待我们的宴席上，吃的大多还是潮州菜。一如在家乡的酒店，开席之前，先来一巡浓香开胃的工夫茶；酒到半酣，又上第二巡茶，令你食欲顿增；酒足饭饱，第三巡工夫茶又端了上来，令你油腻之感尽消，齿颊留香，回味无穷。

在我们拜访的大部分潮籍侨领府上，大都也珍藏有名贵的工夫茶具及极品茶叶。见是家乡来了客人，纷纷把茶具摆上，泡起了滴滴香浓的乡情茶。俗话说，"茶薄人情厚"，更何况，茶浓香满口，乡情便更是浓厚无比。

在这样浓郁的亲情厚谊的氛围中，会谈常常是充满感情色彩、亲切愉快、令人久久难忘的。

说起泰国的工夫茶，主人们常会无比自豪地介绍工夫茶在泰国的奇闻轶事。据传，工夫茶具的"台柱"朱砂茶壶（冲罐）在泰国大城王朝时就已传入泰国了。到了曼谷王朝第一世时，更被视为珍品，王室、大臣、殷商巨贾纷纷收藏。第二世王曾自己设计了壶样，让大臣到中国来定制。第四世王时期，泰国曾经举办了三次中国宜兴朱砂小壶和其他茶具的比赛。当时有位名望很高的亲王，对朱砂壶等工夫茶具爱不释手，把玩之余，竟开起中国茶具商店来，一时成为美谈。到著名的第五世王时代，五世王比前辈更有过之而无不及，不但像二世王一样，自己画了几种壶样，派大臣到中国去定做，还在壶底用泰文钤上了他的御号——佐保罗。这可是货真价实的御品了，现在已成为泰国的珍贵文物。

王室尚且如此，民间对工夫茶的热爱也丝毫不减。我曾一边品赏着清香的凤凰单丛茶，一边怀着纤毫不染的净心欣赏着泰国著名作家司马攻先生的散文《明月水中来》：

> 我有一把小茶壶，宜兴出品的朱砂小壶，壶底刻着"明月水中来"五个行书。小时候，我每天都见到祖父用这把小茶壶冲出四杯浓浓的茶来……
>
> 三十多年前我到泰国来，这把小茶壶便被带着同来。这里喝工夫茶的人很多，就同故乡一样的普遍……我的茶瘾似乎越来越大……有时，我也要我的儿子喝喝茶。可是他只喝了小半杯，就把杯子放下："哎呀！这么热，这么苦！我不要啦！"做个鬼脸跑了……
>
> 有一天，我外出访友回来，当踏进客厅时，我大大地吃了一惊：我那个十多岁的儿子，恰好坐在我经常坐在那儿喝茶的地方，用他生硬的手法，拿着这把小茶壶，正在冲他的工夫茶喝……
>
> 我这时心中的笑意比脸上的笑容还要强烈得多，我坚信这把小茶壶不会寂寞，它已将有小主人了！"明月水中来"这轮明月，我看得分明：她是故乡的那轮明月。
>
> 这明月我将留给我的儿子，以及儿子的儿子。

我从来也没有读过一篇这么使我激动不已的、味淡淡而情深深的优美散文，特别是身在异域而沉浸于乡情的时刻，更令我感触尤深。

司马攻先生写的是他自己家的茶壶，但我看到的是泰国潮籍乡亲们的一腔深情：茶浓，情更浓！

泰国的工夫茶是由嗜茶的先辈们带到泰国去的，随红头船一同带去的还有一粒粒饱含乡情的种子。如今，泰国的工夫茶炉的火焰不但未曾熄灭，反而让茶色越泡越浓，香远益清；而乡情的种子，早已在暹罗大地开花结果，而且将世世代代繁育下去。

喝吧，亲爱的乡亲们！下一次到泰国去，我将给你们带去潮州的凤凰单丛、饶平的岭头白叶单丛，让泰国的工夫茶更加香醇，让乡情更加浓烈，让中泰友谊万古长青！

2008 年夏

汉字原乡里的泰华舞蹈家

2015年春节后不久,我收到了从泰国曼谷寄来的一包书,很是纳闷:谁寄来的呢?

打开一看,原来是泰华作家协会寄来的四本《泰华文学》杂志。居然,第74期上有我的一篇旧文——《茶浓,情更浓》。我想起来了,今年6月底有个参加泰国法政大学东亚研究所中国研究中心举办的"潮州:从原乡到异乡"学术研讨会的任务。韩山师范学院在泰国的杰出校友陈汉士先生曾经跟我说过,泰华作协要邀请我去座谈。想来,他们是在提前做准备了。我想,我也得做点功课了,因为在《茶浓,情更浓》这篇散文里的最后一段,我写道:

> 喝吧,亲爱的乡亲们!下一次到泰国去,我将给你们带去潮州的凤凰单丛、饶平的岭头白叶单丛,让泰国的工夫茶更加香醇,让乡情更加浓烈,让中泰友谊万古长青!

看来,这20多年前的承诺,得兑现了!

再仔细看看《泰华文学》的主编,就是泰华著名前辈作家、潮阳籍的司马攻(马君楚)先生和澄海老乡、著名散文家梦莉大姐。1992年在汕头大学举办"首届潮籍华文作家学术研讨会"的时候,我们就认识了。那个时候,我才30多岁,年轻气壮;司马攻先生50多岁,年富力强。当时,我还写了一篇文章,叫《从〈轻风吹在湄江上〉看泰华文学作品的方言特色》,分析了这本收录泰华8位著名作家的散文、小说和诗歌的文学合集的语言特色。我很喜欢司马攻先生的散文名篇《明月水中来》,在《茶浓,情更浓》一文中,还专门引用了,并赞美了他怀念故乡的高洁情怀和淡雅从容的优美文笔。转眼之间,我已年近花甲,他已是"80后"人士了。我在脑子里想象着我们23年后重逢的场景。

时间来到了2015年7月1日上午9点半,在韩山师范学院杰出校友汉士大兄的带领下,我们来到了曼谷华尔街大厦19楼的泰华作家协会。本来约定的是10点开会,但会议室里已是高朋满座了。我们一进门,司马攻先生马上认出我来。我看看他:面容清秀,精神矍铄,仍然是那样的文质彬彬,看起来也就六十多七十岁的年纪。我们握手寒暄之后,他把我们带进一间小会议室,在会议桌的一头,已经摆出了一套潮州工夫茶具。我连忙呈上我带来的潮州手拉壶和凤凰单丛茶,20多年前的承诺终于兑现了。看着乡亲们有滋有味地品着工夫茶,我心里也美滋滋的,甘甜无比。

10点,座谈会正式开始,《轻风吹在湄江上》的8位作者来了过半数:司马攻、梦莉、范模士、陈博文、白翎……但多数已鬓发斑白,是耄耋老者了。有的腿脚不利落;有的耳朵重听;还有老羊等作者,不能来了,因为去了天国写作。但高兴的是,会议室里满满当当地坐了30多个人,有三四十岁的,也有四五十岁的,各个年龄段的人都有。老羊的女儿杨玲小姐已是泰华作家协会的副秘书长了。还有几位来自西安、山东等北方地区的文化人,也参加了座谈。因为他们从中国到泰国之后,也活跃在泰华的文坛上。看来,湄南河奔腾不息,泰华文学后继有人。我曾经说过,母语(方言),是一个国家或者区域内人民的精神家园;而澳大利亚的华文文学作家和研究者庄伟杰先生讲过,对于海外华人来说,汉字,就是生命的原乡。他写道:"痴迷汉字,落笔成乡。在文字里蹈舞,如同流连于文化原乡,我可以把故国家园连同我的文化抱得紧紧的。"[①]

是的,泰华的作家们,你们就尽情地在这片汉字原乡里舞之蹈之,创作出与原乡文化紧密相连、与原乡乡亲血脉相连的好作品来,我们等着阅读欣赏,也在"唐山"等着你们的到来!

2016年春

---

① 载《羊城晚报》2015年6月30日B4版。

踏访簧利行旧址

2015年6月28日下午半晌时分，日丽风轻，云白天蓝，我们在慈簧爷（澄海人对陈慈簧的尊称）家族第五代侄孙、书画家、艺术家陈克湛先生和第五代外孙女高女士的带领下，来到了位于泰国吞武里府湄南河边的簧利公司旧址。慈簧爷家族第四代传人、簧利股份有限公司董事、总经理陈天中先生已在公司等候我们良久，他热情地与我们握手寒暄。虽然他与我们一行人以前没见过面，但潮州话一说，就像拉家常一样，有了"他乡遇故知"的感觉。我们还在"火船垄"（轮船公司）的旧址碰到一位阿伯，他听到我们一行人在说潮州话，马上走过来问："人客阿兄俺岂是潮州人？"我们说："是。"他马上随口而出："潮州风景好风流，二只鉎牛一只溜。"老人家见到家乡人，好兴奋，聊个不停。他是澄海隆都前溪陈人，是陈慈簧先生的家乡人，今年91岁了，来泰国70年了，退休前在簧利公司做工。这场面好温馨，好动人：美不美，家乡水；亲不亲，故乡人嘛！

高女士热情地为我们做引导介绍。她是《泰国华人历史》一书的作者之一。我们只知道她姓高，她只有泰文名（英文拼写是：Pimpraphai Bisalputra），她母亲是陈慈簧家族第四代，嫁给了曼谷"火船垄"（轮船公司）高氏的后代。高女士是一位很有修养的女性，举止优雅，谈吐得体。操着一口在泰国很难得听得到的纯正英语，介绍不紧不慢、有条不紊。

这是一幢两层楼的大院，是陈慈簧1871年在泰国创办簧利行的基地。楼下大厅是过去公司开会议事的地方，类似于会议室或者叫议事堂吧。现在置放着慈簧爷和他的泰国太太（当地潮人叫"番嫲"）的遗像。相片尽管已经残旧，但慈簧爷当年年富力强的风采，依然可见。进门右手边挂着慈黉爷的儿子陈立梅的遗像,左边挂着的是其孙子陈守明的遗像。几件家具,简朴而整洁,依稀可见当年创业的艰难和节俭。楼上中间大厅供奉着"家神"。左手边"大房"住的是"番嫲",连着的厢房里住的是女儿们。母亲和女儿们负责祭拜祖宗,这可是很神圣的家族任务。主人告诉我们,泰国民间风俗还保留着母系社会的遗风,伺候长辈、祭拜祖宗的事情都是由女儿们负责的,女婿多住在女方家里,所以有"暹罗家神走团拜"的说法。想想潮汕原乡现在的情况,我不禁暗暗发笑。因为原来重男轻女之风甚盛的潮汕原乡,城市里现在不也有很多女婿到女方家里与岳父岳母一起住,倒不是因为要祭拜家神,或者是母系社会的遗俗回潮,而是因为女儿与母亲、女婿与岳父母的关系,比儿媳妇与婆婆、公公的关系容易沟通一些,有利于家庭的和谐相处。也正由于女儿守家的这个风俗和规矩,慈黉爷家族的男人们都走南闯北,到世界各地区闯荡奋斗了。如今这个庞大的家族六世同堂,已有几百口人之多。在泰国、新加坡、马来西亚、美国、加拿大、英国等国家,以及中国台湾、香港等地区都有这个家族的事业,据说企业、公司多达250家左右。1995年曾经发布过"经济实力最强的海外潮籍人士"榜单,60位上榜人士中,陈慈黉利家族的第四代传人陈天听排名第十四位,拥有财富约20亿美元,现在的财富可能就更多了。

从门口出来,是一片差不多有一个足球场大的绿草坪。如茵的草坪尽头,就是川流不息的湄南河。各种大大小小、形状不一的船只在河上穿行。我呆坐在河边的草地上,点数着河面上穿梭的各种船只。过河的轻风拂面,把下午的暑气吹去。我放任想象的野马,信马由缰。

这里当年应该有个码头吧,黉利行的货物,应该就是从这河边的码头集散的。看看黉利行旧址的隔邻,原来属于高氏家族、后来由黉利家族收购接管的"火船垄"旧址,现在也残破不堪。再想想潮汕原乡陈慈黉故居昔日的气派和今天的式微。一百多年来风云变幻,沧海桑田,物是人非,不变的是眼前这条照样奔腾不息的泰国人民的母亲河,它见证了黉利家族的兴旺发达,也见证了这个创业基地的败落。

当然,在世界各地的陈黉利家族至今仍然繁荣昌盛,我也衷心祝福这个令澄海人、潮汕人,令泰国华人、世界华人脸上有光的华人翘楚家族,像湄南河一样长流不息,万世其昌!

乡愁入梦

马来西亚吉胆岛上有个外砂村

几年前通过一个偶然的机会，知道了马来西亚吉胆岛上有个说澄海外砂（新溪）话的渔村，现在还有四五千人呢！

干了半辈子方言调查的我，一听说有方言岛就兴奋，尤其是海外的。于是，就有了到吉胆岛上做调查的想法，可以说是"蓄谋已久"。今年的人间四月天，终于成行。

吉胆岛的马来语名字叫作"Pulau Ketam"，当地华人翻译为"浮罗吉胆"。"Pulau"是岛的意思，"Ketam"是螃蟹的意思，全译就是"螃蟹岛"。据说红树林浅滩上盛产螃蟹，当地的渔民看到这种情景，便以螃蟹命名此岛。

接待我们的谢大智先生是巴生滨海潮州会馆的秘书长，他是岛上的第四代，说着一口流利的潮州话和华语，但外砂话的特征音已经保留不多了，因为他7岁就离岛到巴生上学读书了。听说我们要访问吉胆岛，他非常热情，介绍我们去拜访他的爸爸和他的"老伯"（爷爷的哥哥）。

我们从巴生市出发，经过半个小时车程到了巴生港码头，再转乘一艘快艇，天蓝海碧，不到20分钟就看到一大片的红树林浅滩了。到了吉胆岛的码头，登岸一看，岛上基本没有陆地，所谓的"岛"其实就是红树林。岛上的房子都是建筑在浅滩上的高脚屋，一间连着一间。一排一排的房子之间留了三四米宽的距离，街道也是高架起来的。在一片片的红树林之间，有些地方有几十米的水道可供船只穿行，这就是所谓的"港"，渔村就多建筑在港口的两侧。一排接着一排的高脚屋连成街道；一条一条的街道连成渔村；一道一道的港川隔开了不同的渔村，不同姓氏的村民就分居在这不同的港里。从外砂、新溪来的居民，以谢、王两个姓氏人数最多。于是,就有了谢氏族亲乡亲聚居的谢厝港和王氏族亲乡亲聚居的王厝港。

  族亲乡亲多了,总要有个人出来领导他们吧。于是,村里就成立了政府承认的"乡村发展治安委员会"。村长是民选的,给我们当导游的正是现任的民选村长谢琼利先生。每个姓氏之间还有宗亲会的组织。谢大智的爸爸就是谢氏公会的总务,他曾经是岛上的电火厂(火力发电厂)和海鲜加工厂的老板,还组建了一个义务的消防局,因为岛上没有政府办的消防局,而一排挨一排的木板房很容易发生"火烧连营"的灾难。谢老板在巴生也有企业,现在经常是海陆两头跑,因为他放不下岛上谢氏公会的那些公益事业。我们拜访他的时候,他送给我一本编印于1976年的已经发黄了的《雪兰莪浮罗吉胆谢氏公会新厦落成开幕特刊》。他看着书,用与原乡一模一样的外砂话对我说:"只本物是上后一本了(这是最后一本了)。"听起来,有点依依不舍的样子。这里面所渗透的深深的感情,也只有他们这些在岛上风里来雨里去打拼了一辈子的人才能真切地体会到。

  我们主要的访问对象是谢大智先生的老伯谢名光先生。谢老伯在渔村里可是个赫赫有名的人物,无人不知。一听说家乡来客人了,老伯特别兴奋,早早就做了准备,把一本《潮语十五音》、一本《潮剧志》和一本《潮汕先贤》摆在桌子上。他光着上身,赤膊上阵,呈现出闪闪发亮的古铜色,一双眼睛炯炯有神,长寿眉向上扬起,看起来健康得很。见我们来了,他忙着让座,倒不在意自己是赤膊,看来这是在岛上习惯了的生活常态。我先拍了他一张赤膊的照片,要与他合影时,旁边的晚辈村民提醒他,他才随意地穿上一件T恤。但你不要以为他就是个胸无点墨的普通渔民,老人家可是渔村里著名的老秀才,是最有文化的人。村里哪家人盖了新房子,或者逢年过节要写对联,都得请他老人家出马。因为他在澄海外砂读过四年的小学,到吉胆岛以后,又上了两年的私塾,学过《幼学琼林》《唐诗三百首》《春秋左传》《论语》等。老人家耳聪目明,十分健谈,一口道地的外砂话。我们聊了足足两个小时,他聊得兴起,眉飞色舞,侃侃而谈。

  老人家属虎,今年虚岁92了。12岁那年,父亲把母亲、他与10岁的弟弟（谢大智的爷爷）接到渔村来。算起来，至今足足有 80 年了！如今老人家已经是四世同堂，谢名光有 5 个儿子、3 个女儿，现在都不在渔村里，分散到巴生各地发展了，他们也都各自有自己的孙子、孙女了。我问老伯，儿孙不在跟前，寂寞不寂寞？他摇摇头说，村里现在还有 4000 多人呢，大家都很尊敬他，愿意帮他的忙。再说了，儿孙们也常回渔村里来看他。我们访问的时候，大儿子和妻子（也是 60 多岁的人了）刚好来看他，陪着他跟我们聊天。

　　日色将暮，我们得回巴生了！于是，不得不与谢老伯道别。挥手告别的一刹那，我好像告别的就是我久违的父亲。突然间，我热泪盈眶……

2012 年夏

适耕庄：马来西亚的又一个澄海外砂村

去年的人间四月天，趁着在巴生海滨潮州八邑会馆讲学的间隙，我去了马来西亚巴生海滨的渔村——吉胆岛。岛上的蓝天丽日、绿树白云在我的手机镜头里，也在我的心里留下了一道道美丽的风景。然而，震撼我心灵的是，这个有4000多人聚居的渔村，竟然还说着民国口音的澄海外砂话，浓浓的"客情"差点没把我融化掉。

这简直就是一个在马来西亚版图上的澄海外砂村！

告别巴生海滨潮州八邑会馆时，在吉胆岛长大的会长谢松坤博士这样"引诱"我：马来西亚西岸中北部还有12个渔村，大部分居民也是我们澄海人，而其中最著名的是适耕庄，你一定要再来看看哦！

今年的七月，巴生海滨潮州八邑会馆要举办"纪念饶宗颐教授学术会"，谢会长邀请我去讲"饶宗颐教授与潮学"。我立马就答应要去：一方面是为了纪念我们最最崇敬的饶宗颐教授，这可是在外国举办的第一场对饶公的学术性追思会；一方面也为了去看看谢会长"引诱"过我的适耕庄。

于是，讲学之余，在吉胆岛第四代、潮州八邑会馆总务谢大智先生的陪同下，我们从巴生驱车出发，直奔适耕庄。

一个半小时之后，我们就到了目的地。右手边是连绵不断的刚刚收割完的千顷稻田，一派田园风光，和这个华语名字叫作"适耕庄"的地名很吻合。左手边就是海岸渔村，也是最著名的港口，原来的名字叫"红毛港"。

谢大智找了适耕庄的一位朋友来带我们游览。他叫王和伦，虽然不到40岁,但已经是位著名的文化人了,策划过多场大型文化活动,包括在稻浪翻滚的金黄色稻田里举办巨型音乐晚会等,适耕庄里几乎"无人不识君"。

王和伦也是吉胆岛过来的移民后代,也是第四代后生,他出生在适耕庄,在渔村里长大。他告诉我们,适耕庄,马来语的名字叫"Sekinchan",是世外桃源的意思。原先的华语翻译为"食更青",后来才改译为"适耕庄"的。而在更早以前,华人则把它叫作红毛港。红毛港的名字,据说就是潮州人给起的。早年潮州人来这里捕鱼谋生、创业安家的时候,这里还是英国殖民地,驻扎在港口的还是金发碧眼的红毛兵(英国军队),因此就把这个地方叫作"红毛港"了。

我最想了解的是这里的人。王和伦如数家珍,他说,适耕庄也就是三四千人,华人约占60%,2000人上下;种水稻的大部分是福建人,而渔村里就大部分是潮州人了;而且,绝大部分是不同时期从吉胆岛移民过来的。王和伦住在渔村后边新开发的公寓里,而我们当天住的民宿,是渔村里的新公寓。渔村里的潮州人,大约有四五百人,像吉胆岛一样,也是以谢、王两姓居民为主。这与澄海原乡的外砂、新溪镇的情形也是一模一样的。

马来西亚西海岸中北部的12个渔村,每个村也大多是300~500人的规模,12个渔村加起来,人口在5000人左右,与吉胆岛的人口差不多。而且,他们大部分还说着一口澄海外砂话,年纪在60岁以上的移民的第一代,口音还比较纯正。适耕庄潮州会馆的几位正副会长,外砂口音还是比较明显的;40~60岁的第二、第三代,口音已经有所变化,外砂话的特征音、特征词,如"a^5 hên^1"或者"ang^5 hên^1"变成了"a^1 nên^1"或者"a^1 sên^1",接近澄海城内话了。

王和伦带我们采访了一位教孩子们书法和绘画的王先生,大概50多岁,就是这类口音。

到了年轻一代,出了吉胆岛以后再出生的,几乎演变为马来西亚华侨共同的"马潮"华侨腔了,谢大智和王和伦都属于这一类口音。而最新一代的华人,他们的方言水平就堪忧了。我特地去采访了适耕庄潮州会馆幼稚园,这里是以华语为教学语言的,五六岁的孩子们,华语听说都还可以,方言就一句都不会了。

外砂口音在渔村方言中占强势的地位,不少原来不是外砂、新溪人的澄海人甚至其他县的人,也都受影响而不自觉地学会外砂口音。与我见面交谈过的就有来自潮安庵埠郭陇的郭先生和来自澄海东里镇明德乡的林先生,说潮州话也都略带有外砂口音。适耕庄的潮州人原来是以捕鱼和做海鲜买卖生意为主业的。

现在适耕庄已经成为马来西亚西海岸的著名旅游景点了。这里的热浪沙滩(Pantai Redang)是个著名风景点,香港电影《单恋双城》把这里作为拍摄场景后,更是名噪一时。每当傍晚,帆樯林立的渔船从马六甲海峡回到红毛港时,这里便成为一个繁忙的海滩。橘红色的夕阳、闪着银光的沙滩、满载而归的渔船、快乐的渔民,构成了一幅渔家唱晚的美妙动人的图画。

来适耕庄的游客越来越多,不少潮州人除了经营海鲜买卖生意之外,还开起了海鲜餐馆。

在适耕庄,最大的餐饮特色就是早餐也吃海鲜大餐。一开始,我以为是主人对我热情招待。后来他们告诉我,村民也是这样吃的。这里的海鲜特便宜,石斑鱼一公斤也就50马币左右,龙舌鱼(鞋底鱼)在那里没人要,一公斤才不到10马币。这里的鱼丸都是好鱼做的,特别鲜美。加上潮州人烹饪海鲜的绝活,这些餐馆游客络绎不绝、日日火爆。

看着适耕庄的老乡们过着这样劳动并快乐着的幸福生活,我心里也很高兴。真想多待几天,多与几位老乡聊聊天。无奈身不由己,得打道回国了。

我紧紧地握住谢大智和王和伦的手,邀请他们回"唐山"祖籍老家,我也带他们去外砂、新溪寻根问祖并吃海鲜去!

2016 年春

乡愁入梦

马来西亚有个"小汕头"

我知道马来西亚南方有个潮汕人聚居的柔佛州，那是 2004 年的事情。那一年，马来西亚著名的华族文化研究专家郑良树教授在位于柔佛州的南方大学任华族文化研究所所长，主持举办"潮人国际学术研讨会暨搜集柔佛潮人史料合作计划成果发表会"，把我叫去为项目做终审评估并在大会上做总结报告。为了完成郑前辈交给我的任务，会前会后我阅读了不少他们提供的资料，才对柔佛州的潮汕人为当地的经济开发所做出的历史性贡献有了一定的了解。但对于被叫作"小汕头"的新山市，则是这次前来参加"三月初三锣鼓响"庙会，主讲庙会的文化项目《过番歌谣》和《粤闽侨批》，参与了他们的一些活动，与乡亲们零距离交流，与"小汕头"有了"亲密接触"后，才有了进一步的了解的。

我首先感兴趣的是：为什么新山叫作"小汕头"，而不是"小潮州"？因为通常来说，在外国的潮人对"唐山"老家的叫法还是以"潮州"为主。在民国以前，潮汕地区的政治经济文化中心是潮州。"潮州"的名称，是第一、二代华侨华人出国前对原乡的集体记忆。而这个潮人聚居的小城市，却叫作"小汕头"。我请教当地人，他们也说不出个所以然来。最有说服力的一种解释是，新山的地理环境与汕头市很接近，都是滨海城市。而且，19 世纪中叶以后，不少"番客"来往"唐山"和"番畔"，是在汕头港坐的轮船。这使我想起，19 世纪的不少英美传教士编著的潮汕方言词典和教材，多数也把潮汕方言叫作"汕头方言"（Swatow Dialect）。更有甚者，日语居然把"汕头"当成抽纱了。我时不时得带日本客人来汕头海滨路的抽纱大厦购买"汕头"，因为他们无论男女，都很喜欢"汕头"。

新山是柔佛州十县的首府，马来文叫"Johor Bahru"（简称 JB），直译过来是"山新"，因为马来文的修饰成分后置。新山与邻国新加坡隔海（柔佛海峡）相望，有"大马南方门户"之称。站在新山的海岸边，可以将对面新加坡的高楼尽收眼底。新柔长堤（又名柔佛陆桥）将新山与新加坡连在一起。我们驱车从新加坡进入新山，走了一个半小时，还包括通过两国的海关检查的时间。新山的人口约180万人，为马来西亚第二大城市，其实比汕头市区还大。由于新马两国经济发展有差异，马来西亚消费水平比新加坡低，不少新加坡人利用假日到新山购物。而新山人则有不少到新加坡打工的，据说两国的薪水几乎一样，但新币与马币之比是1∶2.5，所以在新加坡打工、在新山消费就很划得来。

新山是马来半岛三座主要城市之一（其他两座是首都吉隆坡与北部城市槟榔屿），是一座重要的工业与商业城市。它的大型企业涵盖电子、能源产业，以及石油化学的精炼厂和造船工业（它有三个很不错的港口）。但新山的支柱产业还是旅游业，占了新山经济总量的60%。每年有近20万来自新加坡的旅客，还有几十万从中国和世界各地慕名而来的游客。

新山的主要经济产业基本上都掌握在华人手里。在新山180万人口中，马来人约占44%、华人占41.5%、印度人占9.1%、其他少数民族占5.4%，但其经济总量的80%以上来自华人的企业。这里的70多万华人，有潮州、广肇、福建、海南和客家五大族群（其中潮州族群的人数最多），各个族群都有自己的会馆，还有一个可以领导五大族群的民间组织——"新山中华公会"。我做关于粤闽侨批的演讲，就是在新山中华公会的会馆里。

由于是华人聚居之地，新山的华文教育一直保持着良好的状态。这里有全马最大型的独立中学和最大规模的小学——宽柔中学和宽柔小学。我们一行访问考察了始建于1913年的宽柔中学（Foon Yew High School），与他们洽谈了华文教师培训和大学招生的合作。据宽柔中学校长介绍，这所中学由广肇会馆的前辈黄羲初、骆雨生、郑亚吉和陈迎祥等创办。至今"宽柔"二字的英文或者马来文拼写，还保留着粤语的读音。这是一所除了中国大陆和台湾以外全世界最大型的华文独立中学，在马来西亚当地被称为"华人文化堡垒"。1999年，宽柔中学获得马来西亚教育部的批准，在古来建立分校。两个校区目前大约有1.1万名学生。"宽柔"还有5所小学，它让柔佛的华裔子弟有机会接受从小学到中学的完整华文教育。新山还有一所华人办的大学——南方大学。我2004年来访问的时候，它还是一所大专学历的学院。但当"前度林郎今又来"的时候，它正好获得马来西亚教育部的批准，升格为大学，成为全马华人办大学的成功典范。

  我们此行在新山访问考察了四天，与乡亲们一起，在路边大排档食潮州"粿条仔"，在陈旭年街的"糕啤店"啉"糕啤"（咖啡），在市肆用"肉骨茶"和"马来风光"（炒蕹菜）配饭，除了感受到浓浓的马来风情之外，还感受到一股渗透骨髓的乡情和亲情。如果不是随身带的行程表老在提醒我们"该走了"的话，真的是身在异乡而不知是客，兴兴然而有点儿乐不思归了！

2013年夏

四、日久他乡亦故乡

大马新山：三月初三锣鼓响

　　作为一个潮汕人，"拜老爷"（拜神）和"营老爷"（游神赛会），从小到大看多了，有的至今还记忆犹新。记得在汕头大学任教的时候，大约是20世纪80年代后期的某一年吧，随陈伟武师弟（现在他已经是大名鼎鼎的中国古文字学家、长江学者、中山大学中文系教授）到盐灶观看"拖老爷"盛况。为了让我们能够"居高临下"更好地观赏，他居然在自家房子二楼临街一面的墙上打了个几尺见方的窗户，几近疯狂之作，但令我们记忆深刻。听伟武说，至今一下雨，这窗户就渗水，想起来真是有点对不起他家了。但到外国去参加具有潮汕特色的庙会，活到"年近花甲"，这还是第一遭。

　　邀请我们去的是马来西亚柔佛（州）潮州八邑会馆和南方大学。柔佛州是马来西亚潮州人聚居的一个州。我曾经来过柔佛州的首府新山市，知道这里的潮人很注意对祖籍国传统文化的继承和发扬光大，对前辈筚路蓝缕以启山林的精神非常敬佩，具有慎终追远的良好传统。上次来南方大学时，因为来去匆匆，只集中精神为会议做学术报告，没有对其他方面多做考察了解。后来从新山的著名文化人小曼（大名陈再藩）兄寄来的影像资料中获悉，新山的正月二十"营老爷"（游神）是"五帮共游，万人空巷"，规模之大，超过了潮汕原乡任何一乡的游神赛会。这"五帮"是潮州、广肇、福建、海南和客家五个族群。每个族群有一个群众性的地域组织，分别是"潮州八邑会馆""广肇会馆""福建会馆""海南会馆"和"客家会馆"，游神时各负责抬一尊神像，共同出游，其中潮州帮负责抬的是"大老爷"——元天上帝（即玄天上帝）。据小曼兄介绍，今年世界各地来看新山"营老爷"的游客人次再创新高，居然有近 30 万人次之多。

除了"营老爷"之外，这里还有两个盛大节日："三月初三锣鼓响"庙会和"中秋赏月看戏"的民俗活动。这次我应邀前来参加的就是"三月初三锣鼓响"庙会，并做"过番歌：潮汕方言歌谣及其文化内涵"和"潮汕原乡的经济输血管——侨批概说"两个报告。因而有幸亲历了"三月初三锣鼓响"庙会的盛况。

"三月初三锣鼓响"是新山市以小曼兄为首的一帮文化人利用三月初三庆祝"大老爷"元天上帝诞辰的传统民俗而策划出来的一个民俗文化活动品牌："大老爷"圣诞万民庆贺的习俗照过不误，但注进了新的文化元素，可谓是"旧瓶装新酒"。我手头上有近几届庙会活动的资料，可以了解到：每一届庙会，都有一个具有文化内涵的主题。2013 年第 12 届是"潮汕方言歌谣"（歌谣表演、文本展示及讲座），2012 年第 11 届是潮阳英歌舞和潮州大锣鼓表演、全马潮青学艺大比赛，2011 年第 10 届是"返乡里·去潮州"摄影大赛和全柔佛州潮州歌曲卡拉 OK 公开赛，2010 年第 9 届是王敏讲古和潮州文化旅游风情展，2009 年第 8 届是赵澄襄潮州剪纸展和己丑年古庙游神摄影展……而每一届庙会，在柔佛古庙举行庆祝"大老爷"——元天上帝诞辰仪式是永远的主题，并附带着的从精神到物质的两个小主题：潮味十足的潮剧观赏和潮州美食品尝。庙会一连三天，活动一个接着一个，正像庙会的宣传词说的："锣鼓一响，精彩连连。"

庙会的大本营在柔佛古庙。古庙不大，只有一个大殿，一个天井，两边偏殿，外面相连的是一个"外庭"。外庭有 200 多米见方，一头搭了个五六十米见方的戏台，中间是祭祀时摆案台的地方，演出时把案台拆去，换成红漆"椅条"（条凳），就是座位了。连坐带站，大约可容纳一百多号人。但就在这座不大的古庙里，香火之旺，活动之盛，比之潮汕原乡的游神赛会有过之而无不及，而且一年比一年火爆！街对面是一间"糕啤店"，是古庙的物业。庙会时，它就是品尝潮州小吃的场所；而在平时，它则是群众拜神、看戏疲劳时休憩、饮茶、喝"糕啤"（咖啡）之所。

而英歌舞巡游、舞狮舞龙等广场舞蹈进行的地方，则在陈旭年街。

街长也不过几百米,最宽处也就四五米,但却是小曼兄等一帮义化人倾力打造出来的新山中华传统文化街。你别看这街道小,但马来西亚的总理来过了,柔佛州的州长来过了,在野党的党魁也来过了,还都在街边的"糕啤店"喝过"糕啤"呢!我们到新山中华文物展览馆考察时从这条街上路过,小曼兄就特地让我们下车,在这间小店喝了总理和州长曾经喝过的"糕啤"和品尝了很有地方特色的香蕉蛋糕。而旁边或坐或站的饮客中,居然有广肇会馆的会长和海南会馆的会长。这几天,正是马来西亚大选激战尤酣的时候,他们在等着候选人来"拜票"呢。由此也可知,这条小街的社会影响力之大,真的是名不虚传了。

  离开新山的前一天晚上,我们到陈旭年街观看舞龙,街灯突然断了电,街道突然陷进了一片夜幕之中,只有各家店铺里的门窗里透出了一缕一缕的光线,与淅淅沥沥地下着的雨线,织成了忽明忽暗游弋变幻的激光般的图案,煞是好看。一条60多米长的中国龙在长街里腾挪盘旋,一会儿俯身穿行,身姿矫健,如身穿紧身黑衣的夜行侠;一会儿昂首向天,精神抖擞,似手执金箍棒腾云驾雾的孙大圣。我想,这不就是中华文化的象征吗?只要有华人在的地方,就会有中华文化的传承和发展。条件不乐观时,它会韬晦前行,不惧前路崎岖;而一旦时机成熟,它便会昂首挺胸,阔步前进!

2013 年夏

槟榔屿：北马潮人的家园

2011年9月，第九届潮学国际学术研讨会在马来西亚北部的港口城市槟榔屿隆重举行。韩山师范学院是会议的主办单位之一，我得在会议上做一个学术总结。于是，带着那本16开本近600页的厚厚的会议论文集，我从广州直飞槟榔屿。

我来槟榔屿，已经是"前度林郎今又来"了。

槟榔屿是大马北部的华人聚居区，也是潮州人聚居的城市。自1786年槟榔屿开埠之后，潮人就陆续来到这里。峇都交湾是潮人最早聚居的地方，有文献记载，19世纪潮人就在这里进行比较大型的活动了。起初是大家一起捐钱兴建共同的神庙——万世安庙，后来又买地建立用于墓葬的"义山"。1855年，有6位前辈以"潮州公司"的名义置业于社尾街381号，这就是"潮州会馆"组织的前身。1864年，许栳合、王武昌、洪声挂、黄遇冬、陈亚苞与李永隆倡议建造"韩江家庙"。三年后即购地于吉宁街现址，开建家庙，并于1870年完成，这是与马六甲潮州会馆齐名的马来西亚最古老而大型的潮州会馆。

上一次来，我就慕名专程来拜访这里的潮州会馆，并考察这里的潮州人聚居区域的历史与现状，还有潮州话在这里的生存状况。潮州会馆的会长们亲切热情地招待了我，北马潮人研究专家陈剑虹先生为我详细地介绍了潮州人在槟榔屿的历史与现状。考察着曾经发达的带有潮州、汕头印记的历史遗迹，听着陈先生娓娓道来的讲解，对槟榔屿的潮州人的开拓精神和披荆斩棘、艰苦创业精神，真是佩服不已，但对潮州文化在当地的保护和继承，甚至发扬光大，就有点忧虑了。

而这次来，就大不一样了，我深深地感受到，这里就是北马潮州人的家园。槟榔屿潮州会馆积极地承办了这届潮学会议。潮州会馆所属的一座三进式"韩江家庙",经过修旧如旧的精心修葺,再加上现代化的灯光效果,庄重古朴。那青砖灰瓦、雕梁画栋,那两扇沉甸甸的实木山门上的秦叔宝、尉迟恭两位武将门神,那厚重敦实的"九邑流芳""九美齐荣"牌匾(所谓"九邑""九美",指的都是旧潮州府管辖的九个县),都在无声地诉说着潮人在槟榔屿昔日的辉煌和今天重振雄风的决心。在大厅左侧的墙面上,我们看到联合国教科文组织授予这座很有潮州民间建筑特色的古色古香的家庙"亚太区文化遗产保护奖"的证书碑刻,它也是马来西亚乔治州的一级保护文物。它,已经不是一座简单的潮州大宅,而是属于槟榔屿潮人,也属于世界的珍贵文物;它,已经不是一座仅仅以物质形式存在的建筑物,而是槟榔屿潮人的精神家园。在家庙里,乡亲们点起香烛,默默缅怀祖先的创业功绩,感恩前辈为他们在北马筚路蓝缕,以启山林,在异国他乡为后代打造了一片赖以生存发展的家园;在家庙里,乡亲们举办潮州会馆会长、董事们的各种会议,决定每年的潮人活动事宜;在家庙里,乡亲们举办潮人的迎春联欢会,大家食桌叙旧,促膝谈心;在家庙里,乡亲们敲锣打鼓演起潮剧,乡亲们击节哼唱,如痴如醉;在家庙里,他们办起儿女的新婚宴席,唱起马来风格的潮语卡拉OK,其乐融融;在家庙里,他们摆起八仙桌,泡起工夫茶,迎来四方客。我们初到槟榔屿的第一天晚上,潮州会馆就在家庙的天井里摆起了欢迎晚宴,我们一边欣赏着马来西亚的潮语歌曲,一边品尝着带有马来风韵的潮州菜。那情景,就像过去哪个乡里"闹热",我们去走亲戚看潮剧凑热闹,毫无"独在异乡为异客"的感觉。

第九届潮学国际学术研讨会开幕式在潮人自己兴办的大学、并且以潮人的母亲河命名的韩江学院的大礼堂——林连登堂隆重开幕,马来西亚潮人闻名遐迩的"二十四节令鼓"的节奏铿锵有力,声震屋宇。在这咚咚的鼓声里,潮州文化将在北马继续顽强地生存繁衍发展;在这咚咚的鼓声里,北马的潮人将策马扬鞭,为槟榔屿与潮汕,为中国与马来西亚的交流和发展,做出更大的贡献。

2011年冬

乡愁入梦

吉隆坡茨厂街有间乡音馆

去年到马来西亚，就听说马来西亚首都吉隆坡茨厂街有个乡音馆，而且是潮人办的，那时我就打算下次一定要去看看。

正好，乡音馆今年3月4日修复开馆，准备在今年9月份和吉隆坡华人办的一所大学——新纪元学院合作举办一个"乡音考古与文化传承"的学术会议。为了给会议做一些前期的宣传造势工作，乡音馆的项目总监黄耀绥先生邀请我去做一个潮汕话的访谈。趁七月份去吉隆坡附近的巴生海滨参加"纪念饶宗颐教授学术会"的机会，我就顺便去了一趟乡音馆。

乡音馆坐落在吉隆坡著名的唐人街——茨厂街，"茨"字在这里的华语里都读作 cí（辞），但实际上是"薯"字的异体字。乡音馆的张吉安馆长告诉我，这里本来是一间木薯粉厂。所以，潮州话也可以读作 ze^5（薯）。茨厂街是吉隆坡早期的商业街，华人多聚居于此，经营生意，曾经商贸发达、商贾如云，有点像昔日潮州的牌坊街，或者汕头的四永一升平。

乡音馆，很像中国民间的一座小型非物质文化遗产的博物馆。它有两层楼，每层也就100多平方米吧。一层经营着一间汇聚中国南方各地特色美食的小餐馆，看看墙上的菜式招贴就知道了：潮州芋泥、客家扣肉、福州红酿面线……张馆长有点不好意思地跟我解释道："没办法，我们是民间经营乡音馆的，经费靠自己筹措，一楼的餐馆是为了养二楼的博物馆。"我深深理解民间办非物质文化博物馆的难处，安慰他说："也好，你们经营的都是各地的特色小吃，保留着方言的名字，通过看菜谱和点菜，其实也就是一种乡音的回忆或者学习、传播。"他听了挺高兴的，连连点着头："我们也是这么想的。"

一条窄窄的木楼梯，走起来嘎吱嘎吱响，年代感很强。我们拾级而上，到了楼上。这可不得了，墙上、地上、桌子上，挂满、摆满了各色文物。绝大部分是戏曲的旧物件，包括民国时期出的录音磁带、黑胶碟、戏囊（道具箱子）、戏服、戏院演出的招贴画、戏文剧本、名角介绍的小册子、粤语木鱼歌、潮州歌册、工尺谱……粤剧的东西最多，其次是潮剧、客家的汉剧，还有福建的南音、高甲戏……我们还看到了民国初年的粤剧导演导戏的戏文故事梗概跟角色分工、后台工作分工的手稿。当然，也看到了红线女、姚璇秋早年星光闪烁的倩影，以及20世纪姚璇秋主演的《苏六娘》的黑胶唱片。

这显然是个以戏曲为主打元素的方言文化博物馆。为什么会有这么多的戏剧的文物，为什么会办这个馆呢？

原来，张吉安馆长曾经是马来西亚国家电台的华语播音主持人，做节目的时候要收集这些东西，也要采访音乐、戏曲界的名人，因此对音乐和戏曲感兴趣。他后来对收藏也有了兴趣，也有感于华语方言及其所承载的文化的式微和逐步走向消亡，便在2005年1月发起了"乡音考古"的计划，他和他的团队走遍马来西亚的大城小镇、首都边陲，开启老一代华人的记忆匣子，记录逐渐消失的乡音曲艺，搜集相关的老物件，并租下了茨厂街这间老作坊，把这些宝贝陈列出来。日积月累、集腋成裘，便成规模。

乡音馆的建设也并非一帆风顺。2014年10月21日一场暴雨的突袭，导致雨水冲入馆里，浸湿了部分文献、口述资料和其他的老物件。痛心啊！这座咿咿嗳嗳的老建筑连同屋里的宝贝危殆了！原业主不愿意出资修复，还是张馆长等热心人士不忍心眼看这些宝贝废掉，他们寻遍国内外的修复专家，修补房子，修复文献资料，将这些历史的碎片一点一点拼凑修补起来。用张馆长的话说，这段时间，是他"这辈子默默熬着最愧疚、最沮丧的黑暗岁月"。

终于，在今年的3月4日，他们"重返老街，逆风矗立"。张吉安激动地写下了这样的八个字！

是的，在海外，要为华人的乡音、为中华戏曲办一个博物馆，真的是不容易！感谢张吉安、黄耀绥这样有文化自觉、文化自信，更具文化情怀、有责任担当的男子汉！

当我们要告别乡音馆的时候，刚好来了一批穿着背后写有"华人文化导览行"的红色T恤的中学师生，是到乡音馆来研学的。我想，这批中学生里面，说不定以后就会有谁成为张吉安的继承人呢！我略微沉重的心情，不禁为之松弛了不少。

作为乡音考古的同行，作为方言文化的知音，一种要为一座在"番畔""迎风矗立"的乡音馆鼓与呼的冲动油然而生。

于是，在回程的马来西亚国际机场延误候机的两个多小时里，便有了这篇文字。

敲完最后一个字，已是热泪盈眶了！因为在这异国的蓝天丽日之下，生活着与我们血脉相连、语言相通的664.8万华人！[①]

2016年夏

[①] 按：马来西亚统计局2016年数据显示，马来西亚总人口3166.07万人，其中华裔有664.8万人。

醉花林里说歌谣

因了要去马来西亚的"小汕头"——柔佛州新山市参加"三月初三锣鼓响"的活动,并在南方大学讲学,借道新加坡(新山市与新加坡北部接壤)。新加坡国立大学中文系的李志贤博士听说了,让我在新加坡住一宿,讲一课,与新加坡的朋友们见见面、叙叙旧。我想也行,但讲什么呢?我自己也拿不定主意。李博士说:"你不是刚出版了一本《全本潮汕方言歌谣评注》吗?就讲讲潮汕歌谣吧。"我嘴上答应了,但心里却忐忑:新加坡人爱听这样的讲座吗?

出发去新加坡的前十天,我收到了新加坡醉花林俱乐部董事会的副董事长兼文教委员会主任潘国驹教授"伊妹儿"过来的请柬和讲座的告示招贴,讲座由醉花林俱乐部主办,新加坡澄海会馆协办(可能由于我是澄海人)。看来,新加坡的朋友们、乡亲们还是挺当回事儿张罗的。尤其是告示上有一句"座位有限,敬请从速报名订座",令我不敢怠慢。于是,赶快加了几个夜班备课做演讲课件(PPT)。

潘国驹教授算是老朋友了,他是新中友协会长,也是新加坡中国商会会长,在新加坡大名鼎鼎。他原来是新加坡国立大学的物理学家,1995年在汕头大学召开的"首届世界华人物理学大会",会议召集人之一就是他。我那时候是文学院的常务副院长,外语系就在文学院里。后来与杨振宁博士成就了美好姻缘的翁帆女士,那时候是英语专业的学生,是学校挑选出来的翻译志愿者,负责为杨振宁博士伉俪当翻译和联络人。与潘教授老朋友见面,我们笑说,杨、翁这千古良缘,我们还出了力的呢。

至于醉花林俱乐部,我倒是不熟悉了。刚好,李志贤博士不久前在广东海外潮人联谊会主办的《时代潮人》杂志上刊登过一篇介绍醉花林的大作，找来拜读，方知道它乃是新加坡鼎鼎大名的老字号俱乐部，已经 168 岁了。当年，潮籍侨领陈成宝先生鉴于潮人到新加坡谋生的越来越多，商业渐盛，应酬日繁，亟须一处雅致安静的所在，以供众多的潮州商贾商余消闲、联络感情、敦睦乡谊、交流经验、共谋发展，于是，他发起创立了"醉花林俱乐部"，并暂借庆利路门牌 190 号亚答屋为会所。1879 年陈成宝去世后，陈永锡、王柘榴、吴合弟、陈亚两、佘智章、庄振浩、刘老四、陈明和、何瑞吉及黄金炎等 10 人，各捐资 400 元向陈氏家属购得该地作为永久会址。早期的醉花林是领导潮人社会从事种种活动的中心，在潮人社会中扮演了一个重要的角色。俱乐部捐资救国、筹款赈灾，对公益慈善、教育事业等不遗余力，做出了重大贡献。醉花林俱乐部还是个文化俱乐部，每逢华人佳节，如端午、中秋等，著名的"中国学会"都会借用俱乐部园林，举行吟诗赏月的雅聚。许多文人墨客曾到访醉花林俱乐部，被醉花林的幽雅景致所感而吟诗作对。抗日战争时期，著名文学家郁达夫在新加坡的《星洲日报》任编辑，就曾经应侨领李伟南、陈振贤之约，协同总编辑俞颂华来到醉花林俱乐部，与在新加坡的文化人饮酒品茶，诗词酬唱，写了一首七律，还留下了一对不太工整的"藏头"联。郁达夫的原作墨宝今已不知去向，倒是在醉花林一楼的潮州菜馆里，我看到了汕头书法家协会会长谢佳华先生用潇洒的行书写就的这副对子："醉后题诗书带草，花香鸟语似上林。"

现在的醉花林是一座 4 层 4700 平方米的会所，坐落于乌节路的高尚住宅区，是去年才乔迁进来的。一楼是一间潮州美食餐馆和咖啡厅；二楼是多功能大厅，可用来举办宴会、会议和讲座；三楼是办公室、会议厅、阅读室、图书馆、招待室、多媒体室、多功能室、娱乐室等，俱乐部里珍藏有于右任、谭延凯、郁达夫等名人的书画真品；四楼则设了健身室、展览室、休息室等；顶楼有游泳池、儿童游乐场和烧烤设施等。我的讲座就在四楼的展览室里举行。主办单位做了精心的准备，靠墙摆放了一排桌子，把我们带去的有关潮汕文化和韩山师范学院的书籍等资料展览出来。尤其是把 20 张插图（彩色漫画）歌谣放大后加了展板陈列出来，使讲座的文化气氛更加浓郁。潘国驹教授亲自为我做了简短而亲切的欢迎致辞，李志贤博士亲自为我主持讲座，新加坡著名女作家蓉子女士专门从上海飞回来了，澄海陈慈黉家族的第五代传人、著名书法家、诗人林锐彬先生也来了。面对着这些特殊的听众，我突然感到这堂课的不寻常，自然也就格外认真，演讲自始至终充满着激情，尤其是讲到"过番歌"部分，更引起了这些辛辛苦苦在海外拼搏的创业者的共鸣，一首"天顶飞雁鹅……背起衫包过暹罗"，一首"心慌慌，意茫茫，上山做苦工；日出乞日曝，雨来乞雨沃；所食番薯糜，所擎大杉木；通日劳到死，磨到目凹凹……"使在座的听众热泪盈眶，唤起了他们对过去艰难岁月的记忆。而一首首等待出洋"过番"丈夫归来的"闺怨"歌，又使不少知道自己家史的听众唏嘘不已。以至于课讲完了，大家问题一个接着一个，主持人不得不再三提醒大家，这是最后一个问题了。但"最后"了 N 次之后，我下了讲台，还是被热心的乡亲们团团围住，有索要歌谣著作的，有问哪里能找到"十五音"字典和新编潮州音字典的。我心头一热，答应大家，只要你们能自己到潮汕家乡来，要什么我都帮你们去找。有这样热爱潮汕文化的海外乡亲在，你还有什么不能为他们做的？

　　回到酒店，夜已深了，但我一点睡意都没有。洗了个澡，泡了杯茶，趁着心头的激动还未曾褪去，记下了以上的文字。

2013 年春

乡愁入梦

印尼坤甸：揭阳话是华人的普通话

  2017年4月26—28日，第十二届潮学国际研讨会在印度尼西亚坤甸的丹戎布拉大学举行。
  一个国际性的关于潮人历史文化研究的潮学研讨会为什么会到印度尼西亚坤甸去开？
  答案很简单：坤甸是潮人和其他华人族群的聚居地！
  丹戎布拉大学孔子学院院长陈佩英博士的论文资料显示，坤甸市其时全市人口约63万人，其中华人人口占三分之一，也就是约21万人。这21万人，基本上以潮州话为族群共同语，讲客家话的人也不少。以卡江为分水岭，东部的市区老埠头讲潮州话，主要是揭阳口音；西部的工业区新埠头讲客家话。其中有很多人是双语（方言）者。除了这两种方言族群之外，当地还有讲闽南话的福建人居住。在这里，潮汕传统文化，乃至中华传统文化生态良好，几乎就像中国原乡一般。坤甸的丹戎布拉大学有个中文系，还有个孔子学院，其中有不少华人教师，有些就是潮籍的。
  4月24日，我和韩山师范学院潮学研究院的院长陈海忠博士从马来西亚直飞坤甸。从坤甸机场的到达厅走出来见到迎接我们的主人开始，潮州话便成为我们的工作和生活语言。接待我们的丹戎布拉大学孔子学院印度尼西亚方院长陈佩英博士能说一口流利而且标准的普通话，她在北京语言大学拿的语言学硕士和博士学位，在北京整整深造了6年。但见到我们时，她还是更愿意跟我们讲潮州话。我听她的潮州话揭阳口音浓重，便问她祖籍是揭阳哪里人，她回答不了这个问题。
  第二天，她给我看一张照片，是她父亲在坤甸的墓碑，上面写着

"广东揭阳益东乡龙船石"。对她来说,墓碑上这寥寥数字语焉不详,因为她还未回过父亲的家乡。但是她知道,那就是她的祖辈们魂牵梦绕的原乡,她要问清楚,以便日后回乡寻根溯源。

我帮她请教了揭阳的朋友,原来益东乡是中华人民共和国建立初期的名称,曾经属于揭阳市东山区,今归属榕城区东阳办事处,就在206国道旁。"龙船石"是村名,因村后山上有一巨石,形似龙船,故名,也称"龙石村"。原来,这"龙船石"就是乡愁存放的地方,也是村里的华侨华人的共同记忆。就是葬身海外,也要魂归那个"龙船石"故里!

我们惊叹:"海内一个潮汕,海外一个潮汕",此话不假!在国内原乡的方言势力节节败退的时候,在海外,竟然还有这么一些地方,有这么一些族群,在艰难地坚守着自己的汉语方言阵地,坚守着自己的原乡文化传统!

这,也许就是我们的国际潮学研讨会能够在印度尼西亚坤甸举办的更为深层的文化原因,因为在这里,有一股强烈的原乡文化的认同感!在这一届的研讨会上,陈佩英博士等印度尼西亚华人学者提供的论文,居然有8篇之多,大大地出乎我们的意料。

当然,坤甸的潮人在一般生活交流上说潮州话可以,但开会用潮州话做学术报告就不行了!这跟国内原乡的情况几乎一模一样。所以,大会的语言还是只能选择普通话或者英语,潮州话多数只用于寒暄或者举例。

在日常生活里,坤甸华人的"普通话"就是这种带揭阳口音的潮汕话了!坤甸的一位学者的文章讲道,当地的土著,也以为这种潮州话就是"坤甸话"了。坤甸一位侨领家里来了中国潮汕原乡的贵客,与印度尼西亚侨领用带揭阳口音的潮汕话交谈,土著仆人以为这位贵客也懂"坤甸话"。侨领走开听电话时,她好奇地向客人打听:"先生,你也会说坤甸话?"

离坤甸几十里地的山口洋,则是客家话的天下。我们到坤甸的第二天,陈佩英博士安排丹戎布拉大学中文系的小陈同学陪我们去山口洋考察,还专门给我们请了一位讲客家话的小伙子小李给我们当司机兼导游。

小陈同学是中文系大二的学生了,普通话说得还算流利,但当地的地名、物名还得用潮州话说。因为在当地,这些名称都是用潮州话说的,即使是用印尼语命名的名字,也是用客家话或者潮州话翻译过来的。而小伙子小李就更逗了:普通话他基本不会,但会说流利的客家话,并能听懂一些、说一点点的潮州话。

到了山口洋,就是客家话的天下了。我们找地儿吃饭、访问文化遗址,就全靠小李了。

说到客家话,其实坤甸在18世纪70年代到19世纪80年代之间,就是客家人的天下。1770年,广东梅县客家人罗芳伯曾经在这里成立了"兰芳公司"。1777年,罗芳伯将"公司"改为"共和国",成为"兰芳共和国",坤甸就是首都,1777年就是兰芳元年。"国家元首"称"大唐总长"或是"大唐客长",意思是华人作客海外的首长。第一任总长是陈兰伯,第二任总长是罗芳伯,前后一共有过12位总长。这是华人在海外所创立的第一个"共和国",空前绝后。

我们这次在坤甸的时间很短,未及详细了解客家族群和潮州族群之间的人口变化情况。什么时候揭阳口音的潮州族群开始在坤甸占了上风?这是个很学术也很有趣的问题,只能等待下次再去探个究竟了!

2017年春

悉尼有个潮人村

2002年10月1日晚8时30分,举世闻名的澳大利亚悉尼歌剧院,庆祝中华人民共和国成立53周年暨澳大利亚与中国建交30周年盛大晚会上,绛红色的幕布慢慢拉开,追光灯随着一位身着西装、神采奕奕的中等身材男子来到台前。聚光灯打在他的身上,只见他一头黑发、黄色皮肤,两眼炯炯有神,饱满的前额闪闪发亮。他稍微定了定神,便用熟练的英语致辞:Ladies and gentlemen……

这位能与新南威尔士州总督、州长、悉尼市市长和中国驻悉尼领事馆总领事同台讲话的华人是谁?

他就是在澳大利亚和中国侨务部门都很知名的周光明先生。这次他是以"庆祝中华人民共和国成立53周年暨澳大利亚与中国建交30周年"委员会主席的身份做演讲的。

悉尼市所在的新南威尔士州(省)有70多个社会团体,被公推出来担任主席,还必须得到澳大利亚政府方面和我国驻澳领事馆的认可,没有德高望重的社会地位,没有登高一呼、应者云集的领袖才能,是不可能的。

那么,这位周光明先生究竟是谁?又何以有如此之高的社会地位和领导才能呢?

他是澳大利亚潮州同乡会创立会长、澳大利亚华人领袖,多次受国务院侨办的邀请,参加国庆节的天安门典礼活动。由此也可见,澳大利亚的潮州同乡会在澳大利亚的社会地位。

澳大利亚的潮州同乡会在悉尼西边几十公里外一个偏僻的地方,名字叫"Cabramatta"(卡姆喇嘛塔),翻译成中文都很拗口,因为它是土著语言命名的地名。

这个全澳大利亚最大的华人社团会馆,为什么会坐落在这样偏僻的地方呢?

说起来话长,因为它的背后有澳大利亚潮人的一段血泪斑斑的逃难史和筚路蓝缕的创业史。在潮州会馆的会客室里,在轻柔的潮州音乐声中,我们一边品着清香的工夫茶,一边听着周先生娓娓道来。当然,他用的是韵律悠慢、在澳大利亚听起来倍感亲切的潮州话。

原来,这卡姆喇嘛塔是个土著聚居的地方。"Cabramatta"在澳大利亚土著语中是"白虫之泽"的意思,以前也叫"Cabra-pool"。"Cabra"原指一种群生于水泽之中的白色小虫,能蛀食木材;土著捕而食之,以为美味,故以此特产指称地名。[①] 20 世纪 70 年代中后期,以西贡侨民为主的越南侨民逃难到悉尼,澳洲政府便在此地开辟营地,安置难民。而在西贡的华人难民中,潮人占了绝大多数。经过 30 多年的建设发展,这里便成为一个很有中华文化特色的小镇。在镇里的菜市场,在街道旁供行人休憩的地方,常常可以听到带着海外口音的亲切的潮州话。

潮州同乡会是在 1988 年 8 月 8 日成立的。刚开始时会员只有 200 多人,会所也是租赁的,面积仅 100 平方米而已。现在的会址是 1990 年买的,新会馆于 1998 年 4 月同乡会成立十周年之际竣工。会员也已经发展到近千人,声势日益壮大。

周先生说到这里,起身邀请大家一起参观会馆全貌。

这是一座很中国化的两层宫殿式建筑。会馆临街,对面是一个绿草如茵、树木婆娑的公园,视野广阔,地势颇佳。门楼是典型的中国牌坊,正中挂"澳洲潮州同乡会"金漆红底牌匾。牌匾有四根石柱,中间有"崇源""敬本"横批。牌坊有对联云:

潮州人杰广盛,数历代乡贤,海外创业同心同德;
会馆地灵永昌,欣令时梓哲,洋洲开基共济共襄。

---

① 见澳大利亚华裔相济会《文萃》杂志 1984 年创刊号白石文。

过了牌坊,穿过庭院,面前是会馆的大门,上挂金漆黑底"潮州会馆"牌匾,字为魏碑,端正厚重。楹柱上有联曰:

光扬潮统淳风,敬本崇源,宏开福祉惠桑梓;
明德澳邦善治,承泽启秀,广拓康庄荣宗枝。

二楼是个多功能厅,潮剧布景犹在。周先生说,逢年过节,或有喜事,这里常演潮剧、舞狮子,这个厅可以容纳400人,热闹得很。潮州同乡会有自己的"声艺潮剧社"和金狮队,不但常为本会乡亲演出,还经常被请出去表演呢。

我做梦也没想到,在一个英语国家里,即使华人也以说粤语和华语(普通话)为主,竟然还有潮州人的这片广阔而自由的天空。我真佩服这些出来闯世界的前辈老乡们,他们的生命力、凝聚力、创造力是何等的强大。

这使我想起了潮州八景之一"北阁佛灯"城墙上的那几株生机勃勃的"鸟榕"。想当初,不知是哪只吉祥鸟把几颗吃进肚子里又消化不了的树籽儿拉在了城墙根儿的石缝里,它们便在那里无声无息然而执着地生长着:它们发芽,它们生根又扎根,它们开花又结果……

于是,蔚成绿色一片,生机勃勃,郁郁葱葱。人们这才大吃一惊,啊!榕树,榕树长在城墙上了!

这是一种"鸟榕精神",也正是世界各地潮人艰苦创业精神的物化写照!

2002 年秋

乡愁入梦

旧金山的潮人情

可能是生在韩江边、长在潮汕田园里，这辈子又以研究潮汕方言与文化为饭碗的缘故，深知"哪里有大海，哪里就有潮人""潮汕文化的一半在海外"的事实与道理。故而，每到一个国家，不管是因公还是因私，总要抽空去拜会当地的潮人会馆，与在异国创业发展的乡亲们叙茶聊天，向他们讲述讲述故乡的情况，也了解了解当地潮人的生活状况和潮汕文化传承延续的香火是否还旺。

2010年的10月，在旧金山市（又称"三藩市""圣弗朗西斯科市"，源于其英文名San Francisco）考察学习，主办单位安排我们在著名的金门大桥（Golden Gate Bridge，也称"旧金山大桥"，因为地点在旧金山）附近的港口参观美国空军的飞行表演。趁此机会，我便联系了旧金山潮州同乡会。根本就不需要什么证明，潮州话便是世界潮人的通行证。一通家乡话的电话过后，我们一行便得到了旧金山潮州同乡会陈会长的热情接待，在旧金山唐人街里的中餐馆美美地饱餐一顿。没有想到，在这个以讲粤语为主的华人社区里，还有一个规模不小的潮州同乡会。

让我想不到的事情还多着呢！我们一行到加州大学伯克利分校参观考察的时候，在校园的公告角里，我居然发现了一张潮州同学会的通知。我拿起相机，赶快把它拍下来。我想，老一辈潮人有同乡会，新一代的潮人有同学会。看来，潮汕文化在旧金山的传承，是后继有人了。欣慰之情，油然而生。到了晚上，公务忙完之后。我连忙给同学会通知上的联络人打了个电话，一声"Hello"，电话那头是一个甜甜的女孩声音。我问了一句："Can you speak in Teachow dialect?"（你能说潮州话吗？）

谁知道我听到的是一个"Sorry",接下来是一串标准的美式英语。我问她,为什么要组织潮州同学会,她说她爷爷奶奶是潮汕人,她能听懂一半的潮州话,能说简单的几句潮州话,想多找一些祖籍潮州的同学们联络联络。我向她了解同学会的情况,她告诉我有几十人,其中有像她一样是第二代或者第三代潮人的后代,还有一些是刚刚从国内考上加州大学伯克利分校的潮汕学生,从本科生到博士生都有。她很热情地邀请我,说一个月后潮州同学会有一个活动,是邀请华人著名肖像画家洪世杰先生给大家讲潮州故乡,讲潮汕文化。

天啊!地球村真的就这么小。难怪托马斯·弗里德曼(Tomas. L. Friedman)会说"世界是平的"(The world is flat.)。洪世杰先生我在汕头大学工作时接待过,拜读过他的油画作品集和回故乡的摄影集《画家洪世杰伉俪故乡行纪念册》,我还写了一篇题为《解读大师洪世杰:亲情·乡情·感恩》的读后感。此番来旧金山,正想拜访他呢!

几天后的一个傍晚,我电话联络上了洪世杰先生。电话里,我听得出先生的欣喜,他热情地邀请我周末上他家叙茶,还要请我吃中餐。

周末的上午,先生特地派他的公子开车来我们住的公寓接我。到先生家的时候,他早已在门口等候迎接。进得门来,客厅里的茶几上,摆的是先生伉俪和我们夫妻在汕头大学学术交流中心大门前拍的合照,相片里大家一片喜气融融,相框也很精美。书架上,先生还特地把我送给他的几本书摆在容易看得到的位子上。看得出来,为了我的来访,先生是做了精心准备的,这使我感受到了他乡遇故知的温馨。

先生的房子不大,但充满了艺术的氛围和故乡潮汕的元素。先生的画室,除了四壁挂满画作之外,走廊也被当作展览画作的艺术长廊,展示了他和也是学油画的他的女公子的作品。画室里还有一副专业的摄像器材,是专门为了拍他自己的画作用的。原来先生是专门研习过摄影的,但他却谦虚地说,学摄影只是为了在自己的画作出版时能将其拍得更加真实一些。客厅里挂有吴南生先生、王兰若先生等著名书画家的墨宝,书柜上摆放着很多潮籍名画家的作品集,茶几上摆的是一套正宗的工夫茶具。正好我带来了两盒上等的武夷大红袍,于是,我们泡开了工夫茶。

在缥缈的茶香中，先生聊开了年轻时那不堪回首的往事，重温了几年前回国返乡的满足与欣喜，侃起了潮汕故乡，侃起了家乡我们共同熟悉的那些文人朋友……

  一股浓浓的乡情，满溢于我们彼此的心海之中！

2010年秋

五

原鄉異鄉兩地情

侨批视域里的华侨精神

2020年10月13日,习近平总书记考察了汕头开埠文化陈列馆、侨批文物馆和小公园街区,发表了亲切的讲话。他高度评价了华侨对中国建设的巨大贡献:"华侨最重要的一个特点,就是爱国、爱乡、爱自己的家人。这就是中国人、中国文化、中国人的精神、中国心。我国改革开放和经济特区的建设同大批心系乡梓、心系祖国的华侨是分不开的。"在听取"侨批"历史和潮汕华侨文化介绍时,习近平总书记强调要保护好这些"侨批"文物,加强研究,教育引导人们不忘近代我国经历的屈辱史和老一辈侨胞艰难的创业史,并推动全社会加强诚信建设。

习近平总书记在汕头的这段讲话,精辟地总结了华侨精神的实质,我们可以以侨批为例,从"爱国、爱乡、爱自己家人""据德依仁、恪守诚信"和"敢于开拓、艰难创业"三个方面来学习和理解"华侨精神"的实质及其形成的历史过程。

华侨爱国、爱乡、爱自己的家人的仁心义举,通过一封封的侨批可得到证明。

侨批主要分布在广东省的潮汕、江门和客家地区,以及福建省的厦门、漳州、泉州和福州等地区。据勘查,数量在19万~20万件,仅汕头的侨批文物馆馆藏就有近16万件(含电子扫描件)。因其具有"近代中国国际移民的集体记忆"的重要价值,在同类国际移民文献中,尤其珍贵,具有独一无二和原生态的价值。2013年6月,侨批成功入选世界记忆名录。

华侨华人支援国内抗战、救灾恤难的钱财绝大多数是通过侨批局汇回国的,饶宗颐《潮州志·实业志·商业志》记载:

> 潮人仰赖批款为生者，几占全人口十之四五，内地乡村所有新祠厦屋，更十之八九系出侨资盖建。……故战时侨批梗阻，即百业凋敝，饿殍载道。兹据老于此业者较确实估计，中华民国十年以前汇归国内批款，年在数千万元，十年以后在一亿元以上，至二十年以后，又增倍，可能达二亿之上。

香港著名爱国金融家、慈善家庄世平先生在《潮汕侨批萃编·序》[①]中写道：

> 数以千百万计的侨批，不仅是一张张汇款凭证，而且是社会历史真实的见证，有着深刻的文化内涵。它渗透着海外侨胞的血泪和汗水，蕴含着他们对祖国、故里的一片深情，昭示着他们对自己亲友的关爱。与此同时，家乡的亲人通过"回批"通报家乡及亲属的情况。批信的往来，促进了两地对各自社会、经济生活的相互了解，也增强了凝聚力。

侨批也是华侨据德依仁、恪守诚信精神的有力证明。饶宗颐教授在《潮州志·交通志·邮电·民信局、批局》中指出：

> 往时出洋侨民大都知识薄弱，不谙文义，其每月一次或数月一次汇寄家属之款，既不知汇兑方法，国内乡村又无确定门牌号数，此类函信为邮局所无法送递者，历来托由批局办理。批局以承寄信件而兼营汇兑业务，相沿至今。

现在我们看着这一封封的侨批，多数批上所书收件人姓名、住址不全或不清楚，但因民信局所雇信差人地熟悉，所以能够妥为投递，并索得回信为收据。这些收据，就是所谓的回批（在海外称为"唐山批"，因其来自"唐山"也）。如收款人不谙文义，则批局能代为缮写，甚至

[①] 载《汕头大学学报》2003年第1期。

有时华侨欲汇款而无现金，批局也可替为垫汇。从有文献记载的侨批业肇始到20世纪末结束，数百年间未有批局或者"批脚"卷钱走人的事情发生，凭的是道德、仁义和诚信。所以，庄世平先生在《潮汕侨批萃编·序》中也指出：

> 侨批的历史雄辩地说明了潮汕人恪守信用的优良传统。可以说，没有信用就没有侨批。

习近平总书记在汕头视察的讲话中还指出，要利用侨批"教育引导人们不忘近代我国经历的屈辱史和老一辈侨胞艰难的创业史"。翻阅并了解老一辈华侨富商发家致富的事迹，陈慈黉、蓝金生、陈旭年……无一不是敢于开拓、四海为家、艰苦创业的成功范例。有人把潮人的这种优秀特质归纳为"红头船精神"，认为这种优秀特质体现的是敢于突破困境、勇于开拓进取、善于谋求发展的意志与毅力。而这种精神特质的形成，跟潮汕的自然地理环境和生活环境是密切相关的。

潮汕是滨海地区，海岸线绵长，人民自古就以"讨海"为生，海上贸易、经济文化交流也因此而生。明清两代，樟林古港航运业务的繁荣，证明了当时潮州与香港及东南亚的海上交通的频繁和经济、文化交流的经常化。

1860年汕头开埠，1862年英国渣甸汽船德利士汽船公司汽船进入汕头港。随后，德法俄等9国汽船公司进入，使得潮人前往东南亚各国更加方便，漂洋过海"过番"谋生的人越来越多。据汕头海关资料记录，1869—1948年（缺1929年）这80年间，经过汕头港出洋人数近600万人。数以千万计的海外移民，为东南亚各国的垦荒拓殖、社会建设做出了极大的贡献。饶宗颐教授在《何以要建立"潮州学"——潮州学在中国文化史上的重要性》[①]的学术演讲中说：

> 中国文化史上，内地移民史和海外拓殖史，潮人在这二方面的

---

① 载《潮汕研究》1994年创刊号。

活动的记录一向占极重要的篇幅……潮人若干年来在海外拓殖的成果和丰厚的经济高度发展的各种表现,在中国以外各个地区孕育出无数繁荣美景的奇葩,为中外经济史写下新页,久已引起专家们的重视而且成为近代史家崭新的研究对象。

在这移民潮历经数百年之久、创业历程艰难曲折的过程中,磨炼、铸就了潮人四海为家、勇于开拓、敢于创业的"红头船精神",培养了潮人"细细生理会发家"(小小生意能发家)和"猪铺赢过肥田"(利润微薄的商铺也比肥沃的土地来钱快)的商业意识,从而涌现出了一代又一代的华侨富商,形成了世界商业大军中的一个名震天下的优秀群体——潮商。

如果我们细细地阅读那一封封的侨批,看到他们跟家人含泪诉说在"番畔"打工的艰苦场景,你就会从中看到早期的华侨们"无苦奈何舂甜粿"的无奈,番畔"人面生疏,番仔擎刀""日出乞日曝,雨落乞雨沃;所食番薯糜,所擎大杉木"的恶劣和艰苦环境,就能懂得他们在异国他乡从打工谋生到开拓创业的艰难。

总之,"爱国、爱乡、爱自己家人""据德依仁、恪守诚信"和"敢于开拓、艰难创业"的华侨精神是在数百年的勇敢开拓、艰难创业的历程中形成的。这就是习近平总书记在 2021 年元旦前夕的《新年贺词》中所说的:"艰难方显勇毅,磨砺始得玉成。"

在今天,华侨精神仍然具有闪光的现实意义,因为"我们通过奋斗,披荆斩棘,走过了万水千山。我们还要继续奋斗,勇往直前,创造更加灿烂的辉煌!"

侨批·番批·唐山批：为什么叫"批"？

习近平总书记于 2020 年 10 月 13 日考察了位于汕头市开埠区小公园的侨批文物馆、发表了在海内外华侨华人中引起了广泛影响的"赞侨"讲话之后，汕头侨批文物馆就成为网红打卡点，想一睹侨批"芳颜"的游客海了去了（太多了）！

侨批，主要分布在广东省的潮汕、江门和客家地区，以及福建省的厦门、漳州、泉州和福州等地区，数量在 20 万件左右，仅汕头的侨批文物馆馆藏就有近 16 万件。因其具有"近代中国国际移民的集体记忆"的重要价值，在同类国际移民文献中，尤其珍贵，具有独一无二和原生态的价值。2013 年 6 月，侨批成功入选世界记忆名录。

但是，有一个问题：明明是信，或者说带有汇款的信（五邑那边就很直白地叫"银信"），潮汕这边为什么叫"批"呢？

这个问题，老早就有人提问了，也老早就有人研究了，但至今还是个"无头公案"（没有获得确认的标准答案）。

有一个大家都基本接受的说法，就是"批"来自于福建闽南话。侨批研究专家常增书先生早在 1985 年就说过："侨批"的"批"字来源于闽语。福建人称书信为"批"；潮语的"批"字则专指附寄款项的信件，回信称"回批"。（常增书，1985）后人研究侨批，继续沿用这种说法。林长华《侨批与侨批文化》一文说："批"是语相通、俗相同的闽南和粤东侨乡人及其海外乡亲对"信"的习惯叫法，海外华侨的书信称作"侨批"，侨乡人寄信叫"寄批"，收到的侨信俗称"番批"，专指海外华侨通过海内外民间机构汇寄至国内的汇款和家书，是一种信、汇合一的特殊邮传载体。①

大概，批就是信了（有没有附带汇款都一样），送信叫作"分批"，分批的工作人员叫作"批脚"，收批、寄批的营业所叫作"批局"。记得我小时候，信封还叫作"批壳"，里面的信笺叫作"批肉"，写信叫作"写批"，小镇的街道上还有专门摆摊为人写批的。国外寄回来的叫作"番批"，寄回去国外的这边叫"回批"，我到了"番畔"（国外），才知道那边叫作"唐山批"。这便能与"番畔钱银唐山福"的俗语对应。"唐山"指的是在中国的家乡。"唐山批"就是来自中国家乡的信（不带汇款）。

这样说来，"批"在福建（闽南）话里就是信的意思，潮汕话又把带有汇款的信也叫作"批"。我到马来西亚访问时，拿督陈联顺告诉我，公司之间，甚至与官方来往的公函，在马来西亚华人使用的福建话、潮州话里也叫作"批"，词义更加扩大了。

词义的问题基本上搞清楚了，但还得搞清楚词源。也就是说，为什么闽南话要把信叫作"批"呢？

综合了各种研究成果，小结起来大致有如下几种说法，但大都是假说，未及考证完善。这里先分享给大家：

（1）成批的，批量的。当时南洋各埠与汕头、厦门各地通信，无论是红头船时代还是邮政的轮船时代，全靠船运，递期多达一月，或半月……故"批"之称谓，还应该有"成批到达收埠"的意义。（蔡木雄、蔡绍彬，1988）

成批、编好代码按批次寄"批"，已经有人做过研究。早期的批信局把侨民寄托的批信，都按受理的次序一次"批"用一个"字头"。每次批中，又按接收批信的件数编写"连续号"。……泰国批局都统一用《千字文》的字逐个做发批的"字头"。例如第一次发批用《千字文》第一个字"天"，第二次用"地"，第三次用"玄"，第四次用"黄"，以此类推。（邹金盛，2001）曾旭波先生的研究成果认为，编写批次的方

---

① 载《集邮博览》2016年第11期。

式有六种之多。①

（2）批写，批字于信上。（潮汕的批信）信的内容，"但批纸尾"。这种书信的格式，与宋朝沈括在《梦溪笔谈补》中的记述无异……所以，结论是：潮人所称之批，并非俗而不典，而是承唐宋之典，而还于粤、闽之俗。（陈训先，2003）

（3）批条，凭它可以取款的条子。《醒世恒言·郑节使立功神臂弓》："张员外道：'没在此间，把批子去我宅中质。'"——批（批子、批条）原来就是可凭此领取银物的字据凭证，古人早已使用。闽粤人所称的侨批的"批"，必是与此处同义。（郭马风，2004）

以上三种，是从"批"字的原义上去找银信词义的源头，但说不清"批"为什么是指信件，又何以先在福建（闽南）话中使用。所以，又有懂外语的朋友认为，"批"有可能是外语音译词，跟英语的"post"，或者是西班牙语的"postal"有关。早期的漳州等地到菲律宾的移民与西班牙人有过深度的接触，所以学着把信、寄信叫作"postal"，经过音译变化后就成为福建（闽南）话的 poi^1。想一想也不是没有道理。

究竟哪一种说法对呢？我不敢轻下断语。

2020 年冬

---

① 载《汕头大学学报》2003 年第 1 期。

可诗可歌侨批情

潮汕是南中国著名的侨乡,有"海内一个潮汕,海外一个潮汕"之说。数百年来,数以千万计的潮人从原乡下南洋到海外谋生。而潮人浓厚的爱国、爱乡、爱自己家人的精神和感恩回馈的优秀传统,使得他们在海外一旦站稳脚,跟便开始了与原乡的家庭亲友的联系;一旦事业有所成就,便回家乡盖宗祠、建医院、办学校,修桥铺路,济危扶困,支援家乡建设。而这种种的善举,其沟通的主要方式便是侨批。在潮汕侨乡,在过去的日子里,几乎家家户户都有侨批,潮汕历史文化中心和汕头大学等单位搜集的侨批数量多达十几万封(包括原件和扫描件)。

曾经,侨批是潮汕原乡联系海外亲人的纽带,是家长里短、互道珍重的家信;侨批是纸轻意重、互诉衷肠的情书;侨批是侨乡经济的输血管、生命线;侨批局既是进出口贸易公司,也是银行和邮政局的统一体;侨批还是潮人重亲情、讲诚信的产物。香港著名爱国金融家庄世平先生说:"潮汕文化是中华文化正统中一支富有特色的细流;侨批文化又是潮汕侨乡的特色文化资源。市场经济是信用经济,侨批的历史雄辩地说明了潮汕人恪守信用的优良传统。可以说,没有信用就没有侨批。"(《潮汕侨批萃编·序》)

2007年,我应马潮联会青年委员会的邀请,配合其全马侨批巡回展览,做"侨批与侨乡"的巡回演讲,从北马的槟榔屿讲到南马的柔佛新山。侨批巡展期间,也听到了侨领陈联顺先生、文化界人士陈再藩等先生讲的自家的侨批故事,真的是字字血泪、声声亲情,我深受感动,写下了一首白话诗《一封侨批》:

一封侨批，
一头连着番畔，
一头连着唐山；
一头是劳生拼死过番客，
一头是娇妻携儿等郎回；
一头是思乡念亲过番客，
一头是父母年老盼儿归。

一封侨批，
批肉浸透亲情，
批壳沾满血泪；
寄来的是艰苦钱银淌血汗，
寄去的是谆谆嘱咐沾老泪。
寄来的是魂牵梦绕家乡梦，
寄去的是日思夜想等郎归。

十年后，有文化公司找我写一首关于侨批的歌词，我便把它翻了出来，加了一个副歌：

啊，啊，
一封侨批，一船目汁，
道不尽个儿女情长，
诉不尽个两地艰难。
一帆问候，一腔思念，
从暹罗诐到猪槽，
从唐山诐到石叻吉隆坡。
盼只盼，有朝一日郎回归，
家庭团圆，一家大细红红火火把炉围。

这首歌词后来由深圳著名作曲家、深圳市音乐家协会主席姚峰先生作曲，著名女高音歌唱家、华南师范大学音乐学院声乐系主任卢清丽教授深情演唱，动人心魄，催人泪下。只可惜，这首歌用了不少方言词语，用普通话演唱，外地人有些地方没听懂。

2013年6月，侨批因其具有"近代中国国际移民的集体记忆"的重要价值，在同类国际移民文献中，尤其珍贵，具有独一无二和原生态的价值，成功入选世界记忆名录，汕头市在原西堤（码头）公园建设侨批纪念地公园，我有幸参与了建设文案和设计方案的讨论。2017年11月11日参观了从图纸变成实体的侨批纪念地公园之后，我有感而作《侨批情》一首：

> 廿万侨批血写成，
> 呼妻喊母泣声声；
> 唐山番畔重洋隔，
> 难阻亲人家国情。

2017年11月17日，汕头市话剧团演出《风雨侨批》（普通话版），观后心灵又一次受到艺术的震撼，作《观〈风雨侨批〉有感》一首：

> 风雨番批驿路遥，
> 惊心动魄南洋潮；
> 拼将热血书诚信，
> 爱国顾家是华侨。

从格律的要求看，末句"华"字位置应为仄声字，但推敲再三，难得更合适的字眼，就由它去吧，有请大方之家教我。

2017年冬

乡愁入梦

字字泪旧声声情的"过番歌"

"过番歌",这里指的是与"过番"有关的歌谣。大家最熟悉的,莫过于那首《天顶飞雁鹅》:

天顶飞雁鹅,
阿弟有嬷阿兄无,
阿弟生囝叫大伯,
大伯听着无奈何。
背起衫包过暹罗,
去到暹罗做乜事,
去到暹罗牵猪哥;
凄惨钱银刻苦趁,
趁有转来唐山娶老婆。

这首歌谣开宗明义,"过暹罗"乃是生活所逼,是"无可奈何春甜粿",是家中"断柴米,等饿死,无奈何,走来石叻卖咕哩","海水迢迢,唔是我枭;放掉嬷囝,无奈家磘"。无论怎么唱,都提到"无奈""无可奈何",只要温饱基本能解决,谁愿意冒死漂洋过海去谋生啊!

含着眼泪送别的父母妻儿,则千叮咛万嘱咐:

一溪目汁一船人,
一条浴布去过番;
钱银知寄人知转,

五、原乡异乡两地情

勿忘父母共妻房。

今日送郎到码头，
一事郎你着记牢；
闲花野草孬散采，
糟糠之妻不可抛。

乘坐着红头船，经月余的日晒雨淋、风浪颠簸，九死一生到了码头登陆，要做的第一件事便是给"唐山"的家人报个平安。于是，有了惊魂未定、读之揪心裂肺的《平安批》：

批一封，银二圆，
叫妻刻苦勿哭啼；
囝儿着支持，
教伊勿博钱；
田园着知作，
猪囝哩着饲；
待到我趁 [tang^3] 有，
猛猛归家来团圆。

这种平安批，是"过番者"的一种风俗，报平安的同时，也给家里寄二元或四元，这钱可能是向先到的亲友或工头预借的。最简洁的侨批只是"人在，银二"四个字的附言。

1939 年，新加坡华侨姚永合先生寄给潮安庵埠家乡母亲报平安的番批这样写道：

慈亲大人膝下：敬禀者，儿自作别来叨，水陆一切均已平善，祈勿远念。但是上函寄上中央币四元，未卜收到否，现时家乡……诸事，回音来详是盼。今寄中央币二元查收，余言后禀。

姚永合先生应该是于 1939 年上半年抵达新加坡后给家里寄去这封"平安批"外附中央币四元，恰逢 1939 年 6 月 21 日汕头被日寇攻陷后汇路阻塞，批信下落不明。姚永合先生左等右等，不见家里回音，便于 7 月 20 日通过新加坡华侨银行再寄回中央币二元给家中母亲，并再次报平安，同时希望了解家乡情况，此封侨批经由特殊秘密邮路终于到达潮安庵埠。①

而过番者经历千辛万苦、九死一生到了"番畔"，生活又如何呢？

上面的歌谣说是"到了暹罗牵猪哥"。"牵猪哥"即使在潮汕本土乡下也被认为是最低贱的职业，非不得已是不会去做这种被人看不起的事情的。但初到外国，"人面生疏，番囝擎刀"，"番囝番癫憧，擎支厚刀四散抨[pong¹]"，只能从最低贱的职业做起，以便立足谋生。还有《踏三轮车歌》唱道：

　　阿老叔，脚曲曲；
　　三轮车，刻苦踢[nêg⁴]；
　　趁有钱，猛猛积[zêg⁴]，
　　寄转唐山好籴粟。

其实，无非就是给人打苦工、出苦力，潮语叫作"食人个咕哩"，如《做苦工歌》所云：

　　心慌慌，意茫茫，
　　上山做苦工；
　　日出乞日曝，
　　雨落乞雨沃；
　　所食番薯糜，
　　所擎大杉木；
　　一年劳[le⁵]到死，

---

① 资料来源：《侨批文化》（杂志）、《潮州日报》。

瘠骨落肉目凹凹［tag¹ tag¹］。

……

在"番畔"那边劳生拼死，积攒了些钱寄回家里，使在"唐山"的妻儿、父母不至于挨饿受冻，此所谓"番畔钱银唐山福"。但却苦了"唐山"家中的"留守妇女"。描写这个群体的歌谣，真的是字字血、声声泪了。送别时是声声的叮嘱：

月娘光光照临檐，
阿嫂送兄哭啼啼；
心里个话呾唔出，
你着记得妻共儿。

等郎不归时就是辗转反侧、怨天怪命了：

嫁着过番翁，
夜夜守空房；
望塌蜘蛛顶，
吞得天曚昽。

真能等回来个"郎"，却是七老八十的白发翁了，只能怪自己的命不好：

前世无身修，
嫁着夫婿到外洲；
去时小生弟，
转时留白须。

能等回来个"白头翁"就算是幸运的了。有时候，千等万等，等回来的只是五雷轰顶的"丈夫已做她人君"的坏消息，只能埋怨几句出出气算了，远隔重洋，你又能怎么样呢？

　　（丈夫）去过南，
　　蜡蜡梳囝买一双；
　　草头夫妻你唔惜，
　　三心二意惜别人！

　　"过番歌"有"唐山"这边的，也有"番畔"那边的。东南亚各国五大汉语方言——广府话（粤语）、客家话、海南话、福建话和潮州话各有各的"过番歌"。马来西亚著名的民俗学家苏庆华教授著有《五大方言过番歌研究》一书（收入其《苏庆华论文选集》第四卷，商务印书馆，2014），是研究成果的集大成者。我和林朝虹老师也曾经做过研究，在中山大学的《遗产研究》2014年第5期上发表过《客、闽、潮"过番歌"的比较研究》一文。其他研究成果也颇多，有兴趣者可以上网检阅之。

2020 年冬

侨批里的方言书写

"批"的原义是"书信",在福建闽南方言里,"批"是信件的意思,现在的词源不明,有人说是中文,是分批、批次,或者批条的意思;有人说是外文,是福建人在菲律宾照西班牙语直译过来的。到了潮州话里,"批"又带有汇款的意义。在潮汕地区,"等番批"等的就是海外华侨亲人的汇款及其简短的信息。江门一带的"四邑话"(也叫"白话",属于粤语的一个分支)干脆就叫"银信",就比较直白好懂了。

"批"除了汇款之外,还有家书的性质。华侨们在"批"里向家乡的亲人叙述在侨居地的工作和生活状况;家乡的亲人们也通过"唐山批"(回批)跟海外的亲人谈谈家里和家乡的情况,以慰游子乡思。尤其是家有留守的妻儿者,千叮咛万嘱咐,妻子要侍奉好公婆,替他尽孝;要教育好儿女,把儿女培养成人。回批的内容有叮嘱"过番者"注意保重身体、以免生病,攒了钱要回国探亲云云,都是家长里短的生活用语,读起来往往令人唏嘘不已。

由于"番批"的这种家书性质,便有了口语化的叙述方式;而口语化的叙述,就免不了使用方言词甚至谚语;有文化的作者,干脆写成了"潮州歌册"式的叙事歌谣。

我们先看看词语方面。懂潮汕话的人,只要你仔细阅读,其实几乎每封"批"里都"混搭"有潮汕话的词语。例如:

"厝"字是潮汕方言的特征词,是房屋的意思,盖房子叫"起厝",买房子叫"买厝";引申之,家里叫"厝内",回家叫"转[deng^2]去厝";新娘子回娘家叫"转厝",第一次回娘家叫"头转厝"。我们在印度尼西亚侨胞李芝敏的批信中，多次看到了关于"厝"的叙述：

例1："未知吾弟此次结婚是自由选择或由媒人介绍，此女士何籍人？父母在否？结婚后自己租厝或居住女人厝，有便请写明来知。"（《潮汕侨批萃编》第477页）

"租厝"就是租用别人的房子，也叫"税厝"。"女人厝"，就是女方的房子。这都是"厝"的本义。

例2："关于厝屋修理事，……刻下修理厝有讲究方向否？"（刘恒昌致弟刘吟昌批）

例3："米贵若干？厝中情况希写明来知。"（《潮汕侨批萃编》第489页）

"厝中"是家中的意思。

例4："现厝中抽壮丁事，……若期到如加抽壮丁，请吾弟（指在家之芝胜）祈切观大众如何进行为要。"（《潮汕侨批萃编》第488页）

例5："儿前接五弟来信，言知是次厝中抽壮丁事，俺乡已顾（雇）国贤代替共叁百余万元。"（《潮汕侨批萃编》第489页）

例4、例5中的"厝中"已经引申为家乡了。

"镭"指元，也泛指钱。家里没有钱，可以说："家里个镭都无。"晚清和民国的铜币，叫铜镭（与方孔钱叫"铜薄钱"不同）。因为"批"是银信，所以这个货币单位词也经常使用，如：

例6："人民券目下每千元使有九个镭，闻汕头已经使有十个镭，可为已接近政府所定牌价。"（兄德能致惜吟贤妹批，为曾旭波提供）

"镭"是马来语 duit 的音译词，福建闽南话也使用。在侨批中经常见到的马来语借词还有：

"五脚砌"，是福建话 ngo + 马来语 kaki lima 的省略。描述初到"番畔"居无定所、食不果腹的生活，可以说"所食薰团蒂，所宿五脚砌"（抽人家丢掉了的烟头，睡在骑楼下的人行道）。

"峇团"，鳄鱼。马来语是 buaya。描述泰国的鳄鱼凶猛无比，夸张成："暹罗峇团，有人食人，无人食影。"

一些"番畔"的物品，"唐山"这边没有的，也是直接把名称借用过来，侨批里也常写到，如："糕啤"（也作"龟啤"，即咖啡 coffee；常见的有"乌糕啤""白糕啤")"啰嘀"(一种小饼干,上面点了花色的糖,过去华侨回来总会带一些过来,送给亲友邻居,叫作"下物食")等等。

"岂有"是潮汕方言疑问句最常用的疑问词,侨批中是高频词,相当于普通话的"有没有"。曾旭波兄提供给我几封侨批,其中便有如下几个例子:

例7:"前搭去……吞锅六个,岂有收否?……雨遮一枝并白盘八个,到时查收。"(侄才合致婶母大人批)

例8:"儿元月十二日寄去一封大银二十元,未知岂有收到否。"(黄镇藩致祖父大人批)

例9:"……想凤声兄回家后,各物岂有如字一一收到否?"(兄德能致惜吟贤妹批)

例10:"……惟未知彼此次回家后岂有筹得银项给妹收用?"(兄德能致惜吟贤妹批)

"搭",动词,托付(他人带去),也是侨批的常用词。如上文例7。

我们只要细心地阅读,就会发现上面几封批信中还有"雨遮"(雨伞:"雨遮一枝并白盘八个,到时查收。"),"生理"(生理:"刻下点店中生理,不甚有厚利可取。"),"做名"(起名:"未知前年所养之小儿,祈为做名耀佳。")等潮汕方言词语。

还有一些词语,几乎是侨批中才会使用到的。例如,华侨们把中国叫"唐山",潮语有"番畔钱银唐山福"之俗谚。回中国,他们就叫"回唐山",简称"回唐",如:

例11:"暹地此时行情苦竭,一般失业之人太多,除非无本钱可做回唐之资,不然……"(黄镇藩致祖父大人批)

他们甚至会把家中写成"唐中",如:

例12:"请吾弟知深想一点,俺之家庭,现在拮据万分,理应设法救济,免使唐中老母受饥饿。"(《潮汕侨批萃编》第477页)

例13:"父亲谓儿等备款寄分唐中以作为大人下暹之资。"(黄镇藩致祖父大人批)

国与家,概念模糊了。家乡就是祖国,祖国就是故乡。所谓的家国情怀，就是这样熏陶出来的。

习近平总书记称赞华侨"爱国、爱乡、爱自己的家人"，潮籍华侨堪为模范。每逢春节之前，华侨们哪怕倾囊而出，甚至向老板预支工薪，或向亲友借款，也要给"唐中"的亲人寄来压岁钱。压岁钱，潮语叫作"压［dêh⁴］（肚）腰钱"，写侨批者创造性地省略为文雅的"腰金"。如：

例14："是天火轮，顺便付去大银壹元，以为贤若木声三人腰金之需，幸得二地均安喜之胜也。"（张美生藏晚清新加坡林炳和新春批）

例15："兹邮上港币一百八十元请分送与下列亲戚作为腰金：全盛兄港币叁拾元；有松叔港币叁拾元……另外六十八元请大人收为家用。"（侨批文物馆藏马来西亚麻坡华侨郑裕潮致母亲大人批）

例16："兹值年关在即，适逢轮便，谨肃上候函，并呈上国洋二元，以资大人腰金之用。到望查收，示便可也。"（新加坡陈赞名寄外祖母大人批）

侨批中有些潮汕话的用例，实在是太口语化了，连书面语基本不用的词语也照样书写出来，如：

例17："就是这两句话定，无别言。二地平安！"（儿海成致母亲大人批）

这个例子中置于句末的"定"，强调表示"就""仅有"的附加意义。

有时候，侨批中还使用上了谚语，例如：

例18："人生事此时有食知食，可算目前点火目前光就可以，无须忧虑挂念。"（黄镇藩致祖父大人批）

这个例子使用了两个潮州俗语"有食知食"和"目前点火目前光"。相信懂潮州话的人一看就懂，深知其中三昧；但不懂潮语的人看了，肯定是一头雾水了。

例19："而我孙、我弟此次两人逝世，也莫（非）是俺之家门不幸，欠此两小孩之大债。"（黄镇藩致祖父大人批）

"欠某某人个大（重）债"是一句潮汕俗语，意思是说某某人就是来讨债的，为其有所付出那是前生前世欠下了他的债，今生是要还他的。

除此之外，还有更特殊的，即通过"手布诗"和潮州歌册等方式来写批。"手布诗"有《十二月思君歌》《陈氏致夫林武昌书》和《林武昌复妻陈氏书》等，篇幅较长，且文学色彩较浓，我认为是文人"创作"出来的批。但有一封用潮州歌册体写的批，却是真真实实的，如其中解释少寄批银原因的一段写道：

> 上信间，元少付，
> 原因是吾身不适，
> 数天未能离床边（韵脚）。
> 往（曼）谷寻治宿友处，
> 费去不少的"象头"，
> 生意受此而波折（韵脚）；
> 几天无做钱没（有）收，
> 理由于此告你知（韵脚）。

批末注云："象头，这是新名词，即称金钱纸币。"（估计是泰币纸币上有"象头"图案，故称）

这枚批是1951年1月11日黄懿良寄给澄海上华区图濠（渡头）乡老姆母转交其妻子收的批信，已经是现代的航空邮件（air mail）了，兑款的单位已经不是批局，而是中国银行了，有批壳（信封）为证。

也许，妻子喜欢潮州歌册，所以写批人专门为她而写，我想。

2020年冬

留守姿娘：幸福的侨眷家庭里的苦命女人

侨批故事多，充满苦和乐。

我因为自小生长在有着陈慈黉故居和樟林南盛里的著名侨乡澄海，所以对不少侨眷家庭都很熟悉。童稚时代的不少玩伴和少年时期的不少同学，都是侨眷家庭的孩子。通常来说，这些家庭的生活都是小康的，至少不会饿肚子，穿着也比普通农民家庭的孩子要好得多。我记得，村里的第一条"羽裤"（毛料裤子）、第一套西装、第一台番车（缝纫机）、第一架"克家路"或者"三枪"脚踏车（自行车），都是来自侨眷家庭。俗语说"番畔钱银唐山福"，一封封的侨批，就像一根根输血管，"番客"们在"番畔"干苦力赚来的血汗钱，滋养了潮汕侨乡的成千上万个家庭。

似乎，侨眷家庭就是幸福和富裕的代名词。然而，由于经常到小伙伴家里去玩，很不幸，我却看到了这些幸福家庭光环笼罩下的、在阴暗角落里暗自啜泣的"乌衫旦"（青衣旦）——在家里苦苦等待着漂洋过海去"番畔"谋生的丈夫的苦命女人，上要奉养丈夫父母，甚至祖父祖母，下要养育跟自己一起留守的儿女，她们演绎的是一出跨度长达半生以上的人间悲剧。远在番畔的"翁"（"翁"读同"氨"，丈夫），何时能衣锦荣归，那只能听天由命了。几年能回来一次的，就算幸福了；"翁"在外国娶了"番婆"二人（二房太太）、十年八年回来老家看"草头"（结发妻）一次的，也算幸运了；有的"翁"只度过了新婚之夜就去过番，然后如"泥牛入海无消息"的，就更悲剧了，这些留守女人

五、原乡异乡两地情

就等于守了一辈子活寡。

这样的留守妇女，在潮汕侨乡，不是一个两个，十个百个，而是成千上万！潮汕俗语形容人的悲惨之极云"惨过等出外翁"，就是最直白的极端诉状。而一封以"手布诗"形式写给"出外翁"（在番畔的丈夫）的"唐山批"（从潮汕原乡寄往番畔的批信），杜鹃泣血般地诉尽了思夫成疾的留守女人的苦难：

> 提起笔，泪如丝；
> 字未写，先悲啼。
> 啼冤家，无仁义；
> 无批信，已十年。
> 莫不是，忆着番邦美娇女；
> 莫不是，忘却唐山结发妻；
> 莫不是，忘记堂上老公婆；
> 莫不是，无想膝下有娇儿；
> ……

而最近，澄海籍作家陈继平的一篇《南砂女人》的微信推文，引起了圈内的一阵子轰动，从而又引出了一封刚发现不久的，77年前南砂乡一位即将乘坐末班轮船远去香港的丈夫（名先敬，字修智）留给妻子——一位未来的留守女人——的家书，读起来也不免令人唏嘘：

> 琴：愚因微利赴香，一路水陆平安，无须介介。堂上大人甘旨，尚须克意奉承，方不负余之所托也！

自古"商人重利轻别离"、男人重利轻女人，而这寥寥数十字，谆谆嘱咐的是"克意奉承"公婆，对妻子倒是一句也不用安慰了。而此去水迢迢、路遥遥，"琴"（名乐琴）就此成了千千万万的留守女人之一，守着"出外翁"的嘱托，守着这封信，过了几十年，直至去世。

丈夫犹如远航的船，乘风破浪，追名逐利去了；妻子就像码头上系缆绳的石墩，而家就是港湾。无论船有多大、航程有多远，船总要回到港湾、牢牢地系在石墩上，好好地整修一番。这样，港湾里就有了笑语呢喃，就有了歌声婉转，就有了琴瑟和谐。相反，假如那艘远航的船"一片帆去到石力埠（新加坡）"，然后无痕无影，系船绳的石墩就成为天天等船（夫）归来的"望夫石"；港湾里因为没有了船而失去了笑声，失去了歌声，失去了幸福。可悲复可叹的是，潮汕侨乡的大部分留守女人，最后都成了这冷冰冰的、没有人来温热她的"望夫石"。

呜呼哀哉！当我们为"潮汕姿娘"的遵道守礼、相夫教子、敬老爱幼、柔弱坚韧唱赞歌的同时，难道不该回头反思反思这"恪守妇道"的传统"美德"的残忍和毫无人性吗？

2020 年冬

在"番畔"说"番批"

因为2013年6月联合国教科文组织将在韩国召开的"世界遗产大会"上,对"中国侨批档案"申报"世界记忆遗产"(Memory of the World)进行表决,马来西亚的乡亲们一贯热心于对侨批重要价值的宣传和征集,所以,趁着当年4月中旬邀请我去新山参加"三月初三锣鼓响"庙会传统文化活动之机,让我在新山的中华公会再讲一次侨批,为侨批申遗再添上一把火。

这次讲座,由领导新山潮州、广肇、福建、客家和海南五大族群的组织"新山中华公会"和南方大学、柔佛潮州八邑会馆联合主办,在中华公会的会议厅举行。晚上8点之前,开讲的时间未到,会议室内外已经来了几十个人。我一看,上到七八十岁、白发苍苍的老人家,下至十几岁的年轻人,都有。当然,来得最多的还是一批五六十岁的中年人。其中,还有曾经见过面的老朋友。2008年,马来西亚潮联会曾经在全马进行过侨批的巡回展览和征集活动。当年的8月份,我应邀进行巡回演讲,在马来西亚的乡亲们之间普及侨批知识,并为侨批的征集活动做动员。那次演讲,从马来西亚的首都吉隆坡开始,一路北上讲到怡保、霹雳州和槟榔屿。演讲的效果还不错,不少乡亲当场带来了家里珍藏着的一封封的侨批,与大家一起分享。而这次来新山演讲,是为"中国侨批"申遗造势,得到了中华公会和潮州会馆等五个会馆和南方大学的大力支持,因为"中国侨批",不仅仅与潮汕人的"番批"有关,跟福建人、海南人、广肇人和客家人也都有关系。为我主持演讲的是南方大学中文系主任安焕然博士,他是海南人。而柔佛潮州八邑会馆的会长、拿督陈联顺(以下简称陈会长)的父亲是潮安人,母亲是福建人,他的潮州话里掺杂有不少福建闽南话的成分。

演讲开始前一天的欢迎晚宴上，我们谈起第二天晚上要讲"番批"的话题，陈会长便很兴奋，因为在他的家庭里，就有着一个个与"批"有关的辛酸故事。他问我，为什么叫"番批"？我说"番批"，也即是从"番畔"寄回"唐山"的"批"。他又追问：那又为什么把外国叫作"番畔"呢？我说，这就源于我们祖宗的"大中华中心观"了。海外的华侨华人们称祖籍国为"唐山"，这个"唐山"与曾经发生过大地震的河北唐山没有关系，而与"汉唐雄风"的唐朝有关系。盛唐时"四海来朝"，让皇帝有"四海之内，莫非王土"的良好感觉。我们的祖先漂洋过海去谋生，也忘不了自己来自曾经兴旺发达过的中国，所以用"唐"来代表"中国"：中国人叫"唐人"，中国话叫"唐人话"，中国茶叫"唐人茶"，China Town 叫"唐人街"。而与"唐"的指称"中心"相对，外国就是"蛮荒"之地，所以叫作"蕃国"。《周礼·秋官·大行人》云："九州之外，谓之蕃国。"后来可能带草字头的"蕃"字实在让外国人不太好接受，便把"艹"去掉而成了"番"。外国的、从外国来的，都叫作"番"。"番畔（外国，海外）"的叫法就是这么来的。所以，来自"番畔"的钱，包括随钱而来的附言，就叫作"番批"。

陈会长听了说："从中国原乡寄来的信也叫'番批'就不对了，我们通常叫'唐山批'。"这倒是我以前没有注意到的，因为在潮汕原乡，侨眷收到钱和信后写的回信（从"唐山"寄往"番畔"）叫"回批"。原来，"回批"到了"番畔"，便被叫作"唐山批"了，因为这些"批"来自"唐山"。陈会长说他家里还有一些"唐山批"，最近十来年的还有。我们听了很高兴，让他第二天晚上把这些"唐山批"拿到会场上去现身说法。

第二天晚上演讲的时候，陈会长真的拿来了 20 多封"唐山批"。我压缩了自己的演讲时间，留下半个小时给陈会长。他拿着这些"批"，"字字血声声泪"地讲起了他家的关于"批"的故事。

陈会长的父亲是潮安人，在家乡结婚四个月后便随亲戚到马来西亚"过番"谋生了。家里的"大妈"生下了他的大哥。而父亲在新山又另外娶了一位福建姑娘为妻，这就是陈会长的母亲。父亲有仁有义，对家乡的大妈和大哥牵肠挂肚，稍有积蓄，便给他们寄"批"。父亲"过番"50周年的时候，家道稍微殷实，陈会长便陪老父亲回了一趟中国原乡，让父亲与其新婚一别半个世纪的妻子和从来也没有见过面的大儿子相见。这场久别重逢的喜剧其实洒满了悲剧式的血泪，因为大家都知道：对于一个古稀老人来说，再一次的分别，便是永诀了。

　　过了不久，"唐山"的大妈便去世了。陈会长原以为赶快寄"批"、多汇些钱给大哥操办大妈的丧事就行了。可是倔强的老父亲不干，非得让陈会长回一趟家乡亲自替他给大妈送终。其实，这是老父亲让陈会长回到家乡替他赎罪。亲情这东西，血浓于水，有时候是"批"（钱）所不能代替得了的。

　　演讲在陈会长的故事高潮中戛然而止，散会后大家还没有从刚才的故事情景中"走"出来，迟迟没有离开，都在继续交流着彼此家中的"批"的故事。有的先生说，"批"是有的，就是里面写的多数是中国原乡亲戚诉苦讨钱的内容，不太好意思拿出来，"家丑不可外扬"嘛。

　　我很理解，因为这一封封的"批"，就是家家户户的一本本的"血泪账"。这些"记忆遗产"，记忆的是"番畔"与"唐山"血浓于水的血脉亲情！

2013年春

番畔·番批·番话·番客·番囝
——"番"字头的词语趣谈

潮汕文化中的一个重要构成因素是海洋文化。海洋文化的构成原因之一是粤东沿海早期居民绝大部分是"靠海吃海"的"渔猎"土著，南澳岛象山上考古发现的距今 8000 年的石蚝撬等石器和各地的贝丘遗址就是明证。既然经常在海上捕猎谋生，也就免不了有漂洋过海到其他岛（后来就是其他国）的经历，这就是所谓的"过番"。

古时候的中国，有自以为是地球中心的世界观，认为"我就是'中央之国'"，而将周边的部落或者蕞尔小国，称为北狄、南蛮、东夷、西戎，再用一字以蔽之，那就是——番。

"番"字本来的意思是野兽的足掌，如熊掌之类。它是个象形字，金文和小篆中，上半字像兽的指爪，下半部"田"字像足掌。后来"番"字被借用来指蛮荒之地，即中国之外的部落或者国家。早期"番"字也写作"蕃"，带"艹"字头，意思就更明显了。"番禺"原也作"蕃禺"，或简称"蕃"。1953 年在广州西村石头岗一号西汉前期墓中出土有烙印"蕃禺"二字的漆盒，广州象岗南越王墓铭文中有地名"蕃禺"。墓内出土了一大批越式和汉式的铜鼎，其中一件中原汉式铜鼎，盖上刻有"蕃禺少内"等。有专家据此而认为"番禺"就是指"岭南蕃国蛮夷之隅"。（有人则认为是古越语译音词而已）

潮汕话沿用了中原汉语的说法，也把外国称作"番"，这并非"过番"到海外谋生以后才出现的，而是本来就有的传统叫法，潮剧里"番邦""番王""番公主""番营""番将""番兵"之类带"番"的词语多了去了。但有一些带"番"的词语，却确实是与潮人"过番"文化有关。例如：

"番畔"，指外国，俗语有"番畔钱银唐山福"之说。"番畔"与"唐山"对举，其义自明。"唐山"指中国，"唐"字白读为 deng⁵（堂）。中国人叫"唐人"，中国城（China Town）叫"唐人街"。有人认为，是大唐盛世的原因，所以称"唐人"，但为何"唐人"叫 deng⁵（堂），而"唐朝"则叫 tang⁵（虫）呢？想无（无解）！

到国外去（谋生）叫"过番"，"过"字大概就是"漂洋过海"的"过"（渡过），一段九死一生的风狂浪急、日晒雨淋的艰苦历程就这样给轻描淡写地一字带"过"了。

歌谣《天顶飞雁鹅》唱道：

> 天顶飞雁鹅，
> 阿弟有嬷阿兄无；
> 阿弟生囝叫大伯，
> 大伯听着无奈何。
> 背起衫包过暹罗
> ……

也是一个"过"字！真的是"苦啊……！怎一个'过'字了得？"

中国人叫"唐人"，外国人（土著）则叫"番囝"。初到番畔，环境恶劣："人面生疏，番囝擎刀。"外国女人则叫"番妹"（番囝妹）、"番婆"，唐人在所在国娶的老婆，即使尊称也是"番嬷"（外国奶奶）。

到了后来，在"番畔"时间久了，"唐人"回"唐山"也被家乡人叫作"番客"了，当然不是说他是外国人，而是说他是从"番畔"回来者，真是"他乡日久人也'番'"了。而在番畔出生的华人孩子，也有被叫作"番仔"的。不久前，刚刚看了一篇题为《从番仔到共和国外交官》的文章，讲的就是出生于泰国（所以叫"番仔"）、父母籍贯为揭阳普宁的陈端回国读书后参加革命，后来被任命为毛里求斯大使的故事。过番日久、年事已高者则被称为"老番牯"（意思大概是：在番畔时间很长的资深番客）。

"番客"的"客"不是客人的意思，而是指某种人，如"香港客，无一千，有八百"，指回家乡的香港同胞。还有"茶客""食客""水客"（早期的送番批者，后来称"批脚"）等词，"客"也是指某种人的意思，已有类聚义后缀的语法作用，略同于英语的指人后缀"-er"（worker）。

从番畔寄回来的带有汇款的银信叫作"番批"。"番批"收到后，"唐山"家里托批局寄回去的信"唐山"本土叫"回批"，"番畔"则叫"唐山批"，因其来自"唐山"也。

外国话、外语则被叫作"番话"。俗语有"见着唐人呾番话，见着番囝嘴呜呜"，意思是见到中国人就猛飙外语，但见到真正的外国人时，则外语说不出来（不敢说）或者说得结结巴巴了。原先这是用来讽刺外语水平只有"半桶水"者。呜[uê^5]（话^5），"嘴呜呜"，指的是张着嘴又说不出来话的狼狈样子。

阿拉伯数字1~10也被冠以"番"字头，叫作"番囝码"，与本土的"番薯码"等数字写法相区别。

洋建筑，尤其是西式教堂，多被叫作"番囝楼"。旧时澄海西门有座1899年建造的哥特式天主教堂"番囝楼"，常常被澄海人作为指示地理方位的坐标。

从外国进口来的东西，基本上都被冠以"番"字，如缝纫机系列的"番车"（也叫钉衫车、裤tin^{7}衫车），"番纱"（专供缝纫机使用的线团），"番纱鳞"（供缝纫机使用的线团的木头轴儿，中心有孔儿，"番车针"（缝纫机专用的钢针）。过去潮汕农村男人的标配——水布，也叫浴布——澄海有些地方叫作"番幔[muan^1]（麻^1）"，说明它原先也是进口货。

红薯、白薯之类，被称为"番薯"或"番葛"（潮州府城话音变为"粉葛"）。俗语有"今年番薯唔比旧年芋"，意思是时间不同，局势已变，犹言"世事如棋局局新"。说到"番薯"，就想起关于"护国菜羹"（上汤红薯叶菜羹）是南宋末代皇帝赵昺赐名的传说。有资料显示，红薯最初引入中国是在明朝万历年间，当时福建长乐商人陈振龙常到吕宋

(今菲律宾）经商，首见红薯，发现是个充饥的好东西，于是偷偷带回福建试种。明万历二十一年（1593），福建灾荒，当地巡抚下令授予农民种植，当年丰收，帮灾民渡过了饥荒，随后在全国各地推而广之。如此说成立，则"护国菜羹"始于宋帝赵昺的传说为"无厘头"。但有人认为，宋代之前，已经有种"薯"的记录。但那是什么"薯"，我就不知道了。

"番薯"之外，还有"番瓜"（南瓜）、"番茄"（也叫"番柿"，即西红柿）、"番葱"（洋葱）、"番勝投"（一种剑麻类的植物）等。粤语则有"番荔枝"（即澄海之"林檎"、台湾之"释迦"），"番石榴"（即汕头、澄海之"木团"，潮州府城之"菝［bhug⁸］团"，台湾之"芭乐"），"番梨"（菠萝，台湾、福建闽语叫"凤梨"，也有人认为"凤梨"不是菠萝，但对其是从巴西引进的水果品种则是没有异议的），等等。

动物也叫"番"的。例如"番鸭"（种源来自外国的鸭子），与本土的鸭交配以后生出的鸭子，叫"半莱番"，有时也以之戏称番、唐"混血儿"。"番鸡"，指长尾山鸡，潮剧戏台上武将头盔上的两条长长的羽毛类装饰品，叫作"番鸡毛"。

还有一些进口的东西，不以"番"字来指明是外国的东西，而是直接以"荷兰"标示之，如"荷兰豆"（豌豆），"荷兰薯"（马铃薯，也叫"甘茼"，词源是马来语。北方叫"洋芋"等，也显示它是进口货）。这可能是从台湾闽语引入的，因为荷兰人曾经非法占领台湾长达数十年之久。有个别来自西方的东西，还直接以"红毛"冠之，如"红毛灰"（红毛涂）等。类似的一些引进的动植物，如"捷克猪""砂拉越（番薯）"，则直接以引进的地名冠之。

2021 年春

乡愁入梦

"过番"文化及其与潮汕话词语的关系

潮汕地区是著名的侨乡。明、清以来，潮汕人漂洋过海、外出谋生者络绎不绝，乃至于分布在全世界各地的潮籍华侨、华人的人数几近于潮汕本土的潮人人数。潮汕人把出国谋生叫作"过番"。"过番"的历史、习俗在今天已成为过去，但语言（方言）却保留了"红头船"劈波斩浪的痕迹，保留下潮汕人民"过番"与侨居国人民交际及其影响的痕迹。当我们回过头来研究因"过番"文化的影响而产生、保留下来的这些潮汕方言词，或者研究因潮汕人的"过番"而使潮汕方言与侨居国语言互相影响的现象时，这些文化的"沉积层"便显示出它们重要的文化意义：既对潮汕方言词本身的研究有价值，也对中国文化与异文化的接触和影响的研究有一定的意义，它们无意之中成了潮汕文化中海洋文化成分的见证物。

从广义的角度讲，语言是一种特殊的文化现象，词汇作为语言三要素之一，与文化有着千丝万缕的关系，历来探讨语言与文化的关系，多从词汇入手，而外来词作为词汇的一个组成部分，是最具文化品格的。它是两种文化交流的结晶，在某种程度上既反映外族语的某些语言文化特征，也反映本族语的某些语言文化特征。

以泰国为例，潮人"过番"到泰国，时间很早，大约在泰国的大城王朝（1350—1767）时代，已经有潮州人到了泰国。明朝中叶的"海上活动人群"（参阅陈春声教授《16世纪闽粤交界地域海上活动人群的特质》）首领林道乾反抗明朝统治失败后，于万历六年（1578）带领所部2000余人到达泰国南部的北大年港，并在那里定居，后来成为港主，开始了有文献记载的潮州人在泰国的历史。当然，潮州人大量移民到泰国，还要到18世纪才开始。

从18世纪末到19世纪中叶，是潮州人移民泰国的第一次高潮。18世纪下半叶，缅甸军队打败了大城王朝，占领了泰国，而来自潮州（澄海）的郑信（1734—1782）率兵帮助泰国人打败了缅甸军队，建立了泰国历史上的第三个王朝——吞武里王朝（1767—1782）。潮人当了暹罗的国王，当然是潮人的光荣。加上郑信的部下也大多是潮人，一时间潮人在泰国朝野中地位的显赫，可想而知。

而在潮汕本土，此时澄海县内的樟林港也已经颇具规模，"红头船"从这里扬帆出海，主要的目的地就是暹罗。乾隆十二年（1747），清朝政府还特许商人到暹罗采购大米和木材，形成了潮汕人移居泰国的第一次高潮。据估计，在暹罗的曼谷王朝拉玛三世（1824—1851）初期，每年移民泰国的中国侨民在6000~8000人，其中主要是潮州人。[1] 19世纪30年代，华侨华人至少占了曼谷40万居民的一半。1910年进行的曼谷王朝129年户籍调查资料显示，华人占曼谷人口的34.76%，其中47.96%是潮州人。

潮人移居泰国的第二次高峰出现在19世纪末至中华人民共和国成立前。这一时期，是泰国近代对华贸易关系史上最辉煌的时期。1910—1941年，泰国对华贸易总值累计增长了10.2倍。而在1916—1939年间，汕头港是泰国对华贸易最重要的输出目的港和输入货源港。这个时期，帝国列强你争我夺，导致世界战火纷飞，东南亚的许多国家也先后沦为帝国主义国家的殖民地。第二次世界大战期间，东南亚诸国更是苦难重重，但泰国却幸免于难，国内社会相对稳定。而且，就在这个时期，泰国整体实现了从封建王朝向君主立宪制的转型，积极学习西方的科学技术，迅速发展资本主义，因此迫切需要大批外来的劳动力和商人。而在中国国内，军阀混战，战乱频仍，人民灾难深重。潮州府也不例外，很多潮人通过泰国亲友的介绍，纷纷出国逃难谋生。这个时期，先进的轮船已经取代了依靠风力、听天由命的红头船。汕头港此时也逐步兴起，至20世纪30年代，取代了盛极一时的樟林港而成为南中国的对外贸易

---

[1] 参阅《清实录·高宗实录》卷200。

港口，其吞吐量仅次于上海的黄浦港和广州的黄埔港，居全国第三位。国内社会的动荡和通商的发展使潮州人"过番"的人数成倍增长。据统计，泰国的华侨华人人口由1910年的79万人增加到1942年的187万人，其高峰期在1921—1932年间。在这些移民中，大多数是潮州人。据1937—1938年的统计，抵泰的中国移民中74％是潮州人。1983年泰国政府公布的华侨华人的人数是630万人，占全国总人口的13％左右。而在这600多万的华侨华人中，祖籍潮州的人口约占70％。也就是说，在现在的泰国，少说也有440万的祖籍潮州的华侨华人。这个数字，已经是本土潮州人的三分之一了。在泰国，潮州会馆1938年就建立了，到目前为止，它仍然是世界各地潮州会馆中规模最大、建立时间最早的"一哥"。

泰国是这样，南洋其他国家情况也近似，虽然去的人数没有泰国多。"过番"成了潮人一种很常见的谋生行为。这样的来来往往，随着"过番"和"回唐山"活动的不断开展，形成了一种民俗活动，因此也就有了记录这些民俗活动的词语。例如：

（1）"客头"和"咕哩"。

"客头"的"客"潮音 kag^4（壳），现指头目、官阶，如说"伊个客头过大"，或说"大客头"；但在过去指的是在码头做介绍人去"过番"，甚至是"卖猪仔"的掮客。其企业场所叫作"客头行"。（"客"字潮音 $kêh^4$）。

"咕哩"［$gu^1 li^2$］（龟里），现指受雇于人做店员等。如说："伊在香港食人个咕哩（他在香港做雇工）。"究其词源，这两个词都与一段血泪斑斑的"卖猪仔"史有关。"客头"是指替外国洋行在中国贩卖人口的"咕哩"经纪人或掮客（coolie brokers）。"咕哩"是"coolie"的音译，即苦力。早在汕头开埠之前，英、美、西班牙等西方殖民主义者已开始在南澳、妈屿进行掳掠人口的罪恶勾当。据不完全统计，1852—1858年，从南澳、妈屿掠贩出洋的"猪仔"竟达4万名之多。清人林大川在其笔记《韩江记》卷八中这样记载道："咸丰戊午（公元1858年）正、二月间，有洋舶数十，买良民过洋者，名'过咕哩'。初则平买，继则引诱，再则掳掠。海滨一带，更甚内地。沿海居民，无论舆夫乞丐以及讨海搭者亦被掳去。"汕头开埠以来，殖民主义者更是公开设立洋行，经营"猪仔贸易"，如当时的德记洋行和鲁莽洋行。这些洋行再委托中国的人贩子做"客头"办"猪仔行"，挂着招工牌子，实际上坑蒙拐骗，坏事干尽。"猪仔行"也叫"咕哩行"或"客头行"。记载着当年的血泪历史的潮汕民谣唱道：

  心慌慌，意茫茫，
  来到汕头客头行。
  客头看见就叫坐，
  问声人客要顺风
  ……
  断柴米，等饿死，
  无奈何，卖咕哩。

  时过境迁，当年的客头行、"咕哩馆"已如灰飞烟灭，"客头"和"咕哩"也已不复存在。然而，追溯至今仍保留在潮汕方言中的这两个词的本义，却让我们了解了一段不堪回首的"过番"史。

  (2)"落马"和"送顺风"。

  "落马"和"送顺风"是两个跟潮汕人"过番"的民俗有关的、具有民俗文化内涵的词语。《澄海华侨志》载："侨户有人要出国或华侨回国后要返居留地，亲友邻居就要拿些礼品，如糖果饼食之类来相送，俗叫'送顺风'，有祝离家者一路平安、顺风得利之意。"又载："侨乡有番客回乡，亲朋戚友就会送来礼品（主要是猪肉鸡蛋之类），也即接风洗尘之意，俗叫'落马'。回乡的归侨也就回赠以从海外带来的一点东西，最普通的有面巾、水布和糖、饼等。""送顺风"和"落马"之俗，跟普通的接风洗尘和告别饯行之俗不同，因为潮汕人到全国各地去或从外地千里迢迢归来都无"送顺风"和"落马"之礼俗。唯有"过番"和从国外返"唐山"，才郑重其事地行此重礼，大概是有感于漂洋过海之不容易吧。

  (3)"番畔"潮州话中的大量外语借词。

从明朝到清朝，再到民国，从几百人、几千人、几万人、几十万人、几百万人到上千万人，数百年的经济文化接触和交流，使潮人与南洋的关系越来越密切，潮汕话与泰语、马来语、英语等外国语经过了一个长达数百年的漫长的零距离接触与融合，无论是词汇和语音都已经是"你中有我，我中有你"了。这里要介绍的是潮汕方言从"番畔"借过来的词语，也即是"唐山人"说"唐山话"（潮汕话）用到的外语词语。这方面，华侨华人人口众多的泰国和马来西亚的语言泰语、马来语表现最为突出。

A. 泰国潮州话中的借词。

上面的文章已经介绍过，南洋各国的潮籍华人，要算泰国最多。潮人要在泰国生活、发展下去，一定要跟泰人"打成一片"。毕竟，泰国的主要人口结构还是以泰人为主，潮人自觉不自觉地要学泰语，以方便生活和商业往来。因而，从泰语中借进一些词语也是再自然不过的事情了。泰国华文文学作品中常常不经意地掺进了泰语的词语，也反映了这种文化现象。

泰国华人艰苦创业的历史，同时也是华人与泰人互相交融的历史。祖籍汕头的泰国华文文学作家谭真的名作《一个坤銮的故事》，就是一部描绘泰国华人与当地人民文化交融的力作。华人在泰国生活，要经过三部曲："首先必须了解这里的民俗风情，因而首要的事就是学习简单的生活交际语言……接着是'练食辣'（练习吃辣的——笔者注），以便在饮食上适应泰国人民的习惯；在此基础上，才可能和'番人'阿婶一同驾船到江河中去做生意，并在这个过程中，真正地学会泰国语言，熟悉泰国的民间习俗……"谭真在他的这部作品中，不但运用了潮州方言，还运用了不少的泰语词，如"坤銮"（四等爵名）、"芭病"（一种病）、"通素刀"（一种刀）、"和尚越"（佛寺）、"律实"（徒弟）、"波立"（警察）、"坤拍"（爵名）、"坤乃"（夫人）、"丕通"、"哩知迈"等等。这种泰华文学现象的出现绝对不是偶然的，它说明泰语跟潮州话的融合已经到了水乳交融的程度。

下面是泰国潮州话常见的泰语借词（泰语词以潮语借词记音的形式注出，圆括号里是潮州音同音字）。

[a¹ zang¹]（阿棕）老师，教授，泰语原意是高僧。

[ku¹]（区）老师。

[ku¹ zai³]（区载）校长。

[kun¹]（坤）男爵，对人的尊称，华文写作"坤"：kun¹ nai²（夫人）、kun¹ nang²（大官员）。

[bai⁵ ca⁷]（牌差）茶叶。

[bu⁵ li¹]（巫哩）香烟。

[ho¹]（河）包（量词）：ho¹ bai⁵ ca⁷（一包茶叶）。

[huang¹ ma¹ lai³]（番玛莱）花环（喜事用）。

[huê¹ hua⁵]（花华）电灯。

[huê¹ cai²]（花采）手电筒。

[gag⁴ bao⁶]（咭暴）皮袋，衣袋，裤袋。

[gag⁴ bao⁶ ngeng⁵]（咭暴银）钱包，荷包；ngeng⁵是潮州话"银"。

[gag⁴ big⁴]（咭哔）皮箱，衣箱。

[gah⁴ dih⁴]（呷蒂）开水壶。

[gah⁴ lag⁸]（呷叻）纸。

[ga¹ tong¹ piang³]（呷通片）ga¹ tong¹是cartoon的音译；piang³是潮州话"片"。

[lê⁶ zang³]（呖壮）小渡船：搭 lê⁶ zang³（乘坐小渡船）。

[mai⁵ siab⁸]（埋燮）泰国的一种木料，柚木。

[bang¹ ma¹ lai³]（邦玛莱）花圈（丧事用）。

[big⁴]（哔）箱子，铁箱：一 big⁴ 油。

[dug⁸ gag⁴ da⁵]（凸呷和）洋娃娃，玩偶。

[ang⁵ mo⁵ dang¹]（红毛丹），一种水果。

[ga² cia¹]（绞车），开汽车。

[gi¹ lo⁵]（基罗），泰语借自英语kilo-，潮语转借自泰语，指公里。

[kung¹ long⁶]（空垄）糕饼：kung¹ long⁶ bang¹（饼干）。

[nam¹ ba¹]（滴巴）鱼露，潮州本土叫"膵汤"[co¹ teng¹]。

[nam¹ ca⁷]（滴差）茶水。

[ba¹ lang¹]（巴鳞）圆鲹鱼，尾部有硬鳞，泰国潮州话也叫"硬尾"；ba¹ 是泰语"鱼"的音译，lang¹ 是潮州话"鳞"；"硬鳞"一词中的"鳞"潮州话也读阴平调。

[sa¹ dê⁵]（砂茶）沙茶，东南亚风味食品的一种常用作料，辣而香，有酱和沫两种；sa¹de⁵ 牛肉（用沙茶酱炒的牛肉）。

[ka² kai²]（咔凯）做生意。

[ka³ loi⁵ lang¹]（扣犁廊）拍卖。

[long²]（垄）指店、馆、厂、作坊、所等：菜 long²（腌制咸菜的作坊）、豉油 long²（酱油厂）、bo¹ lib⁴ long²（警察局）、long² 主（公司老板，经理）。

[lag⁸ tang⁶]（叻桶）家财：有 lag⁸ 有 tang⁶（家财万贯）。

[lo⁵] 英语 gross 的音译，一 lo⁵ 等于¹² 打，¹⁴⁴ 件。

[bai² pêng¹]（摆拼）摆摊卖货；pêng¹，小摊贩；bai² 潮州话"摆"。

[dag⁸ lag⁸]（哒叻）市场，农贸市场。

[gim¹ doh⁴]（金桌）吃宴席；gim¹ 是泰语"吃"的意思，doh⁴ 是潮州话"桌"，本土潮州话叫"食桌"。

[gim¹ liang¹]（金亮）兜风：坐车 gim¹ liang¹（坐车兜风）。

[bag⁴ ngeng⁵]（剥银）罚款，bag⁴，泰语处罚的意思，ngeng⁵ 潮州话"银"。

[tua¹]（拖）英语 tour 的音译，旅游。

[zao² bai² nai⁶]（走摆奈）上哪儿去？bai² nai⁶ 是泰语，本来就是"上哪儿去"的意思。zao² 是潮州话的"走"。

[gog⁴]（啯）小巷。

[lai⁵]（莱）泰语面积单位，华文写作"莱"，一"莱"大约等于中国的²⁵亩。

[lam⁵ uang²]（喃旺）泰国土风舞，跳 lam⁵ uang² 舞；华文写作"南旺"。

[lag⁴]（叻），车载。

[log⁸ tong²]（摭统）原指金花，引申指荡妇、淫妇。

［og⁴ si¹ zêng⁷］（喔吺僧）英语 oxygen 的泰语音译，一般指电焊，也指氧气。

［puag⁴］（拨）泰币单位元；华文写作"銖"，训读。

［sêk⁴ dim¹］（色朕）英文 steam 的音译，蒸汽。

［siam⁵ lo⁵］（暹罗）泰国的旧称，写作暹罗。

［da² lang¹］（打廊）监狱。

［dang¹］（丹）铜板：一个 dang¹，华文写作"丹"。

［bo¹ sêng¹］（波升），泰语借自英语 persent，潮语转借泰语，指成数，即百分之几；10％叫"10 个波升"。

［tou⁵ liang⁵］（涂梿）榴莲，一种水果。

［uag⁴］（斡）佛寺。

［uag⁴ zin¹］中式寺庙。

泰语借词多是泰国潮州话的特色之一，新马潮州话中则以马来语借词多为特色。

B. 新马潮州话中马来语借词。

除了泰国之外，潮人"过番"最多的国家就是马来西亚和新加坡了。而这两个国家在各自独立之前，主要官方用语都是马来语，因而潮人也从马来语中借来了不少词语。例如：

［ma² dan⁶］（玛挪），指逮捕，词源是马来语的 mata—mata，原义为警察。另外，潮汕话以前称警棍为"玛挪槌"，也同源。现在的马来西亚潮州话则称警察为"大狗"。

［a¹ ing⁵］（亚铅），铁丝，用来箍木桶的铁丝圈叫"亚铅箍"。马来语为 ayan。

［dong⁶ gag⁴］（动角），手杖，挂手杖叫"据动角"。马来语词为 tongket。

［ngou⁶ ka¹ gih⁴］（五脚砌），指城市骑楼下的人行道。马来语 kaki 意为英尺，"ngou⁶"是福建（闽南）话"五"；因骑楼下的人行道宽五英尺而得名。

［bha⁷ u²］（峇羽），指气味，味儿很浓叫"块峇羽过重"。马来语为 ba-u。

[gu¹ li²]（龟里），伙计、店员，在人家厂里、店铺里打工，称为"食龟里"；马来语称店员为 kuli，似是词源。有人则认为借自英语 coolie（苦力），也可通。

[lo⁵ di¹]（罗的），潮汕本土指一种形为圆粒、上点砂糖的儿童饼干，在马来西亚和新加坡则指面包或饼干，马来语叫 roti。饼干，新加坡潮州话叫"罗的饼"。有人认为来自印度语"小面包"。

[sa¹ li⁵]（砂哩），一种铁皮，可以做水桶和其他盒子等容器，马来语 sari。

[gu¹ bi⁵]（龟啤），马来、新加坡潮州话叫"糕啤"，指咖啡，如"糕啤乌"（黑咖啡），马来语原词为 kopi。"咖啡"一词的最原始词源究竟是哪种语言我们不知道，但潮汕话里的"龟啤"来自马来语则是肯定的。

[su¹ gah⁴]（舒甲），合意，喜欢，随人家的意思叫"在人舒甲"；马来语为 suka。

[do⁵ long⁵]（朵隆），饶恕，保佑；马来语词源为 tolong。

[gi⁶]（儗），潮音，意为痴呆，马来语为 tingagila，新加坡潮州话译为"丁亚儗"，"儗"是省称。

[bha⁷ gian²]（峇囝），指鳄鱼，旧时形容泰国鳄鱼的凶猛为"暹罗峇囝，有人食人，无人食影"。马来语原词为 baya。

上面这些马来语借词，在本土潮汕话中的生命力还算是强的，现在继续使用的还有如"阿铅""五脚砌""朵隆""舒甲""儗"等，而"糕啤""峇囝""峇羽"等已经被与普通话相同的"咖啡""鳄鱼""味"所替代。

C. 英语借词。

有些外来词的词源是英语，但究竟是由港澳同胞带来，还是由东南亚华侨、华人先借自英语，再辗转带回潮汕本土，现在很难说清楚了。能证明的是，这些英语单词肯定是"番客"或者"香港客"带来的，而非潮人自己在本土学习到的。例如：

[lo¹ li⁵]（啰哩），指汽车，英语为 lorry，原指货车。

[ma¹ do¹ gao⁵]（玛多猴），旧时称摩托，英语为 motorcar。

［mag⁸ tao⁵］（目头），旧时指商标，现多引申指来头；词源是英语 mark。粤语写作"唛"，如"鹰唛""三角唛"等。

［gi¹ lo⁵］（叽啰），意为千瓦，英语为 kilo-，意为"千"，新加坡潮州话称公斤为叽啰（kilo-gram），泰国则只称作"啰"，而另以"叽啰"指公里（kilo-meter），同理。

［buê³ si⁶］（贝氏），潮音，英语为 base，指轴承座。

［sig⁸ ba¹ na⁵］（实巴拿），扳手，英语为 spanner，粤语译为"士巴拿"。

［se⁶ dog⁸］（士独），以前叫灯管的启辉器，英语单词是 starter。

［sug⁸］（术），投篮（篮球术语），英语为 shoot 或 shot。

［nêg⁸］（肉）触网（乒乓球、网球术语），英语为 net，意即网，触网。小时候我打乒乓球时，有"二肉当一"的土规则（两次触网就相当于输一个球）。现在看了网球比赛，才知道应该是指网球比赛发球的"双误"，即连发两个失误的球算丢一球。

［ao³ sai²］（沤屎），出界，英语是 outside；因为与表示"臭""烂""不好"的土语词"沤屎"谐音，没有人想到是英语借词。

［u²］（羽），毛料（衣服），俗语形容毛料衣服的高档云"真羽袋缀塗"（好的毛料衣服不会沾尘土）。其实"羽"只是偶然同音而已，与"羽毛"没关系，英语单词是 wool。

［hui¹ lim⁵］（菲林），胶卷，中国的第一张菲林是汕头的公元胶卷厂造出来的，"菲林"一词当然也就很早进入汕头等地。

［huê² se⁶ lêng⁶］（火士令），一种油脂品，普通话译作"凡士林"，英语是 vaseline。

［si¹ lêk⁸］（司绿），虫胶清漆，英语词源为 shellac。

上面这些英语借词多数已经被淘汰了，现在的潮汕话里新借进来的英语单词，则是由粤语转借进来的。例如："的士""打的""镭射"（激光）"巴士""大巴""中巴""小巴""迪斯科""波鞋""T恤"等均如是。

（4）泰语、马来语中的潮州话借词。

文化的接触和语言的交流是双向的，是一种互相的影响，"来而不往非礼也"。虽然这种影响不一定是均等的，强势的语言会对较为弱势的语言产生更大的影响，但毕竟还是造成了"你中有我，我中有你"的结果。潮州话从泰语、马来语、英语中借用了一些词语，泰语、马来语也不可避免地借用了不少潮汕话的词语，尤其是跟日常生活和经济活动有关的词语。

A. 泰语中的潮汕话借词。

上面的文章中我们已经介绍过，下南洋的潮人，到泰国的最多。尤其是在曼谷市，这个城市的人口曾经有近半的华侨华人，而近半的华侨华人中，有七成多的是潮州人。潮州人到了泰国，带去了先进的农业技术和商业理念、潮人的生活习惯，这些对泰国人产生的影响颇大，反映在他们的词语大量进入泰语。在文化方面，泰国也受到了强烈的影响，例如宗教信仰和文学艺术方面，潮州人信仰的妈祖、大峰祖师、关帝爷、龙尾爷等在泰国到处都有。中国近代的四大小说名著，被潮州人翻译成泰文介绍给泰国人民，而书中的人名和地名，都是按潮音来翻译的，如《三国》叫"Sam kok"、刘备、关羽和张飞分别音译成"Lao Bi"" Kuan U"和"Tio Hui"。泰语中借用潮州话之多，受到了泰国学者的关注。泰国当代著名学者、《泰国大百科全书》总编辑、朱拉隆功大学名誉博士披耶阿努曼拉查东专门对此做了研究，指出："泰语也采用了汉语的词汇，有关华人特有的某些物品和食品的名称，以及一些与贸易有关的词汇，很大部分用于口头方面，但是许多已被全盘移植进泰语。泰语中的汉语词是潮州或汕头的方言。"

下面就是泰语借自潮州话的例子。

[a hia]（阿兄）哥哥，对比自己年纪稍大的男子的称谓。

[a i]（阿姨）母亲，姨妈。

[a gong]（阿公）爷爷，祖宗。

[a gu]（阿舅）舅舅。

[a ma]（阿玛）奶奶。

[a muai]（阿妹）妹妹，对小姑娘的称谓。

[a bêh]（阿伯）伯父，对老年男子的称谓。

[a sim]（阿婶）婶婶，对中年妇女的称谓。

[a di]（阿弟）弟弟，对男孩的称谓。

[hio gong]（香公）寺庙管理员。

[guan im]（观音）观音菩萨。

[gun se]（军师）参谋的人。

[lao sim]（老婶）对老年妇女的称谓。

[liu lo]（喽啰）手下马仔。

[no gia]（孥囝）小孩儿。

[bun tao gong]（本头公）土地神。

[sam bo gong]（三保公）对郑和的尊称。

[se hia]（师兄）对先进师门的同门学艺的同学的称谓。

[se bê]（师父）对自己师傅的尊称。

[sia]（舍）对男人的尊称。

[sian]（仙）对性格比较闲散的人的谐称。

[sin sê]（先生）对老师、医生或看风水算命者的尊称。

[siu zai]（秀才）对读书人的尊称。

[dua bui]（大肥）胖子。

[deng nang]（唐人）中国人。

[dua po]（大簿）戏班主人。

[tao gê]（头家）老板。

[tao gê nia]（头家娘）老板娘。

[tao ciu]（头手）大厨师。

[zo sua]（座山）富翁。

[ang bao]（红包）红色的利是袋。

[hio]（香）烧的香火。

[gao i]（交椅）有靠背和扶手的椅子。

[giah]（屐）木屐。

[go ioh]（膏药）中药外用药。

[ko kuaih]（裤橛）中式短裤。

[lo go]（锣鼓）锣和鼓。

[bang do]（方刀）长方形的菜刀。

[bun gi]（粪箕）一种装垃圾、泥沙等的竹编工具。

［san ban］（舢板）一种小船；也叫"舢板团"。

［dêh io］（榨腰）给压岁钱；压岁钱叫"榨腰钱"。

［deng gui］（当归）中药名。

［doh］（桌）宴席，酒席。

［zê］（斋）素；吃素叫"食斋"。

［zê gang］（斋缸）一种大花瓶。

［ciam si］（签诗）求卜抽签的签牌上所写的诗句。

［bhêh sê］（麦生）麦芽糖。

［he sê］（鱼生）生鱼片。

［he ci］（鱼翅）鲨鱼翅，一种高档食品。

［hoi zo］（蟹枣）蟹肉做的枣子大小的食品。

［galo zi］（栲栳粢）一种扁圆形的糯米粢粑。

［giam cai］（咸菜）一种腌制的芥菜。

［gong cai］（贡菜）一种腌制的小菜，据说曾经进贡朝廷，故名。

［gu cai］（韭菜）蔬菜名。

［guai diao］（粿条）一种潮式米粉条。

［guai zab］（粿汁）一种用米面片儿做的小吃。

［ka na］（芥蓝）芥蓝菜。

［ken cai］（芹菜）蔬菜名。

［mi］（面）面条。

［mi sua］（面线）一种带咸味的细面条。

［muai］（糜）粥。

［o luah］（蚝烙）牡蛎煎，福建话叫"蚝团烙"，一种用红薯淀粉和小牡蛎煎成的小吃。

［bao he］（鲍鱼）鲍鱼。

［bêh cai］（白菜）大白菜。

［bêh hê］（白虾）一种白色的虾。

［boli cai］（玻璃菜）生菜，莴苣菜的一种。

［boh bia］（薄饼）一种用薄薄的饼皮包上馅儿然后卷成条形的小吃。

［buai lêng］（菠薐）菠菜。

［si iu］（豉油）酱油。

［song he］（鳙鱼）俗称大头鱼、胖头鱼。

［dang guai cêh］（冬瓜册）糖冬瓜片。

［dang o］（茼蒿）茼蒿菜。

［dang cai］（冬菜）一种腌制的小菜，可用作作料。

［dao ghê］（豆芽）豆芽菜。

［dao hu］（豆腐）豆腐；潮汕本地叫"豆干"。

［dao si］（豆豉）腌制的大豆，也叫"豆豉脯"。

［dao zio］（豆酱）豆瓣酱。

［dao suan］（豆渲）绿豆去壳以后煮成的甜品小吃。

［zab cai］（杂菜）多种小菜；卖小菜的店叫"杂菜铺"。

［ziam i］（占圆）占米面儿做成的小吃；也叫"占米圆"。

［zig co］（浙醋）陈醋。

［cai bo］（菜脯）萝卜干。

［cai tao］（菜头）萝卜。

［cao he］（草鱼）一种淡水鱼。

［cao guai］（草粿）用凉粉草熬成的褐色凉粉，消暑小吃。

［hêng］（兴）运气好。

［hiang］（显）显灵，灵验。

［ga gan］（敢干）胆子大，敢说敢干。

［gao zêng］（狗种）狗杂种，骂人话。

［gêg sim］（激心）闹心，生气。

［giam siab］（咸涩）吝啬，小气。

［bê io］（平样）一样，相同。

［si sua］（四散）随便，乱（来）。

［su hog］（舒服）佩服，服输。

［suai］（衰）倒霉，运气不好。

［diang dao］（颠倒）糊里糊涂。

［zêng］（肿）（事情）黄了，（生意）破产。

[cê mê]（青盲）眼瞎，瞎子。

[ci go]（痴哥）好色。

[ci cam]（凄惨）苦，悲惨。

[cong]（冲）冲泡（茶）。

[huang zui]（风水）地理堪舆。

[gong dêg]（功德）为死人诵经超度叫"做功德"。

[kao bê]（哭父）骂人乱说话。

实在太多了，不胜枚举。

B. 马来语中的潮汕话借词。

在新加坡和马来西亚，福建（闽南）话族群是华人第一大族群，福建（闽南）话被作为既不懂马来语，又不懂英语的华侨、华人的交际语言。福建（闽南）话与马来语在新加坡并行使用，形成双向影响，互相借用词语。新、马的福建（闽南）话其实跟潮州话很接近，在潮人比较多的槟榔屿、新山等地，我们听到的潮州话，很接近福建（闽南）话。所以，我们现在看到的被马来语借用的闽南话词语，可能借自福建话，也可能借自潮州话，很难分得清楚了。下面的例字用潮州话做比较：

马来语	潮州（闽南）话
[Anghun]（红薰）一种烟丝。	[$ang^5\ hung^1$]
[angpau]（红包）红包。	[$ang^5\ bao^1$]
[chak]（漆）油漆。	[cag^4]
[chi]（钱）钱。	[zin^5]
[chun]（寸）寸。	[$cung^3$]
[gim pai]（金牌）金牌。	[$gim^1\ bai^5$]
[kachuak]（曱甴）蟑螂。	[$ga^1\ zuah^8$]
[kuchai]（韭菜）韭菜。	[$gu^2\ cai^3$]
[mi]（面）面条。	[min^7]
[pao]（包）包子。	[bao^1]
[popiah]（薄饼）春卷。	[$boh^8\ bian^2$]
[sengse]（先生）中医。	[$sing^1\ sên^1$]

[suei]（衰）倒霉。　　　　　　　　　　[suê¹]
[taiko]（癞哥）麻风。　　　　　　　　[tai² go¹]
[tauhu]（豆腐）豆腐。　　　　　　　　[dao⁷ hu⁷]
[aikok]（爱国）爱国。　　　　　　　　[ain³ gog⁴]
[bio]（庙）寺庙。　　　　　　　　　　[bhio⁷]
[imlek]（阴历）阴历。　　　　　　　　[im¹ lêh⁸]
[hokki]（福气）福气。　　　　　　　　[hog⁴ ki³]
[hohan]（好汉）好汉，英雄。　　　　　[ho² hang³]
[koyok]（膏药）膏药。　　　　　　　　[go¹ ioh⁸]
[kwamia]（卦命）算命。　　　　　　　[guê³ mian⁷]
[lokio]（六藠）藠头。　　　　　　　　[lag⁸ gio⁶]
[meh]（脉）脉搏。　　　　　　　　　　[mêh⁸]
[pecun]（扒船）划船。　　　　　　　　[pê⁶ zung⁵]
[po]（抱）抱。　　　　　　　　　　　 [po⁶]
[pe cai]（白菜）白菜。　　　　　　　　[bêh⁸ cai³]
[se]（姓）姓氏。　　　　　　　　　　　[sên³]
[siocia]（小姐）小姐。　　　　　　　　[sio² zia²]
[siucai]（秀才）秀才。　　　　　　　　[siu³ zai⁵]
[teh]（茶）茶。　　　　　　　　　　　[dê⁵]
[tiap]（贴）一剂中药。　　　　　　　　[tiab⁴]
[toaha]（带孝）戴孝。　　　　　　　　[dua³ ha³]

六

我心依旧

我的 78 级故事

1978 年的 10 月 5—7 日，是中山大学中文系 78 级新生入学报到的时间。

昔日我土里吧唧的进城的情景，还历历在目：我一头挑着工友给我用桉树打的小柜子，一头挑着简单的衣物、铺盖和几本书打成的包袱，从雷州半岛的海康县纪家林场沙湾林队坐着牛车晃荡晃荡地到纪家林场场部，再搭运送木头的大卡车的顺风车到湛江市乘坐长途汽车到广州。

猛一回首，40 年过去了，弹指一挥间！

2018 年的 10 月 5—7 日，一群当年万里挑一、有幸考上中山大学中文系的同学们，又聚集到母校的孙中山广场的草坪上和中文堂里。这群绝大多数已经年过花甲，甚至有几位已经年过古稀的老顽童们不分男女，彼此勾肩搭背、搂搂抱抱、说说笑笑，全无昔日的青涩和矜持。

我们中文系 78 级同学有两个特点：

一个是年龄差大。班里的老大是 1945 年出生的，当时都 33 岁了。最小的是应届毕业生，才 16 岁，那时候小学 5 年，初中、高中各 2 年，中小学加起来也就 9 年，比现在少了 3 年。30 岁以上的大哥大姐有好几位，总喜欢逗十六七岁的小同学叫他们大叔、阿姨。

另一个是性别比差大。班里一开始是 102 人，女生才 12 人。其中有 N 个已为人母，N 个已为人妻，N 个已名花有主，所剩无几了。男同学竞争激烈，好像只有帅气的班干们才具有竞争力。现如今大学生性别比例正好与此相反，中文系 100 个学生里，有十几个男同学算是好的了。如果是外语系，恐怕男同学的数字就是个位数了。

在中山大学中文系 78 级读书，最爽的事有两件：一是可以随意读书，二是可以有选择地翘课。

我是"文化大革命"开始的1966年上的小学，1974年"反回潮"时高中毕业，其实没有真正读过书。进了中山大学图书馆，就像是"枵牛喑着徛岭草"（iao¹ ghu⁵ sah⁴ dioh⁴ gia⁶ nian² cao²，大意是：饿疯了的牛放进水草丰茂的山岭下——猛啃），猛读中外小说名著，乱读（说好听了叫"恶补"）一气。直到李新魁老师知道我想当大学老师后指导我——想当大学老师就得考研，考研就得有选择有方向地读书。我这才恍然大悟，由博返约，集中精力读语言学和方言学的名著。

翘课嘛，以前叫逃课，潮汕话叫"偷走书"，老师们对我们还是比较放任和宽容的。我自打大一起就不太喜欢理论课，学籍表里分数最低的那门课就是翘课的恶果。后来听学习委员告诉我，课任老师问他："林伦伦是谁？我怎么不认识他。"但老师还是手下留情，没把我整挂科（不及格）。谢谢了，老师！

承蒙老同学们的厚爱和信任，让我在师生恳谈会上说几句话。我讲了三个关键词：

一是感恩。感谢老师们的栽培之恩。

是李新魁老师指导我考研，并亲自担任我的本科毕业论文——《澄海方言形容词的两种形态》的指导老师，把我领进了方言学的学术殿堂。我读研期间，在他的指导下，就开始《潮汕方言词考释》一书的文献资料搜集和初稿撰写工作。

是高华年教授对我进行了严格的培养训练，养成了我较为严谨的学术作风。高老师带研究生，都是三年一个，一个毕业了再招一个，每一个都是手把手地培养。让我一生受益匪浅的是，在高老师的无意逼迫下，我努力啃下了英语这块硬骨头。高老师是西南联大出来的，英语非常棒。他可能以为我的英语也不会差，差了也考不进中大读研嘛。他给我开的书单里有美国语言学大师Leonard Bloomfield的Language（布伦菲尔德《语言论》）。但殊不知，他的这位弟子我高考是没有考英语的。进中大后英语课分快慢班，第一道题目就是"按顺序默写26个字母"，连这个我都没有全部默写出来。考研英语66分，那是全靠考前强化训练的哑巴英语成绩。但咱不能在老师面前丢人现眼啊，于是，一页一页地翻词典做卡片。啃,真的是硬啃。那时候,英汉对照的语言学词典还很难找。几百条词条做下来,问题也就基本解决了,最大的收获是基本上消灭了对英语的恐惧症。此后我一直坚持我的英语阅读,45岁那年,我还能通过在广东外语外贸大学进行的英语口语和听力训练,而后被委派出国留学,真的很感谢高老师的培养之恩。

第二个关键词是亲密。同学之间的同窗之谊是最纯洁无私的了,40年过去,我们回忆的主题是师恩和窗谊。我的宿舍东四111房7位同学这次来了5位,是出勤率最高的了。大家在一起回想我们的房号,谁谁睡哪一个"鸭仔铺"(架子床)的上铺,谁谁睡的是下铺。昔日的生活琐事,今日全是有趣的故事。当然,班花班草的花边故事,那就更是同学们所津津乐道的了。

当然,还有些许的惆怅和感慨。有几位同学还在上班呢?有几位同学去世了?有几位同学失联了?如果说,人生80年,前面20年,是青涩;后面的20年,是老迈;中间这40年,却是真真正正的黄金时段。"子在川上曰:逝者如斯夫,不舍昼夜。"你一眨眼间,它却就这么过去了。

这40年间,经历了多少酸甜苦辣,只有我们自己才知道。我们这百把号人,官至省部级者有之,富至亿万者有之,名校博导、大报主编有之,但更多的还是安于各自岗位的普通干部或者其他从业者。今天走到一起来了,就没有彼此之分。管你官有多大,家有多富,来了就是同学,不能摆谱。过去的糗事照照样拿出来抖搂,今天的发胖照照样拿来取笑。这就是同学,这就是40年的同学情谊。同窗友谊就是一首优美动听的曲子,你爱往里面填什么词就填什么词,大家听着高兴就行。

第三个关键词是幸福。我告诉中文系的师弟师妹们,如果毕业后能找到一份自己很喜欢的工作,又可以把这份工作做成自己乐于奉献的终身事业,那你这辈子就一定很幸福。虽然从中山大学,到汕头大学,到广东技术师范学院,再到韩山师范学院,我是"水往低处流,人也往低处走",有朋友打趣我,说我是"上善若水";但40年来我执迷不悔的专业爱好就是需要做田野调查的潮汕方言和地方文化研究,我把青春的冲劲献给了汕头大学,把成熟的智慧献给了广东技术师范学院和韩山师范学院，同时也收获了我个人接地气的教学和学术研究的较好的成就。十年前，入学三十周年时，78级班里要编辑出版一本相集，要求同学们每人写几句话，我写的是：

老婆一个：原配；女儿一双：亲生；
著作一叠：自著；学生一批：嫡系。

诺贝尔奖获得者、香港中文大学前校长高琨博士在接受凤凰卫视主持人许戈辉采访时说："一个人来到这个世界上走一遭，总是想要留下自己的脚印的。"我想，我留下的虽非巨人的脚印，但我可以自豪地说，我的脚印是踏实的。

78级的我，这40年，是努力过的、奋斗过的、幸福感满满的40年！

2018年金秋

汕头大学1997：那场会议，那些人，那些事

2021年4月17日，在山东济南参加全国汉语方言学会第21届年会的汕头大学文学院张坚博士从会议现场发来一张PPT截图，上面是一张全国汉语方言学会第9届年会（1997·广东汕头）的合影照片，右边有说明文字云："1997年，……这是李荣先生参加的最后一届全国汉语方言学会。"

张坚博士微信云："汉语方言学会现场播放李荣先生纪念短片。""这是李荣先生参加的最后一届汉语方言学会年会。""很有纪念意义。"

他顺便询问："1997年那次是您操办的吧？"

张博士的一句询问，让我一下子回到了24年前。

1997年2月23—26日，全国汉语方言学会第九届学术年会在汕头大学召开，出席会议的正式代表共80多人，列席代表30多人。全国汉语方言学会会长李荣教授、秘书长熊正辉研究员，《方言》杂志主编张振兴研究员，以及复旦大学的许宝华、游汝杰，中山大学的李新魁，暨南大学的李如龙，湖南师范大学的鲍厚星，北京大学的李小凡，上海大学的钱乃荣，苏州大学的石汝杰，厦门大学的周长楫，广西师范学院的刘村汉，台湾师范大学的姚荣松，香港城市大学的郑定欧，香港理工大学的汤志祥、刘镇发等当时的著名方言学家都来了，真可谓群贤毕至，高朋满座，胜友如云！

会议收到论文70多篇。因为会议在汕头大学举办，所以吸引了不少潮籍学者前来参会。汕头大学文学院的教师们"近水楼台先得月"，投

稿参加会议的就有潘家懿、朱永锴、林道祥、林伦伦、龚群虎、邓小琴等7位老师。另外,还有来自中山大学中文系的李新魁、陈焕良、施其生、陈小枫、陈伟武等5位专家学者和本地学者陈基藩等。这些潮籍学者一共提交了13篇论文,占了总论文数的18%。这届会议的另一个地域特色就是香港的语言生活和香港粤语成了热点问题,如汕头大学邓小琴,香港理工大学汤志祥、刘镇发,香港城市大学郑定欧,汕头大学朱永锴等老师的文章。①

这届会议是李荣先生参加的最后一届汉语方言学会学术年会,也是恩师李新魁教授参加的最后一届。而在我来说,则是我新任汕头大学文学院院长(1996年9月)后主持举办的第一次大型学术会议。

关于李荣先生莅临会议,还有一个不为人所知的"内幕"。

当我把会议的筹备情况向德高望重的汕头大学中文系(文学院前身)创系主任、中国著名古文字学家梁东汉教授汇报的时候,他提出来,能不能把他的两位同学和一位师兄请来参会。他说出来吓了我一跳,这两位同学是李荣和朱德熙教授,师兄是我的硕士生导师、高华年恩师。他们都是中国著名的顶尖语言学家。

就在汕头大学日月湖畔的教授楼里,梁先生跟我讲起了他们一起在西南联大学习的快乐时光。梁先生与李荣、朱德熙先生1920年同年出生,跟朱德熙先生还是同月——10月。李荣先生小他们两个月。他们一同于1939年进入西南联大中文系(朱德熙先生先是考进物理系,后转中文系),1943年一同考进在西南联大的北京大学研究院文科研究所语学部攻读研究生,师从唐兰、闻一多、罗常培和陈梦家等教授。高华年先生则比他们三位早两年,于1941年考进北京大学文科研究所语学部,师从罗常培、李方桂教授读研,1943年毕业并获硕士学位,得到罗常培先生的器重而亲自推荐他到南开大学文学院边疆人文研究室任职,并于1943年到1946年期间,兼任西南联合大学中文系讲师。

要是这四位都到齐,那汕头大学就星光灿烂了,可惜最后只来了当时任全国汉语方言学会会长的李荣先生。但这已经令梁东汉先生非常兴

---

① 参阅《方言》1997年第2期第125~126页。

奋了，他坚持一定要跟我到外砂机场迎接李荣先生。那一夜，在汕头大学教授楼梁先生家里，这二位老同学几乎彻夜长谈。梁东汉太太关师母第二天告诉我，还是她提醒梁先生说，李荣先生明天上午要致开幕词并做学术报告，不能太晚睡觉，这老哥俩才握手说 good night 的。

我想，汕大之晤，也是这老哥俩的最后一次晤面了！

后来拜读朱德熙先生夫人何孔敬先生回忆朱德熙先生的文章《何孔敬：长相思》①，才知道梁东汉先生还曾经到北京大学去劝说刚刚辞去北京大学副校长的朱德熙先生到汕头大学当校长。当然了，北京大学的副校长朱先生都不当，更不会到汕头大学来当校长的。

另一位"最后一届"的是恩师李新魁教授，他当时已经做了癌症的晚期手术，身上还插着几条管子。师母和我本来是不主张他来参加会议的，但他坚持要来，理由有二：难得有一届全国性的学术会议在汕大召开，他要为汕大撑腰，为家乡撑腰，此其一；其二，不少老朋友从祖国的四面八方（包括港澳）来汕头开会，我是汕头人，是主人，我不来是对他们不恭。师母拗不过他，只好带齐各种药品和用品，做足各种准备，随老师前来参加会议。

会议期间，李老师做学术报告、参加学术讨论和参观考察，全程参加，而且跟平时一样，有说有笑。得意之时，还是"李新魁式"的"咔咔咔"仰头大笑。谁也看不出，他是一位正在与癌症做生死抗争的病人。汕大文学院也借此机会，礼聘李新魁先生为客座教授。

可是，回广州之后，4月份他就再次住院了，病情多次反复并加重，终于9月13日凌晨驾鹤西归。呜呼哀哉，天妒英才哦，才花甲晋二的年富力强之年！

我真后悔，没能劝住李老师别来汕头；但看到李老师与老朋友们见面时的高兴劲儿，我又觉得，是帮他完成了最后一次与老朋友会面道别的愿望。但愿是吧！

---

① 载公众号"传播汉语"，2021年12月03日。

真的没有想到,一次全国性的学术会议,今天回想起来,竟有这种生离死别的情节发生。

是的,人生何处不相逢,有相逢就有道别,令人徒生"长亭外,古道边"之无限感慨。

谨以此文,献给在天国里做学问的李荣、梁东汉、高华年、李新魁诸位先生!

2021 年夏初稿
2021 年冬二稿

星桥师与《潮州话拼音方案》

又是一年春草绿。桃红柳绿、草长莺飞的时节,是踏青放飞心灵的最佳时节,但也是追思远行亲人、"感时花溅泪"的"伤春"时节。

莫名的,澎湃新闻上一篇关于汉语拼音和方言拼音的文章,我读之后热泪盈眶,因为耳边又再一次响起了星桥师(李新魁)爽朗的"咔咔咔"的笑声……

2019年3月13日澎湃新闻上就推出了一篇叫《汉语拼音60年/你知道吗,广东话、闽南语也有拼音》(作者:郑子宁),其目的可能是为了纪念《汉语拼音方案》出台60年。

难得的是,这篇纪念汉语拼音60年的文章,作者还对广东省教育行政部门当时组织人力编写的广东方言四种拼音方案加以肯定。文章云:"在这波制造拼音的浪潮中,位于中国南方、省内方言和北京话差异较大、同时内部差异显著的广东省最为积极。"当时的广东省教育行政部门(相当于现在的教育厅)积极组织编制小组编制方案,并在1960年9月编定推出了广州话、客家话、潮州话和海南话四套拼音方案(注:海南话,郑文误为雷州话)。①

郑文认为:广东方言的四套拼音方案中,"潮州话拼音最为成功"。而他赞扬的潮州话的拼音方案,是由我的恩师、中山大学中文系的李新魁(字星桥)老师为主编定的。

星桥师1955年夏从澄海中学考入中山大学,时值解放初期扫除文盲

---

① 参阅林运来《谈广东四种方言拼音方案的几个特点》,载《文字改革》1961年第1期。

和推广普通话运动开展得红红火火之际，他在老乡前辈黄家教等老师的带领下在大学期间就做方言的调查和研究工作。从《李新魁教授纪念文集》中我们可以看到，他读大二的1956年，已经独立完成《潮州话研究》初稿；大四的1958年，已经与人合作出版了《潮州人学习普通话手册》。刚刚毕业的1960年，星桥师就"负责为广东省教育行政部门起草潮州话拼音方案"了。

在这个时期前后，他和黄家教先生多次回家乡做方言调查，并撰写和发表了一系列推普文章，如《潮州人学习北京音》《潮州人学习普通话的难点和克服方法》等。"文化大革命"一结束，绝大多数知识分子还生活在"文化大革命"后遗症的惊魂未定状态之中，星桥师的《普通话潮汕方言常用字典》和《新编潮汕方言十八音》（均使用潮州话拼音方案注音）就由广东人民出版社出版面世了（1979），正好适应了求知若渴的潮汕人民的急迫需求，弥补了新华书店的空缺。

其实，这是星桥师20年前调查研究的成果积累，厚积薄发而已。一如颗颗饱满的种子，静静地卧在土地里吸收养分，等春天一到来，它们就生根发芽，破土而出，茁壮成长！

用现在的话说，机遇是留给有准备的人的，这话说得轻巧！只有熬过漫漫的严冬长夜、经历过风霜雨雪的人才能深深地知道，等这机遇的到来，生活太过残酷，时间太过漫长。多少俊彦英才，等不到机遇降临的这一天，而长使英雄泪满襟！

潮州话拼音方案之所以能比较科学地制定和广泛推广应用，是因为有像星桥师这些后来成为大名鼎鼎的学者们青春焕发时期收获的调研成果作为坚实基础。时至今日，我们仍然在使用潮州话拼音方案，拙著《普通话对照·新编潮州音字典》《普通话潮汕话对照·学生常用词典》《潮汕方言熟语辞典》和几套潮汕话口语教材（课本）也都采用潮州话拼音方案注音。现在回过头来检阅讨论潮州话拼音方案的优缺点，虽然在声调表示法、前鼻音韵母和鼻化韵母的表示法上尚有改良之处，但其他方面都还是可行的。这是一个经受了半个世纪应用实践证明、堪称优良的拼音方案。原广东教育行政部门和拼音方案制定组的老师们筚路蓝缕、以启山林之功，将记录在广东省的扫除文盲、推广普通话和现在的语言资源保护工程的史册上，名垂青史！

　　1997年2月，星桥师等著名语言学家回家乡参加在汕头大学举办的全国汉语方言学会第九届学术讨论会，并被汕头大学聘为客座教授。会后，他还饶有兴趣地领着一帮朋友们一起考察潮汕文化。那时候余年近不惑，为文学院院长，执鞭随镫，鞍前马后，跑得不亦乐乎！恩师和老师们高声谈论学术问题的朗朗笑声，常常感染了我。而那时候，他还是个刚刚从广州的医院出院，拖着病体的癌症患者。于是乎，从青年走向中年、逐步成熟的我，在恩师身上不但学到了学问，更学到了如何珍惜友谊和情分；更慢慢地体味到：什么是才情并茂，什么是性情中人，什么是家乡情怀。

　　可叹可惜复可恨的是，天妒英才，1997年9月13日，星桥师因病驾鹤西归，享年仅仅62岁！

　　热泪如雨，淅淅沥沥，恩师走后的第20个清明节又快到来了。无尽的思念，随云飘去！

　　天堂里的恩师，您还在研究汉语音韵学吗？还是在修订《普通话潮汕方言常用字典》？

2018年清明节

六、我心依旧

梁东汉教授与《新编说文解字》

每一年的五月到六月，汕头大学的校花——行政楼前的那棵金凤花如约在毕业季灿烂盛开，红艳艳的，像一把巨大的红伞，撑开着遮盖在绿草坪上，散落的花瓣错落有致而自然地点缀在绿草地上。温暖的阳光斜穿过枝叶而洒落在这片花红草绿的织锦上，让你巴不得就地躺下，融入这幅大地美图里。而这天造地设、自然恩赐的美景，就是每年汕头大学毕业生毕业照的标配。1987年夏天起，汕头大学有了第一届本科毕业生之后，我每年都与毕业生在这棵金凤花前照过相，直到2004年4月我调离了汕头大学。

也因此，每一年的毕业季，当汕头大学金凤花盛开的美图映入我眼帘的时候，都会让我回想起在汕头大学的美好日子，那些普通而温馨的事，那些平凡而亲切的人。

而今天，因为整理旧资料，看到了几张与梁东汉教授的合影，还有他留下来的一些资料，突然想起来我的这位师叔、汕头大学中文系的首任系主任，大名鼎鼎却又默默无闻。据传他去世时汕头大学人事部门要在某家报纸为他登个讣告，被说是行政级别不够，不能登报。后来是学校出了一纸"相当于处级干部"的证明，才顺利登了报。今天我上网搜查他的资料，还真的有这么一条："梁东汉（1920.10—2006.03.06），汕头大学退休教师、中共党员、原中文系主任（正处级）、教授。"悲乎哀哉，这行政级别！

当然，梁东汉教授的默默无闻，不能全怪汕头人不识宝，还因为他自己的过分低调。

我们现在上网搜一下就可以知道，梁东汉，1939年就读于西南联大中文系，1943年进入西南联大北京大学文科研究所学习。1946起在北京大学任教，后来支边到内蒙古大学任教。他在西南联大学习及北大任教期间，师从著名古文字学家唐兰教授，喜欢钻研前人没有解决的一些问题，并致力于创建新的文字学。其论著《汉字的结构及其流变》颇多创见，在国内外有一定影响，被许多高校中文系采用为指定参考书，被一些高校列入研究生入学考试参考书目。但是，汕头大学的同事们和中文系的校友们，又有几位知道可亲可敬的谦谦君子梁教授是西南联大的学生、曾经是北京大学的著名古文字学家？这是汕头大学的唯一，也有可能是汕头市的唯一。

可是，本来应是"天下何人不识君"的他，却隐居在汕大日月湖边的教授楼（小别墅）里，日以继夜地做着他生前一定要完成的一个研究项目——《新编说文解字》。

我1985年夏天从中山大学中文系一毕业，便投奔汕头大学中文系来了，第一学期开设了"语言学概论"课，第二学期开设了"汉语方言学"课，颇受学生好评。1986年的春节后，梁先生（我一直这样尊称他）把我喊到他的办公室，对我说，年轻人除了上好课之外，还得做好学术研究，才能进步得更快。他说他手头正在编著一部《新编说文解字》，要我也加入编写组，负责其中两卷的工作。我本来是志在方言学，不在文字学，便想委婉推辞。但他似有准备，对我说，通读《说文解字》及其注释版本，对汉语方言词语研究，尤其是本字考释是很有帮助的。他说的话在理儿，我也就不再推辞了。心里想，不就两卷嘛，花一年工夫总能干出来吧。他见我答应了，很高兴地把他的计划和盘托出，说这本书是他在来汕头大学之前就准备搞的，现在在汕大稳定下来了，可以实施计划了。他请来了北京师范大学著名古汉语专家王宁教授作为副主编，还让王宁教授推荐了几位博士生参加，再加上汕头大学的几位语言学专业教师，就这样，编写组就算搭建起来了。

跟着梁教授干活的日子里，也没少跟他学习和开会讨论问题，就愣是没听他说起过一句关于西南联大的事儿。倒是经常跟我谈足球的事儿。那时候的中国足球名声好像比现在要好，容志行、李富胜、赵达裕等他如数家珍。他居然说他喜欢踢足球，而且是前锋。可能是因为我看着他清瘦的身材露出了怀疑的表情，他干脆站了起来，比画了几下传球、射门的动作。他说他跑步速度可快了，100米在13秒内。我大吃一惊，一下子有了错觉，以为站在我面前的是一位活蹦乱跳的小伙子。我知道他是西南联大的毕业生的光荣史，那已经是1997年了。那一年，中文系承办了汉语方言学会的一届学术会议。他告诉我，要请中国社科院语言研究所的著名方言学家李荣教授和北京大学的朱德熙教授，还有我的硕士生导师高华年教授。他微笑着跟我说："朱德熙、李荣是我西南联大的同学，高华年先生是我的师兄，很多年没有见面了，很想念他们。"他很平静地诉说着，我却差点跳了起来了。原来，我的导师就是他的师兄哦，这几年他怎么就不告诉我，这嘴巴也够紧的。我心里想，当年我投简历给汕大中文系，他作为系主任应该看过，知道我的导师就是他的师兄的。说不定，让我进他的《新编说文解字》编写组也是他照顾我的。但他就是不说，他可能认为根本就没有必要说这些。这就是梁东汉教授的个性，从来也不显摆自己光荣的历史。

话又说回来，梁教授为了这本《新编说文解字》，真是费尽了心血。因为编写组人员水平参差不齐、进度快慢不一，需要主编再修改的篇幅实在太多了。而且，很多古文字字体需要手写贴进去，书稿总体进度缓慢，耗费了梁东汉教授晚年的大量心血。梁东汉教授在生命尽头的前几年，还一直在为这本书呕心沥血。后来，终于定稿了，但又因为原来联系好的北京某家出版社要的出版补贴太高，我们给不起，这部书稿几乎就被束之高阁了。那段时间，梁教授又不幸摔断了股骨，要打铁钉锁紧，我去汕大附属医院看望他的时候，见他一副瘦骨嶙峋的样子，眼泪不禁夺眶而出。但就是在病床前，他还是跟我谈这本书的编辑和出版事宜。后来，还是王宁先生找了启功先生题签了书名，又找了她的同学、当时的山西教育出版社的领导，才把出版的问题给解决了。但是，可惜复可叹的是，当2006年夏天这本书正式出版发行的时候，梁教授已经去西天踢足球，看不到他人生最后20多年的心血之作了。

2004年的春天，我奉调到广州工作，梁教授也在广州治病。2006年的春节前，我去给他拜年的时候，他交给了我一封信和几张纸。我一看，那是责任编辑宋金龙先生的来信和《新编说文解字》的清单：每一卷的字数、撰稿人及联系电话,还有出版社责任编辑的电话号码。他说,出版社告诉他,大概春节后就可以出版发行了,但他怕等不到了,要我帮他把样书和稿费发给大家。他说:"总算对大家的辛苦劳动有一个交代了。"我拿着那几张纸,手不断地在发抖,涕零无语!

  那年春节后不久,2006年3月6日,毕业于西南联大、曾经任教于北京大学的中国著名古文字学家梁东汉教授,静悄悄地离开了我们,像一颗流星,闪亮但寂寞地划空而过。但我相信,作为他曾经的同事和部下、早期的汕头大学中文系的毕业生,一定会记得和怀念这位师德高尚、学术出身高贵、学术造诣深厚而又为人低调的可亲可敬的长者校友和恩师。

2018年夏

南澳岛田野调查追记

自从海南岛从广东省分出去独立建省以后，南澳岛就成了广东省的唯一海岛县。中华人民共和国建立以后，南澳岛一直是对台前线，是个边防岛。因为上岛不容易，必须持有边防通行证，所以她总是披着一层神秘的面纱，就像经常笼罩在岛上的缭绕的云雾一样。

所以，尽管1985年暑假就到汕头大学任教，但一直到10年后，我才开始在南澳岛进行方言调查。

早就听南澳岛的学生说过："南澳有三土：姿娘叫媸孅，水鸡叫蛤牯，鲦鱼叫蚭脯"［lam^5-o^3 u^6 san^1 tou^2；ze^1 nion^5 gio^3 za^1 bhou^2，zui^2 goi^1 gio^3 gab^4 gou^2，riu^5 he^5 gio^3 nin^2 bou^2］。还听说，因为驻岛部队的原因，南澳岛菜市场的计量单位是公斤，这在粤东方言区里，也是十分特殊的。后来又在《韩山师范学院学报》上阅读了许泽敏老师的一篇介绍南澳岛汉语方言语音特色的文章，对南澳岛方言的复杂性产生了兴趣和前去调查的冲动。那时候也不用考虑所谓的"立项"不"立项"，有兴趣就去呗。因为，南澳岛已经是个自由岛和夏季的旅游胜地了，想去就去。

在做了一些包括旧县志在内的文献资料的搜集和阅读之后，1995年暑假，我便第一次到南澳岛做方言调查。经朋友介绍，岛上的著名渔民作家林松阳同志成了我的第一个发音合作人。

林松阳同志出生于1932年，比我老爸还大一岁，我叫他"松阳叔"。他那时候是63岁，正是"老男"发音合作人的最佳人选。他只有小学文化，但自小跟着大人出海捕鱼，渔业生活丰富，肚子里有许许多多的大鱼小虾的民间故事，渔业谚语张口就来。他把这些故事写出来，投稿到了省城的文学杂志，在著名的潮汕籍散文作家秦牧先生的帮助和指导下，还真的发表了，而且是一篇接着一篇发表，后来又结集出版，成了广东省著名的渔民作家。

　　松阳叔陪我走遍了宝岛的著名景点和具有历史文化意义的角角落落，如总兵府、雄镇关、贵丁街、宋井、青澳湾等。录音大部分是在上午和晚饭后进行的，我们一共录了20盒磁带，包括《汉语方言调查字表》和《汉语方言调查词汇表》等。

　　调查词汇表的时候，进度比较慢。一是鱼类、贝壳类的名称，南澳岛的俗名与学名相差较远，与和南澳隔海相望的我的老家澄海叫法也有不同，经常要找来活鱼真贝看看才能对上号、搞清楚。二是松阳叔话题经常走岔，冷不丁说到一个什么词get到他的记忆点，他可能就会联想到渔业谚语或者气候谚语什么的，吧啦吧啦的就讲了一大堆出来。后来，我干脆让他把鱼名、贝壳名和渔业谚语略微梳理一下，我专门去请教了岛上的鱼类专家欧瑞木先生，他有不少挂图，可供辨认。然后，我才和松阳叔专门用两天的时间把渔业谚语录音下来。

　　此次的田野调查，收获的不仅仅是20盒的录音磁带，而且还有与松阳叔的深厚友谊。此后每到寒暑假，他总是打电话问我："怎么还不来啊？"可惜1996年暑假后，我由文学院副院长"转正"，杂务纷纭。直到三年后的1998年，想把南澳岛县城后宅镇的音系整理出来，才又上岛几天，校对了一些字音。

　　时光荏苒，一晃就是好几年过去。2002年，林春雨同学考上了我的硕士研究生。因为她的老家澄海盐鸿镇与南澳岛一水之隔，我便把这个没有做完的课题交给了她作为硕士论文的题目。南澳岛上说的虽然都是闽方言，但事实上有三个不同的音系：县城后宅镇的音系，与广东省饶平县闽语接近；云澳、青澳镇音系，与闽西南诏安、云霄音系接近；总兵府（旧县城）深澳镇音系，这是前两个音系交融折合的一个音系。后宅、云澳音系的不同，源于移民群体的不同。清朝总兵府管辖的士兵，一半来源于粤东的饶平县等地，一半来源于闽西南诏安、云霄等地。这些籍贯不同的士兵，是分营管理的，退役以后就地安家立业，自然而然地成了当地居民。久而久之，就在这小小的南澳岛上形成了这样的方言地理格局。

我原先的录音带，由于家住一楼，没有保管好，发霉作废了，只剩下一些纸质的记音材料。林春雨同学就带着新型的数码科技产品——电子录音笔去录音了。

2002年8月—2003年8月，我受委派到澳大利亚悉尼大学做访问学者。在我出发前，我们师徒制订好了一个调查大纲，调查全是林春雨同学一个人在亲友的帮助下进行的。除了林松阳之外，她又找了许助、杨赛月、何泽娜（以上为后宅镇），张六、薛庆鸿、陈少娟（以上为云澳镇），吴若坤、张宗良、康厥德（以上为深澳镇），吴木兰、吴明云（以上为福建省诏安县）等为发音合作人，做了比较详尽的调查录音。

2003年8月初我回国时，正是暑假，学校里的工作我还没有开始干。为了不耽误林春雨同学的硕士论文写作，我太太当司机，陪我们上岛进行录音校对和一些资料的补录工作，松阳叔也几乎是全程陪同。

这次田野调查记音最深的印象，是一次冒险的经历。有一天夜里，从后宅调查完了要回我们的住宿地青澳湾，我太太开的车。环岛公路上有一个陡坡，往下走的时候车前的大灯照不到前面的路，车慢慢地往下走，我们坐在车里也不知道危险。回到酒店。我看我太太脸色铁青，半天不吭声，一问她，她才说刚才吓死了，那个坡太陡了，车就像要掉下去一样。她不敢刹车，就任车子往下走。幸亏命大，平安无事。此后的几天，一到夜里，我们宁愿多绕岛半圈，也不敢走那个坡了。

经过两代人近十年陆陆续续的田野调查，我们终于把南澳岛方言的调查做了个七七八八了。我们分别发表了《广东南澳岛闽方言语音记略》[《汕头大学学报》2005（2）]和《粤东的一个福建闽方言点：南澳岛云澳话语音研究》[《方言》2006（1）]，并于2007年出版了《广东南澳岛方言语音词汇研究》（中华书局，华夏英才基金学术文库）。

2019年夏

苦·严·韧：语保三字诀

国家语言资源保护工程的启动是百年难逢的好事！

我从1981年开始写作大学本科学士学位论文开始调查和研究汉语方言，近40年来第一次遇到有国家政策明确指导和财政大力支持、有计划有步骤地进行大规模的语言资源保护工作，这真是天大的喜事！虽然2015年我还在大学校长的岗位上、难以亲自上阵负责调查点的调研工作，但我积极参加了十几个项目的中检、预验收和验收的工作，做出了一个方言学者应该做出的努力。

在语保工作的过程中，我体会最深刻的是三个字：苦、严、韧。

苦，是辛苦、艰苦。调查点的负责人都非常辛苦，工作十分艰苦。项目上半年立项之后，基本上是在暑假的酷暑里启动并完成第一次调查的，发音合作人和录音录像的师生都很辛苦。我负责指导的汕头市南澳岛调查点的林春雨博士是个二孩妈妈，二宝只有一岁多。她放下了嗷嗷待哺的孩子，离开广州，就上了南澳岛调查，一走就是十天半个月的，只能靠视频来跟孩子保持联络。澄海区调查点的调查人林晴博士是有7个月身孕的准妈妈，但她克服了生活和身体上的各种困难，在其丈夫的强有力的技术支持下，坚持连续录音录像三周。当时天气实在太热了，澄海点的老男发音合作人因为每天骑自行车几里路来接受调查，一周下来，终于受不了而中暑了。只好临时改为其他发音人的调查。潮州市饶平县点的负责人徐馥琼博士在调查中途也突然病倒了，但她坚持不撤退，病情稍微好转，就一边吃着药，一边又继续调查了。

严，是严格、严谨。调查点的负责人在做田野调查时都是严格按照国家语保中心的要求来做的,验收时更是以严谨的学术态度来做,不论是中检还是预验收和最终验收。国家语保中心组成的专家组无论从所调查方言的用字、记音的内容到音频、视频的技术要求,都比我们平常做的方言调研项目要高。由于技术参数要求高,设备的要求也高。第一批做项目的林春雨博士在南澳岛上调查,得到县里的大力支持,但她将全县电视台和电台的设备都使用上了,也达不到国家语保中心的技术要求。有些要求被发音合作人视为严苛,例如背景布要平整,一点褶皱都不能有;发音人眼睛要平视,不能老眨眼;等等。但调查点负责人都克服各种困难,坚持做到了。该修改的修改,该重录的重录,虽然有时也有怨言,但最终还是按照国家语保中心的严格要求完成任务。也因为大家同心协力、严谨认真的工作,我们广东的语保项目全部顺利完成,负责组织落实广东省语保项目开展的广东省语委也被评为教育部的语保工作先进单位。

  韧,就是韧性、坚韧。做语保项目者,必须有韧性。一是调查时要有耐心。发音合作人往往不是一来就能很好地配合,得一边录音录像,一边培训他们。有时候发音合作人会出现爆笑、咳嗽、连连眨眼睛等状况,破坏了录音、录像的连续性,只好作废重来。有时候发音合作人对某个词语很感兴趣,突然哔哩吧啦就讲出了一大段,然而又是跟该词语关系不大的,只好耐心地跟他讲清楚后重来。最怕的是发音合作人生病了,或者因为什么原因突然撂挑子说不干了,项目负责人得照顾好发音合作人生活不说,还得像孩子说服家里的老人家一样好说歹说把他留下来继续干。最特殊的是,有的发音合作人还要求要跟项目负责人签合同,保证他说的话、他用的字不能被修改。严修鸿教授调查海丰县闽语点时,就碰到过这样的事情。二是要有虚心接受专家组意见的态度,认真修改调查成果,不止是一次,还可能是两次、三次的修改,乃至返回调查点重新录音录像。有时候,广东的专家和国家语保中心的意见可能不太一致,例如在记音、用字和音系归纳方面;有时候,中期检查和最后验收的专家可能不同,提出的意见也不一定全部一致,需要进行讨论、协商后确定,这就更需要虚心和韧性了。现在我们在做各个语保调查点的资料汇编工作,前后对照起来,我们又发现,由于各点负责人的不同、立项调研时间的不同、指导的专家和验收的专家的不同，用字、记音等方面需要统一修改的工作量实在是太大了，一做就是一年多，还没有做完。这真的很需要严谨的学术态度和坚忍不拔的韧性。

总之，做语保项目就像是进入了一个高级研修班，各语保项目负责人都在工作中得到了锻炼，获得了明显的进步。做过语保项目的师生们，经过这苦、严、韧三字诀的训练，个个都掌握了一套高超的录音、录像技术，在语音分析、归纳，词汇和语法分析、整理，口头文化的调查和整理等方面的研究水平也有明显的提升。有的师生继续负责其他经费来源的方言调查项目，做起来就如鱼得水了。还有的老师，在各自的工作单位和地方做起语保工作来，成了当地语保工作的带头人或者骨干分子。例如广东省第一批语保项目（2016年）潮州点的负责人林朝虹教授，就把潮州的方言保护和传承工作做得有声有色。她参编了《潮汕文化读本》并主编了其中的三本分册，还组织指导了20多所学校的试验教学，使读本在2017年得以顺利通过广东省中小学教材审定委员会的审定而进入中小学教材采购目录。她还主编了《潮汕童谣绘本》一套6册（春秋季各3册）进入幼儿园。基于语保工作取得的优秀成绩，她本人不但晋升为教授，而且成了广东省级非物质文化遗产项目——潮州歌谣的代表性传承人，并入选了广东省的"国培计划"专家库推荐名单。

2020年春

"触网"记

微信上有一个笑话，说新冠病毒肆虐、宅家避疫的时间长了，各种人设都崩溃了，纷纷变成了另外一个人：平时难得着家的丈夫们天天要做饭都成了高级厨师；医护人员舍生忘死救治新冠病毒感染者成为保护人民生命安全的全天候战士；以往在教室里上课习惯板书、PPT的老师们因为要上网课都成为当红主播；家长们要24小时不间断管着小孩，终于炼成优秀班主任；社区干部走街串巷拦截外来人员，成了保安协警；总裁总经理什么活儿都要自己干，发现原来自己身兼办公室主任、秘书也可以；门卫问"你从哪里来、要到哪里去、想干什么"，变成了哲学家。

哈哈，一时一局，人的潜能在非常时期和非常环境下都被激发出来了，还有什么是人干不了的呢？据说人的大脑功能现在被开发的，也就不到10％哦！

我本就是一文科生，守旧传统，晴耕雨读，已成习惯，宅就宅呗，继续读书作文就是了。可是2020年二月初二龙抬头之后，抗疫形势不容乐观，尤其是海外"倒灌"一波又一波病例出现，人们还得继续宅下去，但有些工作再也不能拖下去了，于是，就有了视频听会、参加腾讯会议和上网课等新生事物。

视频会议以前集体听过，现在的腾讯会议只不过是居家网上登录会场，独自收看收听，也可发言讨论而已，技术上不难。会议期间，你还可以关掉录像头和麦，边喝茶边听会，等到自己要发言才打开它们呢。

而上网课就不同了，把我折腾个够呛！

我本来就是"高新技术焦虑症患者"（太座给我的封号），换个手机、手机软件更新都得等孩子们到我家来才让他们帮我换，然后教我怎么操作。我是个十分传统的文人，读书、做卡片，上课要板书，为此还练得一手漂亮的粉笔字，学生一夸奖，自己还沾沾自喜呢。我总觉得那才是上课！但是，后来要做课件（PPT），要做慕课，越来越技术化了。理论上、行动上我都不反对，但心里有点不舒服，尤其是中文、历史类的课程。你不知道，一边讲着课，一边板书，讲到哪写到哪，把学生的注意力全都吸引过来了，那该有多酷！20 世纪 80 年代末期，恩师李新魁教授到汕头来上中山大学中文系中文刊授中心的"古代汉语"课，课程内容丰富，但课时很少，所以他讲得飞快。对古诗文名篇李老师倒背如流，但没有时间板书，学生跟不上，"鸭囝听雷"，"戆过只鸭"。李老师便让我为其板书，他讲到哪，我写到哪，行云流水，师生密切配合，教学效果很好。不少听过课的学生，现在碰到我还老提这个事呢。

但是，当时如果技术像现在这样，可以做好电子课件再上课，上课时就不用那么"只争朝夕"了，这就是现代技术的优点所在。当然了，备课的功夫就要在课前下足了。我现在也习惯了用课件上课了，也学会了做课件的基本技术。但比起年轻人做的课件来，我的课件实在是太老土了。年轻人做的课件图文并茂，每一页就是一个版面，设计得精细美妙，而且画面可以一会儿飘进来，一会儿浮出去，想添加音像资料播放也可随意插播，像放映电影一样的精彩。如果把年轻老师们的课件比作西方绘画名作的话，我的课件就是"×县农民画"了。但我这以"一介书生"自居的老头子，就是以农民画为美，也没有想再去提升那些做课件的技术，心里想着，咱课件技术不行，就以课程内容和讲课艺术取胜吧！哈哈，会不会有点阿 Q 精神呢？

但这回再不学不行了！我未上网课之前，学兄陈平原教授已经于 2 月 19 日在《北京青年报》的"北京头条"发了一篇叫作《临老学绣花——我的第一次网课》的文章，说"教了几十年书，课前从来没有这么紧张过"。陈教授为什么紧张呢？"对于老眼昏花的我来说，学习新技术可不是一件容易的事。"陈教授的文章给我打了预防针，所以我也提前做起了技术准备，请来了在外语外贸大学文学院当老师、已经上过网课的女儿，还有网络技术娴熟的女婿到我家里来当技术指导，提前两天练习如何安装讲课设备、插播视频和使用课件，如何与听课者互动，测试声音和图像效果，等等。他们还为我带来了高清的录像头和麦，把图像和声音的质量提高了一个档次。

正式上课那天上午我一早就起来，刷牙，洗脸，刮胡子，还吹了吹头发，穿上白衬衣、西装，打上领带，把人整得精神点。我担心不是现场讲课，语言、感情表达不到位，所以穿戴上要整洁些，弥补非现场讲课不生动的缺陷。因为做过彩排演习，课上得还算顺利，听众在讨论区的反映还是比较满意的。

到了中间休息时间，我一高兴，就点了"直播结束"。把被她外婆关起来在屋里玩玩具的小外孙女放出来唱歌跳舞怪叫，我也喝起了工夫茶，润润喉咙。谁知道再上课的时候，一点直播间，却死活上不去了，把我弄得手忙脚乱的，出了一身冷汗来。只好打电话请教后台管理人员，才知道是必须给个新地址重新登录。女婿看我过分紧张，赶紧过来帮我改地址登录直播间。我一看，耽误了 5 分钟，只好跟学员们说声对不起啦。

此后，不仅一切顺利，还有意外惊喜——主办单位告诉我，本来预计学员听众 1000～1200 人，然而到第二个课讲完，看看视频显示的人数统计，足足有 6624 人，创造了本人一堂课听众最多的纪录了！还涨了一位年纪最轻的新粉丝——两岁半不到的小外孙女很认真地听了我 10 多分钟的课，听完了问她外婆：外公在讲什么呀？

哈哈，猴开桑啦！

2020 年夏

乐为乡亲著文章

大概20年前,我写了一篇文章介绍我的家乡澄海籍的语言学家们研究潮汕方言的小文章,标题是《乐为乡音著文章》,与这篇后记的标题只是"乡音"和"乡亲"一字之差。但就是这一字之差,却反映了我30年研究方言下来的心路历程的变化。

非常有趣的是,第一本潮语"十五音"著作——《潮声十五音》的作者张世珍先生、第一本潮语的部首笔画字典——《潮汕字典》的作者陈凌千先生,中山大学著名的方言学家黄家教教授,音韵学家和方言学家李新魁教授,竟然都是澄海人。在潮汕本地研究方言且比较有成就的还有余流先生和王永鑫(王笑)先生,也都是澄海人。

我不知道澄海的读书人对方言研究情有独钟是不是因为文化传统的互相影响而一脉相承,而我走上方言研究的道路,则肯定是星桥师(李新魁)引导的。

记得大二下半学期的时候,我随中文系77级师兄陈海鹰(后来他成了我的大舅子)一起去拜访星桥师。老师和师母热情招待,又是茶又是糖果的。老师问:"你这一年多来都读些什么书?"我老老实实回答:"读了几十部中外名著,因为入学前看不到这些书。"老师又问:"毕业后想做什么事?"我不假思索地说:"当老师。"因为我早就想好了,这一辈子就想当个老师,安安稳稳地过日子。老师笑云:"如果这样读书下去,可以去工人文化宫当故事员,因为你读了很多小说。"我愕然。老师笑着开导:"既然选择了当老师,那就要照着当老师的要求去选择读书。"

哦，我这才懵懵然有所觉悟。于是，以后每月登师门一次，老师给开书单，我照单读书，并口头汇报读书心得。大四时，本科毕业论文也就自然而然地选择了澄海话研究的题目，指导老师当然就是星桥师了。就这样，我跟着老师走上了方言研究的不归路。

当然，当老师也好，研究方言也好，一开始也只不过是为了谋生，为了工作而已，就像我在一首诗里写的"读书本为谋稻粱"。1985年，我硕士研究生毕业，拿到硕士学位后，进入汕头大学，当了老师，居然梦想成真！

于是，觉得应该要有进取心，要努力奋斗：想评高一级的职称，要申请省部级以上的科研项目。于是，真的很拼命工作，潜心研究，而且目标明确，主攻《中国语文》和《方言》等权威杂志。

1991年开始及之后几年，成果终于"井喷"：连续在上列杂志发了几篇论文，在其他杂志发表的论文也有不少被《中国高校文科学报文摘》杂志和中国人民大学资料中心的《语言文字学》转载。1994年，我凭着研究潮汕方言语法的三篇系列论文获得了"中国社会科学院青年语言学家奖"，《潮汕方言与文化研究》一书获得"广东省哲学社会科学优秀成果奖三等奖"，《潮汕方言形成的历史过程》一文获得"广东省中青年学者人文社科研究优秀成果奖"，《潮汕方言词考释》一书获得"潮学研究"特等奖。

然而，30年"研究"下来，现在却有点"想法"：发表于《方言》杂志的那些论文，满篇的国际音标。我想，除了专家学者看得懂之外，家乡的父老乡亲又有哪一位能读懂那些"豆芽韭菜"？再看看我主编的《普通话对照·新编潮州音字典》，1995年出版以来，一版再版，每年都翻印，现在的印数也该有10多万册了吧。那本很通俗的《潮汕方言熟语辞典》1993年出版以来，也是一印再印，现在已经一书难求了。而这两本东西，评职称、报项目是派不上用场的，因为不在"学术专著"之列。

因此，作为文化教育工作者、作为方言学者、作为潮汕人，我在思考：为谋稻粱、为求功名而治学之外，为什么不能静下心来为自己的衣食父母、为家乡的父老乡亲做点事情呢？

于是，我下定了决心，以后，尤其是花甲退休之后，我的努力方向，就是要多做方言和乡土文化传承的事情，为父老乡亲写书，写父老乡亲想看、看得懂、用得着的书和文章！

因而，无论从选题到写作，学以致用、深入浅出、雅俗共赏将是我追求的风格和目的。我在《羊城晚报》粤东版上连续发表了《潮汕方言：潮人的精神家园》等几篇文章，试着把学术论文散文化，我把它叫作"学术散文"，没曾想反应热烈、影响颇大，潮汕三市的报刊，还有涉"潮"的网站几乎都转载了。这充分说明：广大读者爱看、看得懂。所以，写这本书的时候，我就沿着这条路来走了。这本小册子主要写的是群众最容易看懂的潮汕方言词汇，但以前写的话，可能就要写成《潮汕方言词汇研究》，现在把它叫作《潮汕方言：潮人的精神家园》，尽量文学化一些。我尽量找出潮汕方言中有价值的、群众以前一知半解的东西来写，而且一定要把它写得通俗易懂，要能够"咀破"，使读者读后有"原来就是这样啊"的体会和感叹，达到"咀破无酒食"的效果。

为了达到这个目的，我在每一章的前面，都写了一节千把字的散文化的"导语"，对该章的内容做了概括。每写完一章，就让内人作为非专业读者的代表先读一遍，问她哪些地方看不懂，我再改。她说有些字光用《潮州话拼音方案》注音还看不懂，我就加注潮音同音字或者反切。诸如此类，不一而足。

这本书只有17万字多一点，但"毛坯料"却超过100万字。这些资料，不少是我的硕士研究生杜奋、余森河帮忙下载整理的。在北京大学中文系与我学同一专业的女儿林晴也常常帮我在网络上搜查资料，关于外国传教士编写的工具书等资料，就都是她从北京国家图书馆搜集、复印下来的：六大本近百万字。所以说，这本小册子虽然只署我的名字，却是我们一家子和师生们共同努力的结果，我要感谢他们对我的帮助。

2012年元宵

六、我心依旧

忘不了

最近一次乘坐飞机，我一如惯例选择紧急出口的座位，因为它宽松一些。但办理登机手续的时候，漂亮的女服务员微笑着对我说："先生，对不起，您不能选择这个座位。"我问她是什么原因，她笑容可掬地对我说："十分抱歉，紧急出口一般不给年满60岁的乘客。"

"哦——哦。"我因一时脑子转不过弯来而语塞，等转过来以后，才如梦初醒：

啊，我60岁了！

于是，我意识到，60岁到了，有些事情你是做不了的。换句话说，你就得开始计划做"60后"的事情了。不管你的心理年龄或者生理年龄有没有达到60岁。有了这个心理准备，当上级的一纸公文批准我卸任韩山师范学院院长、调动回广东技术师范学院的时候，我乐滋滋地接受了上级的这一英明决定。

我开始做一些离开韩山师范学院、离开潮州的准备工作。当我收拾着准备送给韩师图书馆的书籍，看着《韩师学报》《潮学研究》等杂志，看着《韩师校史简编》《韩师校友口述录》等书籍的时候，当车子又从韩江大桥慢慢驶过，望着清澈的韩江水和北面的湘子桥，远眺"三十六峰江上出"、云遮雾绕的凤凰山的时候，恋恋不舍之情，由然而生。

人非草木，孰能无情？在韩师这所千年书院、百年学府干了七年半，在潮州这座文化底蕴深厚而又活色生香的历史文化名城生活了七年半，要我像徐志摩那样潇洒地挥挥手就作别康桥，我好像做不到。

忘不了，韩师可敬的老师们！

韩师这所已经有114年办学历史的师范学府，虽然不像研究型大学那样有学术大咖大牛，但对学生们的师范技能的教学和培养，老师们可是不含糊的，用东北话来说，就是"杠杠的"！韩师学生的师范技能比赛，在省里总是名列第二，仅次于华南师范大学。有一些专业在全国比赛中，成绩还超过了华师。做招生宣传时，喜欢讲韩师培养过国民党元老、中山大学首任校长邹鲁，合并后的华南师范学院第二任校长陈唯实，著名企业家慈善家陈伟南先生，等等。这些无疑都是韩师的光荣，但给我留下最深刻印象的是，韩师对广东省，甚至对国家的贡献，就是顶起了粤东基础教育的半边天。在潮汕地区，几乎没有一所中学没有韩师的毕业生在学校当领导和教学骨干的，有些中学的领导和教师，超过一半是韩师的毕业生。这是一种"润物细无声"式的平凡而伟大的贡献，而这桃李满天下的美景，都是老师们日复一日、年复一年默默耕耘、滋兰树蕙干出来的。

忘不了，韩师可爱的同学们！

按我对高等教育的理解，培养合格的学生乃是大学的第一要务。因此，我的教育理念是只要是关乎学生的事情，就要重视，就要办好。上任伊始，我开通了院长邮箱，办了院长早餐会，首次在毕业典礼上给毕业生进行拨穗礼，每年的毕业季就是我最苦最累但也是最快乐的季节。我用4000多个拨穗的动作和4000多句的祝贺语点亮了4000多位毕业生的笑脸！每年4000多名的毕业生，8届下来就是3万多啊！他们将是粤东乃至全省各地基础教育师资的新鲜血液。虽然每个二级学院的毕业典礼，我拨完穗回家，都是累得手都提不起来；但这是毕业生们最喜欢、最期待的事儿，我何乐而不为呢？要是问我在韩师最快乐的事情是什么，我要告诉你，这就是我最大的快乐！

忘不了，潮州的良师益友！

潮州人大致都是温文尔雅的，但也各具个性。在潮州生活的七年半里，我结识了不少尊长前辈、同侪师友，还有青年俊彦。我常常于茶叙闲谈中偷师学艺，获益匪浅。这里面有生命不止、创新创作不息的国画艺术家蔡瑜老先生；博学多才、激扬文字、指点江山的饱学大儒曾楚楠先生；茶余饭后笑谈人情世事、笔下话里尽是人生哲理的李英群老师；用两只眼睛盯着上市公司，却用第三只眼睛看香港的，充满家国情怀的儒商管乔中兄；家藏丰富珍贵文物、研究明清家具、青花瓷的论文可以刊登于国家级文物收藏界权威杂志，但言谈举止却如邻家大兄的杨得鸿兄；还有诗书画印"四绝入西泠"的西泠印社社员（李）"俊哥"；等等。我都佩服得五体投地。到韩师来工作，能结缘这些师友，也是三生有幸了！

忘不了，潮州秀丽的自然风景和引人入胜的人文名胜！

韩师所倚靠的笔架山山麓逶迤绵延如龙蛇腾挪，湘桥春涨时的"江清月近人"，雨后初霁凤凰山脉的云卷云舒，初春时节滨江路五里长廊的凤凰花开如火如荼。下水门里的饶宗颐学术馆是潮州最美丽、最吸引人的学术、艺术殿堂，牌坊街上的潮州陶瓷历史博物馆则是潮州被命名为陶瓷之都的历史见证；载阳茶馆、状元坊小吃店活色生香，民俗用品一条街古风犹在，我家嫁女儿都要到那儿去请教闺女出阁的礼俗和用品，正应了"礼失求诸野"的古训……

这一切的一切，令我忘不了，也不想忘！

"为什么我的眼里常含泪水？
因为我对这土地爱得深沉！"

我登上笔架山，摘下一片属于韩师、属于潮州的云彩。怀揣着这片云彩，我悄悄地，作别韩师师生和潮州父老，就像七年多前，我悄悄地来！

2017 年夏

附：

韩师任职十年感咏

（2020年3月）

当时亦是木棉红，
弹指十年犹梦中；
尊孔崇韩归故梓，
滋兰树蕙护花丛；
无暝无日光阴迫，
有苦有甜天道公；
且喜师生多进步，
回眸未悔灌园翁。

春天来了
——写在"林伦伦方言茶话"一周年

2017年7月14日,是上级主管部门批准我卸任韩山师范学院校长、调动到广东技术师范学院担任教授的工作调动文件的签署日期。

经过暑期的调整和安置,我终于又在广州落稳脚跟了,余生晚年,就要在羊城度过了。但是,生我养我的是潮汕老家。我在汕头大学工作19年,在韩山师范学院工作近8年,至60周岁,我参加工作42年(含上山下乡4年,在中山大学中文系读书7年),在潮汕的两所高校工作了近27年,占了全部工作时间的70%以上。可以说,我把青春期的冲劲献给了汕头大学,而把成熟期的智慧献给了韩师。当然,我也是在这两所大学的工作期间获得锻炼、进步和成长的,这包括方言和乡土文化的教学、研究和自身的道德情操、品行修养。我最大的收获不仅仅是出版了多少本著作,发表了多少篇论文,更是结交了一帮志同道合的同仁好友,培养了数以万计的与我关系融洽的学生。

方言和乡土文化之于我,是我两条生命之一——学术生命的根;而学生之于我,是我保持教学与学术之树常青之源。"问渠那得清如许,为有源头活水来!"道理简单得很:因为要培养好学生,我们就得把书教好,把研究搞好,把学校办好。

我反思过去,参加高考和读书只是为了改变自己以及家庭的命运。当上了大学老师以后,又有了比较严重的名利思想。拿破仑说:"不想当将军的士兵不是好士兵。"年轻的阿伦老师则曾经认为:"不想当教授的大学老师不是好老师。"

于是,我勤奋,我努力,几十年如一日,即使是当上了行政领导之后，还继续上课、带研究生、写论文、写著作。每当处理完行政事务、更深人静的时候，就是我读书、备课和思考学术问题之时。

然而，我深深地知道，方言和乡土文化是我成长的沃土，也是我教学和学术研究的立身之本。没有了它，阿伦是谁？满大街上都是的潮汕好大叔一个而已。对于广大的平民百姓来说，通俗一些的文章也许更受家乡父老的欢迎。我在思考如何把近40年的研究成果普及化，让群众能读懂看懂，尤其是如何才能引起青少年的兴趣，从而进一步培养他们的文化自觉和文化自信。

当我卸任韩师校长之后，我想，我有更多的自由支配的时间了，何不尝试着走一条能与青少年一起走的路。

于是，就在去年的秋天里——九月初九老人节，我开办了"林伦伦方言茶话"微信公众号。没有想到，生逢其时，春天很快就来了！

我们赶上了中华民族复兴的大时代，习近平总书记多次强调中华传统文化的历史影响和重要意义，并赋予其新的时代内涵。中共中央办公厅、国务院办公厅印发《关于实施中华优秀传统文化传承发展工程的意见》，制定了总体目标：到2025年，中华优秀传统文化传承发展体系基本形成，研究阐发、教育普及、保护传承、创新发展、传播交流等方面协同推进并取得重要成果，……而且，在"大力推广和规范使用国家通用语言文字"后面，加进了"保护传承方言文化……"的重要内容。

教育部也制定颁布了《完善中华优秀传统文化教育指导纲要》，指出要"把中华优秀传统文化教育系统融入课程和教材体系"。

国家的语言资源保护工程也在井然有序地全面开展，中国语言资源国际学术研讨会至今年已经举办了5届。更值得一提的是，今年的9月，首届世界语言资源保护大会在湖南长沙举行，大会以"语言多样性对于构建人类命运共同体的作用：语言资源保护、应用与推广"为主题。这是联合国"2019国际本土语言年"的重要活动之一，也是中国语言资源保护工程的标志性成果之一。大会还向全世界发布了世界语言资源保护的"岳麓宣言"。

当然，对于广东人来说，最直接最给力的春风，来自马兴瑞省长做的《2018年广东省政府工作报告》。报告要求全省各地："加强广府、潮汕、客家等岭南优秀传统文化和非物质文化遗产传承发展,推动优秀传统文化进校园、进课堂。"

春风已绿江南岸!我们还不赶快为方言和乡土文化的传承和发展播种、育苗、栽树、培土……

此时不干,更待何时?!

2018年秋

春天是播种的时节

"好雨知时节,当春乃发生;随风潜入夜,润物细无声。"(杜甫《春夜喜雨》)季节、温度、湿度,和风细雨,万物生长。而乡土文化的教育,其道理也然。在人的一生中,童蒙时期就是人的生命历程中的早春时节,是播种乡土文化知识、打下文化自觉和文化自信根基的最好季节。

正是基于这种认识,从韩山师范学院卸任后,我基本上就一头栽进指导青年教师做汉语方言资源保护工程的方言点调查和少年儿童的方言与乡土文化教育、传承的工作中了。先是跟陈平原教授、黄挺教授一起带领林朝虹老师等一批大学教授、中小学教师编写乡土文化教材——《潮汕文化读本》(以下简称《读本》)。为了使《读本》能够真正进入学校,进入课堂,又在韩山师范学院、潮州市教育局和韩师潮州师范分院的帮助下,举办了以小学骨干教师为主的"乡土文化教育高级研修班"。几年下来,终于可以说,《读本》编写和教学实践是成功的,好评如潮。

趁着这股春风,林朝虹教授和颜桂副教授又根据韩师潮州师范分院有比较强的学前教育系的特点,带头主编起《潮汕童谣绘本》(凡2套6册:秋季版、春季版各3册)。她们聘请我当这套童谣绘本的主审和绘画指导,所以,我便参加了从选题策划、童谣选定、绘本形式等冗杂的问题的讨论,在微信上的交流就更多了,小到一个标点符号、一个字的改正,一幅图的讨论,大到整首童谣的思想内涵的发掘及其教育途径的开发、课程的构建。2019年的12月8日,我参加了在韩师潮州师范分院大礼堂举办的幼儿园教师潮汕童谣教学成果交流会,现场观看了幼儿园老师的精彩教学过程。一首短短的童谣,幼教老师不但教会孩子们朗读,还教会她们有旋律感地演唱,还可以当作课间韵律操让孩子们动起来,又可以编成游戏让孩子们一会儿分组,一会儿在一起玩起来了。真的是让我大开眼界。我有教外孙女读潮语童谣的经历,但最多也就是把音频放出来,打着节拍教读一招而已,真的太死板了。原来,这幼儿园的教学艺术,也是"壶里乾坤大"哦!

过不久,又去参加了汕头特区中心幼儿园与香港幼儿园的潮汕文化教学交流活动,并参观了这所幼儿园。真的没有想到,老师们在学校里为孩子们创造了一个很浓郁的潮汕文化知识环境,并以潮汕文化知识创编了儿歌、童谣等,与音乐、体育、手工等课程结合起来进行教学,效果出奇的好,让香港同行也赞不绝口,说对她们的香港乡土文化的教育很有启发。

而据《南方日报》报道,在北京师范大学攻读研究生的澄海樟林人郑雪芸同学,趁着寒假假期,和她的搭档在樟林的古色古香的旧书斋里,教起了潮汕童谣《天顶一粒星》。她的课程构建的特色之一就是从"天顶一粒星"引入天文学教学,再从天文学引入乡土历史文化知识教学。她在书斋的天井里教会孩子们"看星星",构建了一个"天顶一粒星,地下开书斋"的真实场景和氛围,然后从星星讲到月亮,从月亮讲到潮汐,从潮汐讲到红头船,一环扣一环。对于生活在樟林古港的孩子们来说,这些天文、地理、乡土历史文化常识真的是"远在天边,近在眼前",听起来真的有趣而易懂,于不知不觉间,乡土文化知识的种子,就在孩子们的心田里播种下来了,等着夏天的成长和秋天的收获。

这样的潮汕乡土文化教育,是一种活生生的常识教育。而这种教育方式,很符合前辈幼教专家陈鹤琴先生的"活"的教育的理论和实践,引起了陈鹤琴先生外孙、北京市陈鹤琴教育思想研究会副理事长柯小卫先生的关注。他在2020年1月8日莅临汕头国澳教育集团举办的"活在(教育)当下:唱响潮汕童谣弘扬潮汕文化"的活动,作了《陈鹤琴先生的学前教育思想》的报告。在这次活动上,韩山师范学院潮州师范分院教务主任、学前教育系主任林朝虹教授也根据陈鹤琴"活"教育的理念,作了《让潮汕童谣"活"起来》的讲座。她们编著《潮汕童谣绘本》的背后，早就有着让童谣"活"起来的构思。另一位主编颜桂老师还把这些设计和构思编写成为《幼儿园潮汕童谣优秀活动设计30例》一书，随《潮汕童谣绘本》出版发行。我想，这将会大大促进幼儿园老师们的童谣教学。

《潮汕童谣绘本》编写团队在试验教学的幼儿园的协助下，通过潮汕童谣教育的大量活动实践，充分考虑到生活化、丰富性、适宜性和可操作性，挑选了实践性较强，材料和资源能在潮汕地区看得到、拿得到、摸得着、玩得起来的有趣味的童谣编进教材，并以此突破以前的童谣教学只是教读的瓶颈。颜桂老师的这本《幼儿园潮汕童谣优秀活动设计30例》把每一首童谣后面的活动设计意图、活动目标、重难点、活动准备、活动过程和活动延伸都明明白白地写了出来，让学习者有目的地学习。可以说，通过本书的阅读，幼儿园老师完全有能力构建其有特色的课程，不但把童谣本身教好，还能够通过童谣教学教给学生相关的潮汕文化知识，就像上文所写到的，使学生在学习中得到体育锻炼，增长音乐知识，获得心身的愉悦和快乐，从而在自己幼小的心田里播下了热爱乡土文化、热爱中华优秀传统文化的种子，也播下了爱学习、爱读书、爱劳动的种子。

"播种百谷，济育兆人。"（唐·佚名《郊庙歌辞·祭太社乐章·迎神》）春天是播种的季节，但愿风调雨顺，乡土文化的种子生根发芽，茁壮成长！

2020年春

吾道一以贯之
——答《南方都市报》记者问①

1. 您从事潮汕方言的研究工作多久了？什么契机让您开始研究和推广潮汕方言？

林答：有40年了吧，从1981年下半年开始写作中山大学中文系的本科学位论文《澄海方言形容词的两种形态》开始，澄海籍的著名音韵学家李新魁老师是我的指导老师，是恩师指导我登堂入室，走上潮汕方言研究道路的。

读研的时候，我的硕士生导师是硕士毕业并留校任教于西南联大的著名语言学家高华年教授，他教我学习西方语言学理论、普通语音学，严格训练我的辨音、记音和少数民族语言、汉语方言田野调查的技巧和能力。在完成高先生的功课之余，我还在李新魁老师的指导下，开始撰著《潮汕方言词考释》一书。在两位恩师的指教下，我练就了比较扎实的音韵学、古今音比较、方言音系与古代音系比较的学术研究基本功，打下了今后做学术研究的牢固根基。

2. 您在这么多年的语言研究中有什么深刻的感受和经历？

林答：本来只是学一门专业知识，作为工作、谋生的职业。但越做越觉得汉语方言保护、传承是一件很有价值的事情，就自觉地把它看成是对国家、对家乡有益的事业来做了。我总对毕业生说：一个毕业生最

---

① 《南方都市报》2021年4月21日A12版在"方言保护大家谈"中，以此答问资料为主，发表《教授玩RAP，只为传承潮语》一文。

幸福的就是能找到一个自己喜欢、与自己专业相关、可以发挥自己特长的工作，然后可以作为一辈子的事业来做。自己喜欢、有兴趣做的工作，才能做得好，做出成绩来。这就是我40年来之所以能够"吾道一以贯之"的原因，而且越做越觉得有兴趣，愿意"执子之手，与子偕老"。

方言学是比较冷门的，又要下乡做田野调查的学问，不但要有"板凳需坐十年冷"的恒心和韧劲，还要像孔子的弟子颜回一样，有"箪食瓢饮在陋巷"、以苦为乐的精神。

当然，每当田野调查时发现一种新的语音现象，每当考释词语时发现一个新的本字，每当与人闲聊时发现一个未曾记录过的词语，都有"发现新大陆"的快感。也许，就是不断有新发现的小确幸，使我对方言的调查研究兴趣不但从来也没有减弱，而且与日俱增，老而弥浓。

3. 您这些年在潮汕文化传承上主要都做了哪些方面的工作？

林答：我调研和保护、传承潮汕方言的经历，到目前为止，可以分为三个阶段：

从1981—1996年，是我个人全力以赴做调查研究的阶段，研究成果在20世纪90年代初期发表、出版较多，1996年达到高峰。我出版了《潮汕方言与文化研究》（1991）、《潮汕方言词考释》（与李新魁合作，1992）、《潮汕方言熟语辞典》（1993）、《普通话对照·新编潮州音字典》（1995）、《广东闽方言语音研究》（与陈小枫合作，1996）、《澄海方言研究》（1996）等学术专著；在语言学的权威学术刊物《中国语文》《方言》《语言文字应用》《语文研究》等杂志上发表了30多篇论文，在《汕头大学学报》上发表的论文，也有不少被中国人民大学书报资料中心的《语言文字学》或者《全国高校文科学报文摘》等杂志转载或者摘要刊登。1994年获得了中国社科院的"青年语言学家奖"（也称"吕叔湘"奖），这是当时的中国语言学权威奖项。同年，还获得了"广东省哲学社会科学研究优秀成果奖三等奖"。1996年，我晋升教授职称，成为汕头大学最年轻的文科教授。

1996—2017年，这是第二阶段。1996年下半年，我被任命为汕头大学文学院院长；1999年下半年，被提拔为汕头大学副校长；2004年调任广东技术师范学院副院长；2010—2017年调任韩山师范学院院长。政务缠身，杂事纷纭，进行系统、深入的学术研究几无可能，但对方言与文化研究还是情有所钟。我能做到的，就是利用职务之便，支持汕头大学、韩山师范学院的教学、研究单位积极开展潮汕方言与文化研究，召开全国性乃至国际性的学术会议，出版系列学术著作和学术会议论文集，编辑出版学术刊物《潮学研究》《饶学研究》等。有趣的是，我在到汕头大学任教之后不久，就协助中文系举办了第二届闽方言学术会议，并出版了会议论文集（1992年）。而在韩师任职的最后一年，又支持文学院举办了第十四届闽方言学术会议，并出版了论文集（2017年）。真的是生来就是为闽方言研究做事的命！

2017年7月至今，我卸任韩山师范学院院长，调任广东技术师范大学教授，"无官一身轻"了。此时要重走以前的田野调查之路看来已经不现实，于是，我选择了做方言和乡土文化保护、传承的工作。一是利用自己是国家语言资源保护工程核心专家组成员、广东省首席专家的学术身份，投身到国家语言保护工程广东省闽语点资源采集的具体指导工作，这几年做的粤东闽方言点有潮州湘桥区、饶平县，汕头市金平区、澄海区、潮阳区、南澳县，揭阳市榕城区、惠来县等。二是与陈平原、黄挺两位教授合作，主编《潮汕文化读本》，并在潮州市的几十所小学开展教学试验，受到广大师生的热烈欢迎。该读本经过广东省教材评审委员会审核通过，成功地列入广东省统编统购教材目录。接着，我指导韩山师范学院潮州师范分院林朝虹教授等老师编写《潮汕童谣绘本》，作为幼儿园的方言教材，春秋两季6册，也得到了师生和家长的好评。为了更好地在小学和幼儿园开展方言与乡土文化教学、教育，在韩山师范学院、韩师潮州分院和潮州市教育局的帮助下，举办了"潮汕乡土文化教学高级研修班"，从2017—2019年一共讲了20多场课，还请了陈平原、黄挺，以及暨南大学的伍巍、甘于恩，广东外语外贸大学的严修鸿等教授也来讲课，培训了潮州市30多所小学和幼儿园的近百名教师，使他们能够在学校里得心应手地开展方言和乡土文化教学教育。现在，我正在指导汕头市金阳教育集团编写《潮汕华侨文化》读本，希望把在潮州市保护和传承乡土文化的经验在汕头市推广开来。三是开设"林伦伦方言茶话"，向社会普及方言与文化常识。

以后，可能是我的第四阶段，将集中精力编写好《潮汕方言大辞典》，增订或者新编《普通话对照·潮音字典》，希望能给子孙们留下值得流传的、有价值的东西。

4. 为什么会创建"林伦伦方言茶话"，想要通过这个平台传播什么？

林答：创办"林伦伦方言茶话"是为了弥补学校教育的不足。"方言茶话"读者面可以是全方位的，从纵向看，上至七八十岁的长者，下及中小学生，尤其是已经工作了的社会人士。他们对自己的母语方言和家乡文化很感兴趣，但鉴于过去学校教育在这方面的缺失，他们知之甚少，或者"知其然而不知其所以然"。我卸任韩师校长之后的九九重阳节（老人节），就把这个"方言茶话"开设起来了。目的就是把我40年来的学术成果普及化地介绍给读者。从写文章，到编配照片和音频，都是我自己一个人做。也不启动打赏和商业广告功能，纯公益。到目前为止，已经发出近300篇文章，有1.6万多的关注量，单篇文章阅读量有达到1万+的，经新华网转载的个别文章，阅读量达到20万+。

5. 春节期间您在公众号上发表了潮语RAP"潮汕春节大闹热"。怎么会想到创作潮语RAP？

林答：这也是为了更好地保护和传承方言与文化。保护和传承方言与文化，需要用小朋友们、青年们喜闻乐见的方式方法，将音乐、美术（绘本、动漫等）、教育技术、舞蹈等结合起来，让孩子们在高高兴兴的玩乐中不知不觉地学习了母语方言和家乡文化。前面我还写过一首叫作《潮汕话，土与古》的RAP，也受到青少年学生的欢迎。专业上我们把这叫作"多模态"地保护和传承母语方言和乡土文化。

6. 年青一代越来越少说方言，您如何看待方言逐渐流失？

林答：这是一种"无可奈何花落去"的发展趋向。因为语言是人类的交际工具和思维工具，它还具有一定的经济价值。人们在对学习的语言进行选择的时候，就考虑到其经济价值的大小。在当今中国，普通话是民族共同语，"学好普通话，走遍全国都不怕"，无论从政治、文化教育、经济等各个方面，普通话都比方言要重要得多。所以，学校的教育语言、单位的工作语言、社会上沟通的语言，都以普通话为主。因此，不少少年儿童从小就失去了学习母语方言的环境和欲望，主要原因是"方言无用"的潜意识在起作用。在母语方言的大本营，如粤方言区的广州、港澳，粤东闽语区的潮汕三市，客家话的梅州地区，方言逐渐流失的速度会慢一些，但在大湾区里的客家人、潮汕人的第二、三代的孩子们，母语方言就丧失得很快，到了濒危、非抢救不可的地步。

7. 您认为潮汕方言推广这项工作最难的地方是什么？

林答：最难的是思想意识问题。方言的保护和传承是个综合工程，需要政府、学校、媒体、家庭、社会"五位一体"全体总动员。最重要的是国家的政策导向，以前推广普通话做得很好，这十多年来开始重视中华优秀传统文化的保护和传承了，中共中央办公厅和国务院办公厅2017年1月联合颁布了文件，教育部也发布了中华优秀传统文化进校园的文件，不再限制方言在学校（包括幼儿园）的使用了。我曾经做过一个叫作《春天来了》的演讲，对上述重要文件进行宣讲。但到目前为止，有些地方的领导和具体单位（包括学校）领导的思想观念还停留在20年前，对在学校开展母语方言和乡土文化教育，在媒体开播方言节目方面有顾虑、不支持，甚至限制。有些所谓的经济学专家，还认为方言是阻碍经济发展的因素之一，他们无视经济发达的长三角和珠三角就是全国最大的方言区的事实，睁着眼睛说瞎话。由于上述种种原因，一些地方上的媒体、学校不能名正言顺地开设方言节目和开展方言及乡土文化教学。其次是师资缺乏的问题，我和陈平原、黄挺教授的《潮汕文化读本》编好出版了，以为交给学校去教孩子们就行了。没有想到，其实，40岁以下的小学、幼儿园老师们对母语方言和乡土文化的常识也几乎为零，最多也就是一知半解。所以，我们才不得不在韩山师范学院和潮州市教育局的帮助下，办起了"潮汕乡土文化教学高级研修班"，先教会老师，他们再去教孩子们。

8. 您觉得当下的潮流文化对传统方言的推广有什么影响？

林答：当下的潮流文化对传统方言的推广有很好的影响。这与我上面讲的，上头的政策正确导向有关，也与青少年猛然回首有关，他们因发现自己与家乡文化的隔膜，甚至连母语方言都说不好而感到震惊，于是一拨又一拨地发起学习母语方言的活动，创建了一个又一个的创作和演唱方言歌曲的乐队，例如海丰话的"五条人"、南澳话的"老船长"、客家话的"九连真人"等，在全国都唱出了影响。可以说，这是一个保护和传承方言的春天。把保护和传承乡土文化与潮流文化结合起来，以青少年们喜闻乐见的方法方式传播方言与文化，这是个很好的创意。

9. 您觉得推广方言在联系海外侨胞方面有什么意义？

林答：我主张把潮汕文化称为"潮人文化"，就是因为潮汕文化是一个"带有地域特点的由海内外潮人共同创造出来的'群体文化'"。以前说"海内一个潮汕，海外一个潮汕"，现在要改说，"粤东一个潮汕，国内各地一个潮汕，海外一个潮汕"，1 500万+1 500万+1 500万=4 500万人。上面我说过了，母语方言是沟通的工具，也是身份的象征，我叫作"有声的LOGO"。它是沟通亲情乡谊的纽带，也是海外潮人的精神家园。一声"家己人"，会把彼此的距离拉近，亲不亲，故乡人；美不美，家乡话。所以，潮汕地区要搞好经济建设，迎头赶上，加强各地侨务部门和海外地方会馆的联系，发挥潮汕话的沟通作用和精神纽带作用，吸引更多的外地潮人和海外侨胞、港澳同胞回来参加家乡的建设，是十分有意义的事情。其实，海外潮人中的有识之士，也很重视潮汕话的保护和传承，新加坡的潮州八邑会馆、泰国的潮安同乡会、马来西亚的潮州青年联谊会等，都在努力做着潮汕话的教学、传承工作。微信中有一则故事，讲一个新加坡阿嫲（奶奶）用一根藤鞭和6个硬币软硬兼施教孙子学潮州话，令人感动。

附：

潮汕春节大闹热（潮语 RAP）

正月前后闹猜猜，
潮汕处处闹热在。
十一月冬节年脚边，
家家老稚大细围摩挲甜圆。

十二月廿三着笼尘，
洗好筐头洗笼床；
上上下下大扫除，
清清洁洁送灶神；
廿四送神上天去述职，
拜伊甜圆共瓜册；
汇报家庭和睦厝边好，
尊老惜细人人都呵恼。
廿七廿八办年货，
挨砻舂米做甜粿；
刣鹅刣鸡割猪肉；
欢欢喜喜把年过。

潮人最重是团圆，
趁有趁无拢总回家过大年；
高铁动车挤到人杂杂，
高速路顶塞到车瀌瀌。

新正早起赏对联，
迎新送旧是良辰；
新年美景尽情写，
国强家富人精神。

乡愁入梦

初一初二去拜年，
拜了公嫲父母拜丈母，
拜了叔伯舅妗拜姑姨，
大柑二对换来换去图个吉祥佮如意。
正月初四神落天，
四乡六里做大戏；
看了一团《苏六娘》，
再看二团《荔镜记》。

一夜做戏一日营老爷，
爆爆丈夫扛大轿，
雅雅姿娘擎彩标；
阮内阿兄嗌哟和，
厝边阿妹担花篮。
弦诗好听锣鼓响，
英歌劲舞虎狮上崀落下四散闪；
孥囝欢喜到哗卜跳，
老伯老姆笑到面皱皱。

元宵到来去观灯，
头屏董卓凤仪亭，
二屏孔明空城计
三屏吕布战三英；
……
看了三国看潮汕，
头屏核潜艇之父黄旭华，
二屏八六海战英雄麦贤得
三屏韩江两岸新河山，
……

文化自觉和文化自信是文化传承的前提
——答《南方日报》记者问[①]

1. 您何时感受到潮汕文化自觉？记忆深处的潮汕是怎样的印象？

林答：应该是我1982年在中山大学读研究生的时候开始的，那时候开始上澄海籍著名方言学家黄家教老师的"汉语方言学"课、李新魁老师的"汉语音韵学"课。无论是在老师们的课程中，还是从老师指导的必读书籍中，知道了潮汕方言保存了古代汉语的很多语音和词汇特点，对中国语言历史（语音史、词汇史）的研究具有活化石级的重要价值。后来，因为研究方言史，就得学习潮汕的历史文化知识，例如移民史等，为了研究词语的词义，就得了解潮汕的民俗文化等，还主编了《潮汕文化大观》（与吴勤生合作）和《潮汕民俗大典》（与叶春生合作），就越来越觉得潮汕文化中保存了不少中华优秀传统文化的成分，具有重要的文化价值。潮汕文化的优秀特质，例如勇于开拓、刻苦耐劳、追求精致、团结进取、感恩奉献等，我认为，其中之"追求精致"是最具区别性特征的优秀特质，潮汕文化之所以有别于广府文化和客家文化，潮人的精细的人文性格是最明显的表征。

[①]《南方日报》2021年8月5日AⅡ04版"潮韵"专栏根据该问答资料发表《一生所爱，乡音无改》一文。

2. 您为何选择语言学作为治学领域？

林答：语言是交际的工具，亲情、友谊的桥梁；是思维的工具、智慧的结晶；是文化的载体、族群的有声 LOGO。上面说了，是我的两位老乡老师带我登堂入室的。而且，越研究越觉得其深奥无比，好似一座深蕴宝藏的矿山，你越挖掘，越会发现宝藏越多，一辈子也挖掘不完。所以，一干差不多就是大半辈子了。

3. 您对潮汕文化、潮汕方言的认识与最初相比有何变化？是一个怎样的过程？

林答：对潮汕文化的认识，是逐步加深的。首先是对潮汕方言的认识，然后是对潮汕民俗的认识，再次是对于潮人人文性格的认识。一开始有些认识可能有偏差，例如对于喝工夫茶，我刚从广州回到汕头大学教书那会儿，来串门喝茶聊天的客人很多，有时候真的不胜其烦。因为工夫茶炉一生火，一个晚上的时间就"泡"没了。年轻气盛（少不更事）的我竟然写了一篇叫作《工夫茶、时间与慢性自杀》的杂文在《汕头日报》上发表，言辞颇为偏颇。后来读了一些工夫茶的著作，并随着年纪的慢慢增长，才知道喝工夫茶是一种修身养性、聊情谊谈事情的好习惯。现在是"宁可食无肉，不可居无茶"了。所以，又写过一篇《茶浓，情更浓》的散文来描写我与泰国华文作家们的交情，真的有180度的转变。

4. 您如何看待地方文化研究的必要性？

林答：中华优秀传统文化是由全国各地的地方文化，或者说是由全国56个民族的文化组成的。如果把中华优秀传统文化比喻为一个百花园，各民族、各地方的文化就是这百花园的璀璨群芳。例如岭南文化就是这百花园里的鲜艳花朵。而岭南文化，是由广府文化、客家文化和潮汕文化构成的。所以，我们研究的虽然是地方文化，但是它们是具有全国意义，甚至国际意义的。饶宗颐教授就曾在多个场合、多次强调了潮汕文化研究的国家级乃至国际级意义。例如潮汕方言与汉语发展史，潮剧与中国戏剧发展史，潮人海外移民与海外拓殖史、中外贸易史，侨批与邮政史、金融史、经济交流史等。

5. 有观点认为,方言的消失是一个必然的过程,只是时间长短而已。您如何看待这种观点?

林答:我原来也是赞同这种观点的,也是比较悲观的,但近十年来的看法有所改变。这主要是因为国家语言政策有所改善,除了继续提倡大力推广普通话,同时也提倡语言资源保护,而且力度非常之大。过去两年,广东省一共调查了72个方言点,做了大量的语保工作。教育部门也出台了文件,鼓励小学和幼儿园开展方言和乡土文化教育,并在一定的范围内使用方言教学。这几年来,喜欢方言与乡土文化的年轻人越来越多了,让我看到了"春风吹又生"的景象。所以,对于方言的发展趋势,我抱比较乐观的态度:在一个相当长的时间里,大本营的方言,粤语也好,潮汕话也好,客家话也好,还消失不了。当然,在外地、外国,方言的逐步式微乃至于消失,那是不争的事实,因为方言已经不是"母语"了。这正是值得我们重视并努力想办法解决的问题。

6. 如今方言的保育与传承正在面临怎样的阶段?您有什么亲身经历感受到这种变化吗?

林答:我认为,现在社会对母语方言和乡土文化的认识都比较正常、乐观,家长们都乐于让孩子们学习方言和乡土文化。因为学习后,家长都看到孩子们的明显进步。这与以前学校、幼儿园禁止说母语方言、家长因被学生牵着鼻子走而在家里说普通话就不一样了。

母语方言传承的问题,应该从娃娃抓起,因为神经语言学、生理语言学告诉我们,5~12岁是学习语言的最佳年龄,一旦学会了母语方言,一辈子就都忘不了。从5年前国家开始语保工程那会儿,我就把研究方向转为母语方言调查和保育工作,除了指导年轻的学者调查了10多个广东闽方言点之外,还与陈平原教授、黄挺教授合作主编了《潮汕文化读本》,并在潮州市教育局、韩山师范学院潮州师范分院林朝虹教授等人的帮助下,在潮州市的几十所学校进行教育教学,收到了良好的效果。2020年又指导林朝虹教授等创作了《潮汕童谣绘本》,也受到了幼儿园师生的热烈欢迎。我们刚刚完成了"潮人好家风"一套三本（童谣、谚语和古诗）的创作，准备作为亲子共读读物，推向海内外潮人社会。我写了一句具有广告性质的谐音口号："四海潮声，五洲共享。"

7. 就您自身而言，如今仍然在做大量关于潮汕文化、方言的研究，是否想过休息或是暂停呢？

林答：没想过休息，虽然刚刚办理了退休手续，但方言研究、乡土文化研究及其保护传承的工作歇不下来，用现在时髦的话说，就是"永远在路上"。一是因为实在太热爱它了；二是除了干这个，别的我也没有兴趣干，可能也干不好啊。

我将继续经营好我的"林伦伦方言茶话"，向社会普及方言与文化常识，指导和帮助一些学校和单位开展母语方言和乡土文化的研究、教育教学工作，做好普及和传承工作。从明年开始，可能还将集中精力编写好《潮汕方言大辞典》，增订或新编好《普通话对照·潮州音字典》，希望能给子孙们留下值得流传的、有价值的东西。

最后，我要跟大家说的是：普通话能使我们走遍全中国，外语可以帮助我们走向世界，但只有母语方言和乡土文化，才能使我们知道从哪里出发、根在哪里。

2021 年夏

一生所爱　乡音无改[①]

肖燕菁

林伦伦的外孙女"小地球"最近在外公家里过暑假,她在广州长大,但能说一口标准的潮汕话。林伦伦谈到这一点不免骄傲:"她说得很好。"

林伦伦,广东技术师范大学二级教授,国家语言资源保护工程核心专家组专家、广东省首席专家,国际潮学研究会学术委员会主任。让潮汕话这门古老方言传承下去,让更多人感受潮汕方言与潮汕文化的魅力,是林伦伦毕生的事业。

潮水初见

文化的滋养往往润物细无声。林伦伦出生在韩江出海口的汕头澄海。清代康熙年间的《澄海县志》记载:"好事者或为藏头诗句,令猜者什百为群,曰灯谜。"在林伦伦的少年时期,书籍与文化是极度紧缺的资源,扎根大众的乡土文化成为天然的宝贵养料。谜语在澄海尤盛,为林伦伦提供了记忆深处关于文化的印象。

小学的大门口、村里的戏台前、祠堂或是民居的前埕,林伦伦印象中,这些地方总聚起一堆当地爱好谜语的老人家。小孩子最早总是被奖品吸引,一盒火柴或是一颗糖,林伦伦跟着年长的哥哥们游走乡间猜谜。

[①] 本文发表于 2021 年 8 月 5 日《南方日报》第 C04 版潮州观察·潮韵。

谜语有普通话谜语,也有方言谜语,到后期,林伦伦爱上了高阶版本,与唐诗、《三国演义》、《水浒传》相关的谜题更能引起他的兴趣。要解谜就要看书,林伦伦找到乡间隐秘的藏书人家,限时借来书籍,如饥似渴地读完。

在潮汕独有的"闲间",成年男子扎堆讲古或是唱起潮剧、玩起潮州音乐。林伦伦回忆,在那个自发形成的公共文化空间中,常有人主讲,"比如一个人讲水浒,连续讲十几二十天,大家就会从家里给他带个红薯或是其他什么东西"。在当时的潮汕乡野,潮剧、潮州大锣鼓、歌册是大人的奢侈娱乐,也吸引爱看热闹的小孩,乡土文化自然地传承。林伦伦长大后感慨传统潮州大锣鼓乐手的神奇之处,"他们里面十个有八个是不懂乐谱的,就是从小在那里跟着大人吹拉弹唱,然后自然就会了,也不用谱了"。

因自然而不自觉。潮汕话是潮汕人的母语,但往往唯有脱离才能看清。1978年,林伦伦考上中山大学,像许多当时的青年一样,怀着作家梦到中文系报到。

以语言为暗号,潮汕人能够敏锐地识别同乡。大三那年,林伦伦在澄海籍师兄陈海鹰的带领下拜访了同为澄海人的中文系教授李新魁。李新魁问林伦伦:

"你这一年多来都读些什么书?"
"读了几十部名著,因入学前看不到这些书。"
"毕业后想做什么事?"
"当老师。"
"既然选择了要当老师,就要照着当老师的要求去选择读书。"

李新魁的这句话将林伦伦引入方言学的门。

李新魁出身于澄海的书香之家,考上中山大学中文系后跟随汉语音韵学大家方孝岳教授学习汉语音韵学、语音史,编著《普通话、潮汕方言常用字典》,其汉语音韵学著作《古音概说》《汉语音韵学》成为许多大学开设汉语音韵学课程教材或是必读著作。在李新魁的指导下，林伦伦完成关于澄海方言形容词研究的本科学士论文。

那个关于"毕业后想做什么事"的问题还没有问完，李新魁继续问林伦伦："是想当中学老师还是大学老师？"

林伦伦的母亲是小学老师，他很早就想定了当老师的出路，只是从未想过还有当大学老师的可能。

"还能当大学老师吗？"林伦伦愣头青一般发问。

在当时本科毕业已经是稀缺人才的情况下，考研并不是热门的选项，李新魁表示要当大学老师就要考硕士研究生。

由此，林伦伦人生中第二位重要恩师出场。中山大学中文系高华年教授在西南联大师从语言学大师罗常培、李方桂，1943—1946年任西南联合大学中文系讲师。林伦伦回忆起硕士研究生阶段高华年的严谨治学和开放胸怀，"我的硕士论文题目是粤西闽语《雷州方言研究》，跟汉语方言学和音韵学联系比较紧密，所以我几乎把黄家教、李新魁老师的课也都听了，还上门请教，高先生都很支持。"

研究生阶段，林伦伦听了澄海籍著名方言学家黄家教的课程"汉语方言学"、李新魁的课程"汉语音韵学"。在课堂上和延伸阅读中，潮汕方言开始在林伦伦面前展露出"习以为常"背后的古老、广博、精妙。"潮汕方言保存了古代汉语的很多语音和词汇特点，对中国语言历史（语音史、词汇史）的研究具有活化石级的重要价值。"他说。

矿山可探

如今，林伦伦脱口而出的潮汕话已经不能代表澄海的标准音。他在汕头市区、潮州都曾长期生活，几十年来走南闯北，又研究潮汕地区各地方言间的细微差别。林伦伦自己的口音模糊了产地，但能在一群交谈的潮汕人之间分辨出潮汕地区内的不同口音。"研究以后知道，每一个地方都有自己的语音特征和词汇特征，有时候他刚好冒出了某个音出来或者用了某个词，你就知道他一定是那里的人。比如潮州府城音中，

'关'的韵母为uêng，介于前鼻音和后鼻音之间；澄海和庵埠的潮汕话则没有闭口音－m／－b韵母。"

林伦伦硕士论文的研究对象是雷州半岛的方言，因下乡，他在那里待过四年，发现雷州半岛的方言与潮汕话极为接近，下乡半年他便可以用雷州话与当地人民交谈。相似但又有不同的语言，自然让林伦伦产生对比，在空间上横向对比潮汕、雷州半岛的方言，能看到语言和移民之间的关系。林伦伦介绍，这两个地方的人都是从福建莆田、泉州、漳州过来，留在粤东的成了潮汕人，去往粤西的成了雷州人，经过数百年的生活以及与当地的交融，形成了自己的语音特征与语言特色。"越比较，趣味越多。潮汕方言和雷州话的根源是一样的，但是经过两三百年的变化以后，你可以这样，我可以这样。太有意思了！"

对于林伦伦而言，潮汕方言一开始是习以为常的环境，在广州读书后是识别同乡的标志，而真正研究后，熟悉的乡音变为深蕴宝藏的矿山。

林伦伦的导师高华年师承著名语言学家罗常培，接受罗常培严格的田野调查训练，高华年也将这个培养方法传承至林伦伦身上。罗常培著有中国最早的文化语言学著作《语言与文化》，这本高华年指定的必读书目对林伦伦之后研究方言与文化产生较大影响。"研究方言史，就得学习潮汕的历史文化知识，例如移民史、行政区域史等；为了研究词语的词义，就得了解潮汕的民俗文化。"

硕士研究生第三年，林伦伦在李新魁的指导下着手编写《潮汕方言词考释》，这本书收录潮汕方言词条850多条，分人体生理、称谓、起居服饰、动物植物、人事关系等十二类，逐个考释。如今在豆瓣读书平台上，不少网友留言中特别提到"纯手写的！字迹清秀工整""手写的，很用心""手稿本，有新意"。看似与众不同的手写，是林伦伦当时的无可奈何之举。

1985年，林伦伦从中山大学硕士毕业，到汕头大学中文系任教，工作之余继续调查、研究完成《潮汕方言词考释》一书，几年后交由老师李新魁审稿、定稿，然后交付出版社。一年后该书却被退稿，说是因音标和难僻字太多，无法排印。无可奈何，林伦伦开始了手抄的日子，日抄一张，990 字，因非铅字印刷无法调整，错一字便得整张作废重来。抄了整整一年后，1992 年《潮汕方言词考释》终于印刷出版，并获得首届潮学研究特等奖。

林伦伦在完成《潮汕方言词考释》的过程中，发现了不少此前的字典未收录的字音、义项、俗字和本字，便在《常用字典》的基础上，参考了《潮声十五音》系列韵书式字典和《潮汕字典》等偏旁部首字典的成果，编著了《普通话对照新编潮州音字典》，于 1995 年出版发行。编著字典要求"甘坐冷板凳"的苦功夫，对着小六号字的正文，74 万字的书，林伦伦前后校对了 5 遍，字典交稿的时候，连颈椎病也发作了，前胸后背都剧痛。林伦伦开始以为是心脏病，后来拍了 CT 片，才知道是颈椎增生和错位，造成了肌肉的放射性神经痛。换来的是，《普通话对照新编潮州音字典》成为潮汕地区方言广播电视节目主持人的必备工具书，每年都发行 1 万册左右，持续了 10 多年。

林伦伦将 20 世纪 90 年代中期称为自己学术的井喷期。1994 年，他凭借国家社科基金青年项目"潮汕方言语法研究"的成果获得中国社会科学院的青年语言学家奖（该奖后更名为"中国社会科学院吕叔湘语言学奖"），后又获得广东省哲学社会科学优秀成果奖。当时的林伦伦没有行政职务，一门心思用在学术研究上，那段时光于他是难得的一段好时光。

之后许多年里，林伦伦都会劝想要担任行政职务的年轻教师考虑好侧重方向，"因为'针无双头利'，做行政工作要花费很多时间和精力，一定会对学术研究有冲击的"。自 1999 年担任汕头大学副校长职位后，林伦伦相继担任广东技术师范学院副院长、韩山师范学院院长，"校长"成为林伦伦更为显著而大众的标签。北京大学教授陈平原在林伦伦的散文集《行读天下》序言中写林伦伦"当校长近 20 年，竟没有放弃自家专业，依旧保持很高的学术热情"。但林伦伦自己知道其中的辛苦。杂务纷纭，他既舍不下学生，又放不下潮汕方言与文化研究，因而只能在时间夹缝中阅读文献，了解学术动态，才能不被学术前沿甩得太远。

四海潮声

毕业典礼上给毕业生拨穗是林伦伦在韩山师范学院期间最快乐的事情，4000多名毕业生就是4000多次拨穗。每年拨穗后，林伦伦往往累得手都提不起来。校长的这一职务或许让林伦伦无法潜心治学，但在这间以培养师范人才为基本目标的高校里工作，林伦伦开始关注到面向更广泛大众的方言推广与乡土文化传播工作，通过学生了解到小学、中学教育中乡土文化的缺失。

"我那个时候比较急，特别是10年以前，很多人不会讲潮汕话了，我是有点担心的。"2016年，林伦伦与陈平原、黄挺三人带领韩山师范学院潮州师范分院教务处兼科研处主任林朝虹等人编写《潮汕文化读本》，根据不同阶段学生的学习需求和理解程度，由童谣、故事与诗词、散文入手，呈现潮汕文化的百科知识，涵盖潮汕地区的衣食住行、风俗、礼仪、历史、人物。该书被列入广东省教材目录，成为潮汕地区中小学教师教授乡土文化的官方教材。

2018年的第五届中国语言资源国际学术研讨会，林伦伦做学术报告《语保的重要环节在基础教育——基于〈潮汕文化读本〉的编写理念与实践》，该话题得到与会学者的热烈讨论。会下，林朝虹向林伦伦坦言一直以来的担心：一线教师执教《潮汕文化读本》是有困难的。林伦伦当即提出，"可以办个小小师资班，我去给大家上课。"

林朝虹并非林伦伦正式招收的硕士生，但却得到林伦伦在潮汕方言与文化研究上的诸多指导，林朝虹认为这是难得的缘分。在针对中小学教师的乡土文化教学高研班中，林朝虹看到林伦伦对于方言与乡土文化普及的尽心尽力，十分感慨，"高校研究部门里，许多教授不愿意花时间面向'小白'传授知识，但林教授有着研究与传承并举的思路"。从乡土文化教学高研班走出的教师，有的在童谣和古诗教学中采用方言吟诵法，不少学员能主持或主要参与关于中小学潮汕文化教育教学的课题研究。林朝虹主导的课题"重建乡土记忆的方言童谣教育研究"获得

2020年国家社科基金教育学项目立项。

2017年的重阳节,林伦伦开办起了"林伦伦方言茶话"公众号。林伦伦想要把"30多年来的一些研究成果化整为零,写些千字小文来与读者分享"。公众号内容涉猎广泛,从一粒橄榄的名称到南澳岛的田野调查记,文中往往配有林伦伦自己录制的潮汕话语音讲解。林伦伦在2010年被评为二级教授,是文科教授职称评价体系中的金字塔尖。"过了那个需要评职称的阶段,我会希望能够做一些更有社会效益的东西。"

如今,林伦伦办理了退休手续,正式退休。没有怅然若失的过渡期,林伦伦非常欣喜地迎接了退休,"(退休)就不用参加太多会议,我就有了更多的时间,就能做我自己喜欢的事情"。林伦伦喜欢的事情,还是潮汕方言与潮汕文化研究。他觉得别的事情他也没有兴趣做,可能也做不好。

除公众号"林伦伦方言茶话"外,林伦伦现在还在指导和帮助一些学校和单位开展母语方言和乡土文化的研究、教育教学工作,做好普及和传承工作。"从明年开始,可能还将集中精力编写好《潮汕方言大辞典》和增订或者新编《普通话对照·潮音字典》,希望能给子孙们留下值得流传的、有价值的东西。"

林伦伦与林朝虹的创作团队忙活儿了近三年的"潮人好家风"丛书(一套三册)最近杀青交稿。基于对潮人文化中优秀的家教家风文化的高度文化自觉和文化自信,林伦伦希望通过这套丛书,从娃娃抓起,通过亲子共读,在海内外数以千万计的潮人家庭中传承和弘扬优秀的中华传统文化。在前言《致读者》中用谐音双关的修辞,林伦伦写了八个字:"四海潮声,五洲共享!"林朝虹对这套书很有信心,认为里面凝聚着潮人的智慧。

2021年6月,林伦伦在线上参与了暨南大学方言学博士生许婉虹的答辩,感慨"江山代有才人出"。在《行读天下》中,林伦伦用了相当篇幅来写他尊敬和怀念的恩师与前辈,也在多个场合提起澄海籍的两位老师。在林伦伦看来,潮汕方言与潮汕文化庞杂而精深,自己接过了老师手中的接力棒,还要有下一代人来研究。"这里面的宝贝太多了,一个人一辈子研究不完，要几代人接力来研究。"

  乡音无改。林伦伦认为自己是幸运的，能够找到一生所爱的事业。他许多次对毕业生说，要将兴趣作为择业的方向，要找到一份自己退休了之后还想继续做的工作，并把它做成一辈子的事业。"我在人生的不同阶段、不同岗位，虽然做的工作不同，但是在研究和弘扬潮汕方言和潮汕文化方面，心是不变的。"